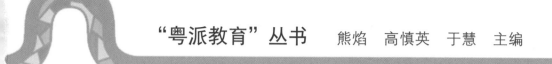

"粤派教育"丛书　　熊焰　高慎英　于慧　主编

◎ 广东省中小学教师培训专家熊焰工作室项目

粤派教育培训的理念与行动

熊焰 编

中山大学出版社
SUN YAT-SEN UNIVERSITY PRESS
·广州·

版权所有　翻印必究

图书在版编目（CIP）数据

粤派教育培训的理念与行动/熊焰主编. —广州：中山大学出版社，2022.8

（"粤派教育"丛书/熊焰，高慎英，于慧主编）

ISBN 978 - 7 - 306 - 07474 - 4

Ⅰ. ①粤… Ⅱ. ①熊… Ⅲ. ①中小学—师资培养—研究—广东 Ⅳ. ①G635.12

中国版本图书馆 CIP 数据核字（2022）第 046933 号

Yuepai Jiaoyu Peixun De Linian Yu Xingdong

| 出 版 人：王天琪 |
| 策划编辑：张　蕊 |
| 责任编辑：王　璞 |
| 封面指导：李冬梅名教师工作室 |
| 封面设计：林绵华 |
| 责任校对：陈　莹 |
| 责任技编：靳晓虹 |
| 出版发行：中山大学出版社 |
| 电　　话：编辑部 020 - 84110283，84113349，84111997，84110779，84110776 |
|　　　　　 发行部 020 - 84111998，84111981，84111160 |
| 地　　址：广州市新港西路 135 号 |
| 邮　　编：510275　传　真：020 - 84036565 |
| 网　　址：http://www.zsup.com.cn　E-mail：zdcbs@mail.sysu.edu.cn |
| 印 刷 者：广州市友盛彩印有限公司 |
| 规　　格：787mm×1092mm　1/16　18 印张　330 千字 |
| 版次印次：2022 年 8 月第 1 版　2022 年 8 月第 1 次印刷 |
| 定　　价：52.00 元 |

如发现本书因印装质量影响阅读，请与出版社发行部联系调换

心学教育的核心精神

刘良华

孔子之后，儒学逐渐分化为法家倾向的博学派和道家倾向的心学派。心学源自颜回，由孟子发扬光大。孟子之后，心学一度淹没，成为"绝学"，唐代岭南人惠能则以南派禅宗延续心学。宋代程颐、朱熹等人倾向"我注六经"之理学，陆九渊等人视程朱理学为烦琐之学，重续孟子"绝学"血脉。陆九渊之后，心学断断续续，至明代岭南人陈白沙、湛若水，心学复兴，影响当世之王阳明和后世康有为、梁启超、孙中山诸贤。

由此观之，岭南心学在心学发展史上地位甚高，气质独特。惠能开创第一代岭南心学，其学貌似禅宗，实则儒家心学。陈白沙、湛若水寻找儒家、道家与佛家之内在关联，融汇而成第二代岭南心学（简称"陈湛学派"）。康有为、梁启超、孙中山等人上远续孟学（即孟子儒学），近取惠能与陈湛学派资源，发展出第三代岭南心学。三代岭南心学虽各具时代特色，却有一以贯之的核心精神。

岭南心学主要围绕三个关系，做出三个表态，汇聚三个核心精神。

第一，在知情关系中，站在情感这边，重视自信与自我意志，开发出一条"有自信的意志学"的新方向。一般人以为，意志力的训练就是让学生坚持学自己不感兴趣的东西，在自己不感兴趣的领域持久地努力。而在心学尤其是岭南心学看来，这是搞错了方向。意志很重要，但意志主要来自自己的爱好与自信，而不是来自简单机械的强迫与努力。当意志力形成之后，努力很重要，但是，当意志力尚未形成时，兴趣比努力更重要。

在意志力训练这点上，心学尤其是岭南心学为中国文化提供了源远流长的教育学贡献。现代教育有种种优势，恰恰在意志力训练上捉襟见肘，这是现代教育的死穴，心学以意志力训练为基础，可以为现代教育提供强心剂和解毒剂。

不仅如此，心学为意志力训练开发了有效的方法和策略。心学精神始于自信，终于意志。或者说，心学的核心精神是经由培育学生的自信心而发展学生超强的意志力。

第二，在学思关系中，站在思考这边，倡导主见与怀疑，发展出一门"有主见地自学"的自得之学。心学重视自学，这是显见的事实。但心学更重视有主见的自学。如何让学生有主见地自学，心学的办法是怀疑或质疑，由怀疑而提出自己的主见。

自学已经不易，心学也为之辩护。但是，自学并不成功，心学更进一步，将自学发展成为自得。虽然自得也还是自学，但它更重视自学过程中的自我主张与创见。自得之学源自孟子，唐代惠能，宋代陆九渊，明代陈白沙、湛甘泉、王阳明，一代又一代心学大师，莫不念念不忘、念兹在兹。现代人提倡自学与研究性学习，可视为中国古典心学的千年回响。

第三，在知行关系中，站在行动这边，强调实践与实学，开创一条"有行动的实学"的道路。有行动的实学不仅重视练习和训练之类的行动，更重视直接开展生活的"在事上磨炼"和"随处体认天理"的实践精神。传统教学重视书本知识，尤其重视对四书五经等经典文本的学习，而心学则更重视在日常工作的过程中自我体验和自我修炼。

岭南心学为何珍视"随处体认天理"？其秘密正是在于"在事上磨炼"而不是在书本磨炼。心学经由岭南哲人淘洗之后，书本世界之外的生活世界骤然成为一个不仅具有重要性而且凸显紧迫性的新方向。

总体而言，心学的核心精神显示为三大教育学纲领：一是有自信的意志学，二是有主见地自学，三是有行动的实学。三者之中，有自信的意志学对人格发展最有益处，有主见地自学对课堂转型最有帮助，而有行动的实学将为现代教育提供彻底改造的新方案。

自　　序

一个省级中小学教师培训专家工作室的画像与气质，该以什么作为载体，进行着色与砥砺？

一个省级中小学教师培训专家工作室的成长和创新，该以什么作为核心元素，进行撬动与淬炼？

如果说教师工作的优先规划、优先投入、优先保障为今天的广东省中小学教师培训专家工作室提供了强有力的保障条件，那么，一个省级中小学教师培训专家工作室的精神底色又该怎样去构建？

回忆可以从2019年说起。2019年5月，广东省教育厅发布《广东省教育厅关于公布省中小学教师培训专家工作室入室学员培养名单的通知》，我接过工作室主持人这份沉甸甸的重任，扛起了广东省培训专家（熊焰）工作室这面旗帜。我们在第一时间积极制订工作室工作规划和学员培养研修计划，创新协同开展省内外研修与培训活动，聘请国内外一流专家组建团队，指导工作室扎实开展工作，充分发挥"头雁"作用，培养了我省不同市县（区）共12名入室学员，为培养我省高素质专业化的培训管理者队伍，推动市县（区）高质量规范化开展教师培训工作，做出工作室应有的贡献。

百年大计，教育为本；教育大计，教师为本。党的十八大以来，习近平总书记多次强调，育人由育师开始。要加强教师教育体系建设，不断提高教师培养培训的质量，加强教师实践锻炼和系统培训。高素质教师队伍是由一位位好老师组成的，也是由一位位好老师带出来的。因此，要强化职前教师培养和职后教师发展的有机衔接，夯实教师专业发展体系，推动教师终身学习和专业自主发展。

广东省培训专家（熊焰）工作室培养方向是深化职后教师培训改革，培根铸魂，注重教师教育理念更新和顶层设计，首倡"粤派教育"理念，为教师培训注入文化基因和底色，提升教师的文化自信。工作室在培养周期内，已经形成了一系列丰富多样的研究成果。

一是明确提出"粤派教育"，探源其文化渊源——岭南心学，明确其核心内涵——自信、自得、力行，探索了基于粤派教育的名师/名校长专业发展实践史研究的叙事框架。强调名师/名校长的深度反思和自我感悟，激发其专业自觉，强化外部支持体系的促动，依托高端培训项目和粤派教育高峰论坛，依托省级专家培训工作室和粤派教育实验基地学校建设，深化教师教育机制创新，形成名师、名校长、名校的实践史研究"叙事框架"。

二是以"粤派教育"理念为顶层设计，践行高端培训和高峰论坛，形成了"学、悟、行、思"内生型职后教师教育新样态。引领名师/名校长重在创新实践和研究实践，在反思中述说、在述说中研究、在研究中改进，凝练教育智慧，促使其内隐的教育思想外显于形、外化于声。注重搭建多样化平台，讲好广东教育故事，提升文化自信和教育自信。

三是培养了一批名师、名校长和名校，发表了基于"粤派教育"理念的关于名师、名校长培训的文章，展现了文化浸润中的名师/名校长专业发展实践史及其个性与群像。推动实现了地域文化底色与人才培养资源的有效整合，进一步坚定"粤派教育"的文化自信，提炼"粤派教育"的成功经验，创新素质教育的广东范式，为建设南方教育高地提供智力支撑。

近两年的时间过去了，广东省培训专家（熊焰）工作室的实干精神与创新经验得到了全国很多教育同仁的认可，并提出了经验输出的要求。基于此，广东省培训专家（熊焰）工作室秉持价值观引领、培训课程引领的理念，讲好广东教育故事，发出"粤派教育"声音，将这些探索经验整理成书，希望能给大家带来一些启发。

本书的问世要感谢刘良华教授对岭南心学和粤派教育核心精神的深刻解读，这为我们酝酿本书的框架提供了莫大的指引和帮助。此外，还要感谢参与此书编写的各位同仁，是你们对粤派教育核心精神的认同及不懈的努力，共同成就了这本书。

本书的参编者（排名不分先后）分别为刘良华、高慎英、韩迎春、陈名树、德尔根曼、陈慧华、陈伟红、梁慧勤、王卫军、梁小棠、吴海坚、李文贞、邓莹源、黄美仪、王卫国、吴朝晖、唐志文、李晓娟。

我们相信，广东省培训专家（熊焰）工作室在三年连续性、系统化培养下，一定能够孵化培养出一群新时代坚定不移践行立德树人、担当有为、投入教育改革的培训者中的"大先生"。

熊　焰

2021 年 9 月

目　录

第一部分　粤派教育的核心精神

第一章　岭南心学的源流 ··· 3
　　第一节　岭南心学的内涵 ··· 3
　　第二节　岭南心学的文脉 ··· 5
　　第三节　岭南心学的特点 ··· 9
第二章　岭南心学与积极心理学 ··· 13
　　第一节　积极心理学的内涵 ··· 13
　　第二节　积极心理学的源流 ··· 19
　　第三节　积极心理学中的心学智慧 ··································· 21
第三章　从岭南心学、积极心理学到粤派教育 ·························· 24
　　第一节　岭南心学、积极心理学思想孕育了"自学、实学、意志"的
　　　　　　粤派教育 ·· 24
　　第二节　教师培训的深化研究催生了"自学、实学、意志"的
　　　　　　粤派教育 ·· 26
　　第三节　学校内涵发展与特色建设实践着"自学、实学、意志"的
　　　　　　粤派教育 ·· 27

第二部分　粤派教育培训的课程设计

第四章　课程价值与目标 ·· 31
　　第一节　确定课程价值 ··· 31
　　第二节　课程目标 ··· 34
第五章　课程结构与内容 ·· 39
　　第一节　课程结构 ··· 39
　　第二节　课程内容 ··· 40

第六章 课程管理与评价 …… 49
- 第一节 课程管理 …… 49
- 第二节 课程评价 …… 51

第三部分 粤派教育培训的实践路径

第七章 教师培训 …… 65
- 第一节 新教师的引领 …… 65
- 第二节 骨干教师的提升 …… 75
- 第三节 名教师的修炼 …… 91

第八章 班主任培训 …… 105
- 第一节 新任班主任培训 …… 105
- 第二节 骨干班主任培训 …… 122
- 第三节 名班主任培训 …… 129

第九章 校长培训 …… 137
- 第一节 新任校长的培训 …… 137
- 第二节 名校长的成长 …… 154
- 第三节 教育家型校长的修炼 …… 164

第十章 专项/专题培训 …… 176
- 第一节 师德师风培训 …… 176
- 第二节 学前教育培训 …… 186
- 第三节 国家义务教育质量监测数据运用的培训 …… 195
- 第四节 集团化办学 …… 225
- 第五节 信息技术应用能力提升项目 …… 248
- 第六节 创客/STEAM 教育培训 …… 270

第一部分

粤派教育的核心精神

第一章　岭南心学的源流

心学发端于孟子。在《孟子·告子下》中，孟子提出了"人皆可以为尧舜"的观点，成为鼓舞后学成人成圣的精神动力。但凡心学阵营，不分是何地域，均祖述孟子圣学。① 心学是主体哲学，是强调主体自我的儒学。② 由于各地域文化生态的不同，以及其他社会历史等因素各异，不同地域的心学在"强调主体自我"的共通性的前提下，其主体性特征有所差异。③ 在孟子儒学、陆子儒学、六祖惠能的禅宗心学，葛洪的道教内修术，唐朝名相张九龄等的影响下，由陈白沙开启、湛若水继承的岭南心学体现出更加鲜明的主体性。

孟子
（图片来源：http：//
history.people.com）

第一节　岭南心学的内涵

岭南心学是在岭南地域产生和发展起来的心学文化形态。岭南心学有广义和狭义之分。广义的岭南心学涉及范围较广，涵盖了对岭南文化和岭南心学有较深远影响的以六祖惠能为代表的禅宗心学、以东晋道教理论家葛洪为代表的道教内修术、阳明心学流派的岭南后学以及其他受心学影响或具有心

---

① 戢斗勇：《论岭南心学的主体性特征》，载《佛山科学技术学院学报（社会科学版）》2016年第5期。
② 戢斗勇：《心学是强调主体自我的儒学》，载《江西社会科学》1992年第3期。
③ 刘宗镐：《江门心学——从陈白沙到刘蕺山》，西北大学博士学位论文，2013年。

学倾向的岭南思想和哲学①②。狭义的岭南心学则主要指以明代陈献章为代表的白沙学派和以湛若水为代表的甘泉学派。

陈献章（1428—1500），字公甫，别号石斋，广东广州府新会县白沙里人（今属广东省江门市蓬江区白沙街道），故又称白沙先生，世称为陈白沙，明代著名思想家、哲学家、教育家、书法家、诗人、古琴家。岭南地区唯一一位从祀孔庙的大儒，也是明朝从祀孔庙的四人之一，是明代心学的奠基者，被后世称为"圣代真儒""圣道南宗""岭南一人"。受孟子和陆子的影响，陈白沙同时兼并吸收了禅宗心学的思想和道教内修的观点，在《龙山吟走笔和陈冕》诗中明确提出"始知佛是西方我"，将六祖惠能的主体思想抽象为主体哲学。他在《论前辈言铢视轩冕尘视金玉》中，提出"君子一心，万理完具。事物虽多，莫非在我"。他强调"天地我立，万化我出，而宇宙在我矣"（《与林郡博》），"身居万物中，心在万物上"（《随笔》）等观点。陈白沙"自然""自得""由我"的心学观点确立了其主体哲学的主要思想，也拉开了岭南心学研究的序幕。

陈献章

（图片来源：http://history.people.com）

湛若水（1466—1560），字元明，号甘泉，广东广州府增城县甘泉都（今广州市增城区新塘）人，明代著名的思想家、哲学家、政治家、教育家、书法家、大儒。湛甘泉在《泗州两学讲章》中明确解释了心学的内涵："如何谓心学？万事万物，莫非心也。"湛甘泉继承了陈白沙"自然""自得""由我"的心学思想，创造性地提出了"随处体认天理"的观点，认为人人都可通过主体自身的努力，在日常生活实践中达到境界的升华。为所有人展示了涵养成圣的可能性，其并非一些人的专利，

湛若水

（图片来源：baike.so.com）

---

① 戢斗勇：《论岭南心学的主体性特征》，载《佛山科学技术学院学报（社会科学版）》2016年第5期。

② 黄明同：《岭南心学——从陈献章到湛若水》，上海辞书出版社2015年版，第11页。

而是万众的平等权利①。

第二节 岭南心学的文脉

岭南心学的文脉如图 1-1 所示。

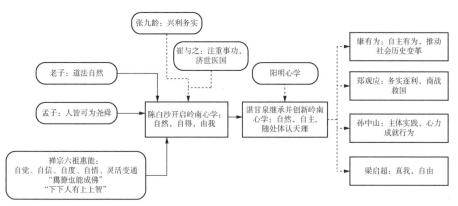

图 1-1 岭南心学的文脉

一、岭南心学的禅宗思想源头

除了受到孟子、老子思想的影响，岭南心学在地域文化内的另一个重要的思想源头是以六祖惠能为代表的禅宗心学。六祖惠能（638—713），俗姓卢，唐新州（今广东新兴县）人，中国禅宗杰出大师。24 岁闻《金刚经》开悟而辞母北上湖北黄梅谒五祖弘忍，以一首"菩提本无树，明镜亦非台。本来无一物，何处惹尘埃"的法偈得到五祖认可，夜授《金刚经》，密传禅宗衣钵信物，为第六代祖。

六祖惠能禅学思想的主要观点有"识心见性"和"顿悟成佛"。"识心见性"代表了他的心性本体论，惠能认为人的"心""性"即为佛性，而"心""性"是众生成佛的依据。因此，"一切众生皆有佛性"，人人都可成

---

① 戢斗勇：《论岭南心学的主体性特征》，载《佛山科学技术学院学报（社会科学版）》2016 年第 5 期。

佛。惠能在谒见禅宗五祖弘忍时，凭借着非凡的主体自信，提出了"獦獠也能成佛""下下人有上上智"的口号。他在《六祖坛经》中进一步阐述了"我心自有佛，自佛是真佛；自若无佛心，向何处求佛"的主体自觉、自信的思想，这些都对岭南心学的发生和发展起到了深远的影响。"顿悟成佛"是六祖惠能宗教修行的方法论。惠能认为人的本性是清净无染的，"人性本净"，"自性常清净"。这里的清净，是指去除了烦恼、痴迷染污而达至的纯真、清洁、寂静的状态。由于惠能在心性论上提倡自性本自具足，因而在修行方法论上自然支持"自悟自修"和"不假外求"。惠能认为："善知识，见自性自净，自修自作自性法身，自行佛行，自作自成佛道"，"救世度人须自修"。六祖惠能的"自悟""自修""自度"的修行方法论对岭南心学所倡导的"自得""静悟"等自我修炼和志学方法的产生也起到了一定的启发作用。

惠能

（图片来源：www.sohu.com）

二、岭南心学的开创与创新

明朝初期是一个学术气氛沉闷的时代，宋以来的程朱理学占据了意识形态的统治地位，思想界如同一潭死水。陈献章（陈白沙）白沙心学的创立，打破了程朱理学原有的理论格局，使明代儒学实现了由理学向心学的转变，开启了明代心学的先河。陈白沙晚年时，其心学思想体系臻于完成，提出了"天地我立，万化我出，宇宙在我"的心学原理和"静坐中养出端倪"的心学方法。

陈白沙通过"虚明静一者为之主"表明"心"具有主体、主宰的意义。心的主体、主宰意义表现在心与身、心与事、心与理等的关系中。心与事合，心与理合，形成了心无内外、理无内外的内与外合一关系。心与理、心与事、心与形虽然是合一的，但心对于理、事、形始终处于主导地位而具有核心价值，即天地万事万物因心而存在，因心而具有价值。

在心学方法上，陈白沙主张"静中养出端倪"，他看重"静"，因为"静"既不累于物，也不溺于俗。"静"可以去扰，"静"能平心气，"静"中有思，"静"中有悟，"静"中能养出"端倪"。陈白沙对"端倪"的看法是"心可得而拟，口不可得而言"，这里的"端倪"能意会到，但不好说出来，实际上，它是对"道"的一种体验式的理解，是一种直觉思维，也是一种实践体验。此外，陈白沙还提出了"为学当求诸心"与"徐取古人紧要文字读之"并举的心学方法。"为学当求诸心"是反省内求的心学方法，而"徐取古人紧要文字读之"是向外求索的方法。白沙心学既重视反省内求，也重视向外求索。陈白沙认为，只有采用"求诸心"与"徐取古人紧要文字读之"的内外合一的方法，才能有效克服程朱理学与陆九渊心学的侵扰。

在教育理论上，陈白沙还提出了著名的"贵疑论"。他认为"学贵知疑"，强调"提出问题"之于学习与成长的重要意义；认为"前辈谓'学贵知疑'，小疑则小进，大疑则大进。疑者，觉悟之机也"。陈白沙的教学方法与众不同，例如，他要求学生先静坐，后读书；多自学，少灌输；勤思考，取精义；重疑问，求真知；诗引教，哲入诗；等等。

从陈白沙倡导涵养心性、静养"端倪"之说开始，明代儒学实现了由理学向心学的转变，成为儒学发展史上的一个重要转折点。陈白沙学说倡导的"宇宙在我"，突出了主体的自我价值，强调个人在天地万物中的存在意义，对整个明代文人精神的取向产生了深刻影响。

湛若水是陈白沙的衣钵传人，在继承陈白沙学说的基础上，提出了"万事万物，莫非心也"的思想，这是对陈白沙"事物虽多，莫非在我"观点的直接继承。在此基础上，湛若水又创造性地提出了"随处体认天理"这一核心命题，在心学方法上创新性地继承了白沙心学的法门。湛若水提出"吾所谓天理者，体认于心，即心学也"的观点。湛若水的"随处体认天理"与陈白沙的"为学当求诸心"的心学法门是一脉相承的，湛若水把"随处体认天理"归于"体认于心"，并阐明"随处体认天理"不仅仅是内在的方法，同时也包含了外在的方法，是内外合一的方法。"吾之所谓随处云者，随心、随意、随身、随家、随国、随天下，盖随其所寂、所感时耳。"

在湛若水的一生中，他对先师陈白沙始终恭敬有加，所到之处多创书院，讲白沙之学，并在书院中设置牌位祭祀陈白沙。其在全国各地创办书院近40所，弟子达数千人，遍布大江南北，有力地推动了明代心学和岭南文化的发展与繁荣。

三、岭南心学在近代的发展

康有为（1858—1927），原名祖诒，字广厦，号长素，又号明夷、更牲、西樵山人、游存叟、天游化人，广东省广州府南海县丹灶苏村人，人称康南海，是中国晚清时期重要的政治家、思想家、教育家，资产阶级改良主义的代表人物。

由于地域的原因，康有为对六祖惠能、陈白沙、湛若水等心学思想多有亲近和认同。康有为曾指出："白沙之后，广东多言心学。"在教育教学中，康有为多次提到"陈白沙为广东第一人"，并特别重视其"主静无欲"的心学修炼方法。康有为在心学的土壤上吸收西方近代自然科学的思想，提倡"自主""有为"。与以往的岭南心学家所不同的是，康有为的"自主""有为"主体论已经跨越了人性论的范畴，进入到推动社会历史变革和发展的范畴，由人性的"自主"推演出政治的"民主"，由"有为"的志向开创出维新变法的历史变局，岭南心学也因此真正走上了中国近代哲学的中心舞台。①

康有为

（图片来源：http://baike.baidu.com）

梁启超（1873—1929），字卓如，一字任甫，号任公，又号饮冰室主人、饮冰子、哀时客、中国之新民、自由斋主人。清朝光绪年间举人，中国近代思想家、政治家、教育家、史学家、文学家，戊戌变法（百日维新）领袖之一，中国近代维新派、新法家代表人物。

梁启超师从康有为，在哲学观上也有明显的心学特征。他提出："境者，心造也。一切物境皆虚幻，唯心所造之境为真实"，强调去除"心中之奴隶"，做自己行动的主人，"则人人可以为豪杰"。（《唯心》）这些观点是对白沙心学传统的延续。在心学观上，梁启超特别强调"真我"和"自由"，正是因为这种主体意识，他才有能力摆脱康有为保皇道路的羁绊，走上了民主革命的道路，成为中国近代启蒙思潮的领袖和现代新文化运动的先驱。②③

孙中山（1866—1925），名文，字载之，号日新，又号逸仙，又名帝象，化名中山樵，伟大的民族英雄、伟大的爱国主义者、中国民主革命的伟大

梁启超

（图片来源：http://baike.baidu.com）

---

① 戢斗勇：《论岭南心学的主体性特征》，载《佛山科学技术学院学报（社会科学版）》2016年第5期。
② 梁启勋：《"万本草堂"回忆》，载《文史资料选辑》第25辑。
③ 戢斗勇：《心学是强调主体自我的儒学》，载《江西社会科学》1992年第3期。

先驱，中华民国和中国国民党的缔造者，三民主义的倡导者，创立了《五权宪法》。他首举彻底反帝反封建的旗帜，"起共和而终两千年封建帝制"。

孙中山的心学理念体现在其主体哲学方面，具有鲜明的主体实践的特征，是心力成就的行动的哲学。在《孙文学说》中，孙中山把"心"看成是事物的本源，他认为："夫心也者，万事之本源也。"在《建国方略》首篇《心理建设》中，孙中山提出了"心为本"的理论观点。他认为"是以建国之基，当发端于心理"，"国民！国民！当急起直追，万众一心，先奠国基于方寸之地，为去旧更新之始，以成良心上之建设也"，"心之用大矣哉"，认为世

孙中山

（图片来源：http://baike.baidu.com）

界的一切事与物，皆本源于"心"。孙中山十分强调人的精神与意识的重要作用，他认定"吾心信其可行，则移山填海之难，终有成功之日；吾心信其不可行，则反掌折枝之易，亦无收效之期"，有如陈献章所说，"君子一心足以开万世"。（《陈献章集·论前辈言铢视轩冕尘视金玉》）基于此，孙中山认为，在民国初年，新国家的存亡取决于能否破"心理之大敌"，而"出国人之思想于迷津"①。孙中山把社会历史的变革和发展看成"心成"的结果，"满清之颠覆者，此心成之也；民国之建设者，此心败之也"。基于对"心"之体和"心"之用重要性的分析，尤其是领导辛亥革命推翻帝制以及后来帝制的复辟，使得孙中山反思王阳明的"知行合一"说，认为此实质仍是沿袭"知之非艰，行之惟艰"的传统思维模式。他说："此阳明之说，虽为学者传诵一时，而究无补于世道人心也。"他提出应当毅然打破"知之非艰，行之惟艰"的迷信，从认识上树立"行易知难"的信念，最大限度地发挥"心"的力量，实现民主革命的目的。这是对传统心学知行观的创新。

第三节　岭南心学的特点

在六祖惠能"獦獠也能成佛""一切众生皆有佛性"等主体自信思想的

---

① 黄明同：《孙中山与阳明心学》，见《光明日报》2016年10月31日16版。

影响下,岭南心学逐渐衍生出更加鲜明的主体特性,具体表现在自许、自尊、自为和自爱四个方面①。

一、自许——自觉自信的主体意识

禅宗六祖惠能在谒见五祖弘忍时,喊出了"獦獠也能成佛""下下人有上上智"的口号。修佛不再是专属于某一些人的权利,人人都可以通过"自悟""自修""自度"而"顿悟成佛"。这些观点给岭南地区深深地埋下了主体自觉、自信的思想种子。

陈白沙的"天地我立,万化我出,而宇宙在我矣"(《与林郡博》)、"身居万物中,心在万物上"(《随笔》)等观点与湛若水的"立大""我立"等观点都彰显出岭南心学鲜明的自我主体特点。

到了近代,岭南心学的自许特点在康有为和孙中山身上得到了极致体现。康有为具备超强的自我主体意识,他自称"南海圣人",小时候就有乡人称其为"圣人为"。根据康氏自编《年谱》记载,康有为在幼年时就萌生了"圣人"情结。自记"……某念辄自以为六祖、邱长春矣。俛接州中诸生,大有霸视之气"。一个12岁的儿童,即以古名人自况,对同学诸子显出霸视之气。值得注意的是,他已把自己比为创禅宗之六祖和道教大宗师邱长春。《年谱》又记其19岁时从朱九江学,"以圣贤为必可期,……超然立于群伦之表,与古贤豪君子为群",从而"益自信自得"。这里说的"自信自得",是指未来可期为圣贤的自信②。这种超强的主体自信除了与康有为的个性特点和家庭环境有关以外,与自六祖惠能而来的"人皆可以成佛"的自许和陈献章以来的岭南心学传统也不无关系。

孙中山从小就以"洪秀全第二"自居,他小时候常常听一位卢姓老人讲太平天国的故事,总是听得津津有味。他称赞洪秀全为反清第一英雄,表示自己要做洪秀全第二。虽然只有十三四岁,但那时孙中山就已经提出思考:为什么太平天国洪秀全没有把清朝推翻,如果把它推翻就好了。他们村里边经常玩一个游戏:孙中山扮演洪秀全,带领一帮孩子,和另一帮孩子扮演的清兵做游戏对打。谁家的孩子要是找不着了,家里就会说,是不是又跟"洪秀全"打仗去了。孙中山的这种"主体自觉自信"成就了他"敢为天下

---

① 戢斗勇:《论岭南心学的主体性特征》,载《佛山科学技术学院学报(社会科学版)》2016年第5期。

② 萧公权:《康有为思想研究》,台北联经出版事业公司1988年版。

先"的抱负，率先举起了彻底反帝反封建的革命旗帜。

二、自尊——主客双重，灵活变通

岭南心学的另一鲜明特点是主客双重的自尊自强，既主体自重，又敬畏客体。惠能对岭南心学的贡献不仅在于他提出了禅宗心学的思想和修为方法，还在于他主体的灵活变通的思想，体现了对客体的尊重。例如，面对佛教戒律，惠能可以依据客观情况变通而行。他离开湖北黄梅逃回岭南时，为了躲避追杀无法住在寺庙，只能潜入怀集、四会的密林山洞，混迹于猎人队伍之中。猎人捕杀动物，他经常偷偷放生。猎人煮食野味，他只吃肉边青菜。对于人们批评佛教离家修行有悖孝道，惠能提倡禅修要在世事上实践，故而也可以在家修行。他强调佛法与世间两者的相即不离的关系。他提出："心平何劳持戒，行直何用修禅；恩则孝养父母，义则上下相怜。"惠能的变通和改革与其自觉自信的禅宗思想，共同为岭南地区的改革创新奠定了心学基础。

陈白沙在强调主体自得的同时，也保持着对客体尊重的态度。他提出："宇宙内更有何事？天自信天，地自信地，吾自信吾，自动自静，自阖自闭，自舒自卷；甲不问乙供，乙不待甲赐；牛自为牛，马自为马；感于此，应于彼，发乎迩，见乎远。故得之者，天地与顺，日月与明，鬼神与福，万民与诚，百世与名，而无一物奸于其间。呜呼，大哉！"陈白沙认为，主体不仅具有能动性，还有超然性，其名言"身居万物中，心在万物上"，就是对主客体双重关系的最好表述。

三、自为——自主创新，不拘一格

六祖惠能通过"獦獠也能成佛""下下人有上上智""一切众生皆有佛性"等禅宗心学思想，为岭南文化植入主体自觉自信的思想，又通过"自悟""自修""自度"而"顿悟成佛"向世人说明个人发展及修行的法门。在《坛经》中，六祖惠能告诉世人如何灵活变通，以体现主体的自重和对客体的敬重。因此，自六祖惠能开始，岭南就有了突出的改革创新的文化氛围。

陈白沙在程朱理学占据意识形态统治地位的时代，敢于提出新思想与之对抗，以心学反理学，起到了解放思想、引领时代的作用。湛若水更是在继承白沙心学的基础上创新性地提出了"随处体认天理"的心学方法。在当代,岭南心学的创新有为、不拘一格的主体精神和文化使得广东人在科技创新、制度创新和文化创新等方面仍然可以领跑全国,成为改革开放的排头兵。

四、自爱——逐利求乐,务实求是

历史上,岭南一带特别是珠江三角洲一带,一直是商业贸易比较发达的地区,"崇利"的思想渗透于岭南社会的方方面面。人们习惯以能否带来功利或能否为行为目的服务作为衡量一切社会活动和个人活动的标准。"经世致用""独善其身"等成为岭南人的行动哲学,也是岭南学派的一贯学风。

盛唐宰相张九龄在经济上的"兴利举措"、崔与之的"注重事功、济世医国"等思想都直接影响了包括陈白沙、湛若水在内的岭南哲学家,成为岭南哲学、心学的重要思想源头。清末维新派代表人物郑观应具有从传统商人到近代商人、从传统知识分子到近代思想家的转变历程,他提出的"商战救国"论体现了爱国主义与功利主义的结合,对康有为、梁启超等人的民主革命思想都有着一定的影响。

岭南主体哲学中包含十分丰富的重利思想,这种哲学特点推动了岭南经济社会的进步和发展,也在思想界产生了十分重要的影响。岭南重利的价值追求在现代仍在发挥作用,其利弊共存的两面性需要我们辩证地进行思索、把握和处理①。

---

① 戢斗勇:《论岭南心学的主体性特征》,载《佛山科学技术学院学报(社会科学版)》2016年第5期。

第二章 岭南心学与积极心理学

第一节 积极心理学的内涵

积极心理学是心理学领域的一场革命,也是人类社会发展史中的一个新里程碑,是一门从积极角度研究传统心理学研究内容的新兴科学。积极心理学作为一个研究领域,其形成是以塞利格曼(Seligman)和奇克森特米哈利(Csikzentmihalyi)于2000年发表的论文《积极心理学导论》为标志的。积极心理学主张研究人类积极的品质,充分挖掘人固有的、潜在的、具有建设性的力量,促进个人和社会的发展,使人类走向幸福,其矛头直指过去传统的"消极心理学"。它是利用心理学目前已比较完善和有效的实验方法与测量手段,研究人类的力量和美德等积极方面的一种心理学思潮。①

一、积极心理学的研究内容

积极心理学的研究内容主要集中在三个方面:主观水平上的积极体验研究、个人水平上的积极人格特质研究、群体水平上的积极社会环境研究。主观水平上的积极体验包括幸福感、满足和满意(对过去而言)、希望和乐观(对未来而言)、充盈和快乐(对现在而言)。个人水平上的积极人格特质包括爱与召唤能力、勇气、灵性、人际交往技巧、审美观、韧性、宽容心、创造性、对未来的憧憬、洞察力、天才和智慧。群体水平上的积极社会环境包括公民道德和推动个体更好地发展的社会机能,如责任、教养、利他、礼貌、适应、容忍力和职业道德,以寻求人文关怀为宗旨,致力于谋取人类幸福和社会繁荣。也就是说,积极心理学以积极的价值观来解读人的心理,试

---

① [爱尔兰]卡尔:《积极心理学(第二版)》,丁丹等译,中国轻工业出版社2013年版。

图激发人类内在的积极力量和优秀品质,帮助个体最大限度地挖掘自己的潜力并获得美好的生活。

(一) 积极主观体验研究

积极情绪是积极心理学研究的一个主要方面,它主张研究个体对待过去、现在和将来的积极体验。在对待过去方面,主要研究满足、满意等积极体验;在对待现在方面,主要研究幸福、快乐等积极体验;在对待将来方面,主要研究乐观和希望等积极体验。

1. 回顾过去——幸福而满足

心理学对幸福的研究主要用主观幸福感作为幸福的指标。主观幸福感是指个体自己对于本身的快乐和生活质量等感受的指标。对于幸福感的研究始于20世纪60年代,但在当时并没有引起太多的关注,到1969年时仅有20多篇研究论文。现在对幸福感的研究引起了越来越多研究者的兴趣,这些研究中有相当大的部分集中在生活事件和人格因素对个体幸福感的影响这一领域,也有一部分是对金钱与幸福感之间关系的研究。自20世纪90年代以来,随着积极心理学影响的逐渐扩大,一些心理学研究者对幸福的含义进行了新的解释,形成了心理发展意义的主观幸福感研究。在他们看来,幸福不仅仅是获得快乐,还包含了通过发挥自身潜能而达到的完美体验。Dinner 对与主观幸福感有关的气质和人格以及主观幸福感强烈的群体的个人背景进行回顾,然后进行了更为广泛的跨文化研究,提出了宏观社会环境与幸福之间的关系。研究发现,并不是发生的事情决定了人们的幸福,而是决定于人们如何看待所发生的事情,包括婚姻关系、家庭成员关系、朋友关系、邻里关系等在内的社会关系和人格特质也都是影响幸福感的重要因素。

2. 面对今天——快乐而充盈

研究发现,在每个年龄阶段虽然都存在着不快乐的人,但还是必须承认,同时也有着许多快乐的人。Lyubomirsky 比较了那些快乐的和不快乐的人,发现他们在认知、判断、动机和策略上有所差异,这种不同经常是自动化的,并且是未被意识到的,主要表现在快乐的人对社会性比较信息比那些不快乐的人稍微迟钝些。对快乐与金钱的关系、快乐与信仰的关系以及快乐随着社会发展而有所变化等主题也有不少研究。比如,Diener、Horwitz 和 Emmions 调查了《福布斯》排行榜中最有钱的100位美国人,结果发现,他们仅比一般美国人多一点点快乐,而且还有一些人感到非常不快乐,甚至还有人说自己已经不记得快乐的感受了。财富对快乐的影响如此小,有学者认为，主要是由于生活事件、环境及人口组成等因素在幸福感中所起的作用被差异中和了。为此，一种解释快乐的理论提出，要想知道为什么有人比其他人感到更快乐，那么就必须了解保持和提高长期快乐以及个体感情产生的认知过程和动机水平。

3. 憧憬未来——现实而乐观

拥有乐观精神是促使希望和乐观增长的关键，因为乐观可以让人更多地看到好的方面。Christopher Peterson 认为，乐观涉及认知、情感和动机成分。乐观的人更容易拥有好心情，更加不懈努力以追求成功，并且拥有更好的身体健康状况。大量对如患有艾滋病等危及生命的病人的研究表明，那些始终保持乐观的人会活得更长久一些。乐观的作用主要是在认知水平上起调节作用。一个乐观的人更可能习得促进健康的习惯并获得更多的社会支持。

当然，乐观有时会产生"乐观的偏差"（optimistic bias），即判断自己的风险要比判断他人的风险小，从而表现为盲目的乐观而不现实。这样就产生了矛盾：现实主义会提高成功适应环境的可能性，而乐观则会使个体具有较好的主观感受。为了解决这一矛盾，Sandra L. Schneider 探讨了"现实的乐观"，认为"现实的乐观"与现实并不相互抵触。从原则上说，人们能做到乐观而又不自欺。这种对"现实的乐观"研究是对积极心理学的诠释：让生活更加富有意义。

（二）积极人格特质的研究

积极人格特质是积极心理学得以建立的基础，因为积极心理学是以人类的自我管理、自我导向和有适应性的整体为前提理论假设的。积极心理学家认为，积极人格特质主要是通过对个体各种现实能力和潜在能力加以激发和强化而形成的。当激发和强化使某种现实能力或潜在能力变成一种习惯性的工作方式时，积极人格特质也就形成了。积极人格有助于个体采取更有效的应对策略，这方面具体研究了 24 种积极人格特质，包括自我决定性、乐观、成熟的防御机制、智慧等，其中引起关注较多的是自我决定性和乐观。积极心理学家认为，培养这些特质的最佳方法之一就是增强个体的积极情绪体验。随着积极心理学的发展，人格特质的研究范围也越来越广。自我决定性是指个体对自己的发展能做出某种合适的选择并加以坚持。积极心理学从三个方面研究了自我决定性人格特质的形成：其一，先天学习、创造和好奇的本性是其形成的基础；其二，这些先天的本性还必须与一定的社会价值和外在的生活经历相结合，并转化为自己的内在动机和价值；其三，心理需要得到充分满足是其形成的前提，这里包括三种基本的心理需要：自主性、胜任和交往。

Hillson 和 Marie（1999）在问卷调查研究的基础上将积极人格特征与消极人格特征进行了区分。积极的人格特征中存在着两个独立的维度：一是正性的利己主义，是指接受自我、具有个人生活目标或能感觉到生活的意义、感觉独立、感觉到成功或者能够把握环境因素及其挑战；二是与他人的积极关系，指的是当自己需要的时候能够获得他人的支持，在别人需要的时候愿意并且有能力提供帮助，看重与他人的关系并对于已达到的与他人的关系表示满意。积极的人格特征有助于个体采取更为有效的应对策略，从而更好地面对生活中的各种压力。

创造力与天才的培养也是积极心理学的研究内容之一。随着积极心理学的兴起，关于创造力和天才培养的研究也蓬勃地发展起来。例如，Steinberg 和 Lubert 提出了创造力投资理论，该理论认为，创造力是一种多维结构，由多种资源构成。其理论对人类关于创造力的研究具有重要的实践意义。综观西方心理学关于创造性的研究，主要集中在创造性的个体特征、创造性思维加工过程与创造性环境三个方面。Steinberg 等人根据创造力投资理论提出了发展创造潜能的 12 种策略，并且完成了创造性生理激活从脑机制方面进行的实验研究，发现在发散思维时，高创造性被试（创造性测验得分高）的两侧额叶均被激活，而低创造性被试只有单测被激活。

（三）积极社会环境的研究

马斯洛、罗杰斯等人指出，当孩子的周围环境以及教师、同学和朋友提供最优的支持、同情和选择时，孩子就最有可能健康成长和自我实现。相反，当父母和权威者不考虑孩子的独特观点，或者只有在孩子符合一定的标准时才给予被爱的信息的话，那么这些孩子就容易出现不健康的情感和行为模式。

积极心理学非常重视社会背景下的人及其体验的再认，意识到积极团体和社会机构对个人健康成长的重要意义。Francis Bacon 认为，与能交流思想的朋友和搭档接触有两个好处："它加倍快乐，并将痛苦减半。"确实，当同别人一起时会感受更快乐些。当被调查问及"你拥有多少亲密朋友（不包括家庭成员）"时，报告中有 26% 的人少于 5 个朋友，38% 人有 5 个以上的朋友，并说他们感到"很快乐"。

不同文化对人的生活满意度的判断有很大的差别。在以个人主义文化为主的国家中，当人们判断自己有多快乐时，会理所当然地参照他们的情感，经常感受到快乐是生活满意度的一个预测因子。相反，集体主义文化下的人们则倾向于参照一定的标准来判断他们是否快乐，并且在评估生活时，会考虑家庭和朋友的社会取向。因此，在不同文化中，人们认为与生活满意度相关的因素也是有差别的，这或许源于文化对人们的价值观和目标所带来的影响。

二、积极心理学的研究方法

在研究方法上，积极心理学吸收了传统主流心理学的绝大多数研究方法和研究手段（如量表法、问卷法、访谈法和实验法等），并把这些研究方法和研究手段与人本主义的现象学方法、经验分析法等有机地结合起来。积极心理学采取了更加包容的态度，它以实证的研究方法为主，同时也不拒绝非实证的研究方法。它几乎继承了传统主流心理学的一切实证的研究方法，如实验法、调查法等。2004年，积极心理学以世界心理诊断标准 DSM（第四版）为模型建立了自己的 CSV 标准（Character Strengths and Vitues: A Handbook and Classification）。另外，它还采纳了人本主义现象学的方法，如在研究人的积极进展时采用了大量的演绎推理，甚至还用文化解释学的方法来论述个体的发展历程。

三、积极心理学的贡献和局限性

积极心理学继承了人文主义和科学主义心理学的合理内核，修正和弥补了心理学的某些不足，它一反以往的悲观人性观，转向重视人性的积极方面。积极心理学认为，心理学的目的并不仅仅在于除去人的心理或行为上的问题，而是要帮助人们形成良好的心理品质和行为模式；没有问题的人，并不意味着就能自然而然地形成一种良好的心理品质和行为模式。

（一）积极心理学的贡献

1. 强调对人性优点和价值的研究

积极心理学认为，心理学的功能应该在于建设而不是修补，因此，心理学的研究对象应该是正常的、健康的普通人，而不是少数有"问题的人"。也就是说，心理学应该注重人性的优点，而不是他们的弱点。积极心理学在对心理学的批判与继承的基础上，倡导研究和探索人类的美德，从而填补了心理学在正常人心理活动研究方面的空白，恢复了人性的积极面。

2. 提出积极的预防思想

积极心理学重视对心理疾患的预防,并认为它们在预防工作中所取得的巨大进步主要来自个体内部系统的塑造能力,而不是修正其缺陷。积极心理学认为,人类自身存在着抵御精神疾患的力量,预防的大部分任务将是建设有关人类自身力量的一门科学,其使命是探究如何在个体身上培养出这些品质。积极心理学认为,通过挖掘困境中的个体的自身力量,就可以做到有效的预防。若仅关注个体身上的缺点或弱点,其实并不能达到有效预防的目的。心理学的任务在于能够有效测量个体的积极心理品质,弄清它们的形成途径,并通过恰当的干预来塑造这些心理品质。

3. 兼顾个体和社会层面

积极心理学在研究视野上摆脱了过分偏重个体层面的缺陷,在关注个体心理研究的同时,还强调对群体和社会心理的探讨。另外,在对心理现象和心理活动原因的认知及其理论假设的建构上,积极心理学强调人的内在积极力量与群体、社会文化等外部环境的共同影响与交互作用。尽管积极心理学者强调个体的心理、人格的良好品质,但仍十分重视社会文化环境,如人种、政治、经济、教育、家庭等因素对个体情绪、人格、心理健康、创造力以及对心理治疗的影响。积极心理学主张个体的意识和经验既可以在环境中得到体现,也会在很大程度上受到环境的影响。从广泛的角度——进化过程来讲,环境塑造着人类积极与自然界相互作用的经验,因而,对群体心理与行为的研究在积极心理学中占有重要地位。

(二)局限性

1. 理论基础单薄,理论体系不完整

早期积极心理学家不愿承认其人本主义渊源,后来虽然承认人本主义心理学是其理论基础,但是相关的理论研究较少,这使得积极心理学的理论基础有些单薄,理论体系也不够完整。因此,积极心理学还有许多研究领域需要积极心理学工作者不断去开拓。

2. 表现出一定的"积极话语霸权"

积极心理学是由 Seligeman 等著名心理学家倡导的一种自上而下的运动。当积极心理学的一些观点与这些知名学者的权威性结合在一起时,它在一定意义上表现出"积极话语霸权",即一味地宣扬积极,对传统心理学进行批判,对消极进行指责,而忽略了消极本身作为一种防御机制也具有其自身存在的价值与功能。

3. 研究对象不够全面

积极心理学在其研究对象的取样上还不够全面，表现出典型的成人化价值取向，而忽略了儿童和老年人这两个重要的群体。另外，由于其发展的历史较短，缺少有重要影响的纵向研究以及跨民族和跨文化的研究。

第二节　积极心理学的源流

著名的心理学家艾宾浩斯曾经说过："心理学有一个漫长的过去，却有一个短暂的历史。"心理学从哲学中分离出来，真正被人们作为一门独立的科学来对待只是一百多年前的事情，但它的发展却是非常迅速的。心理学是研究人的心理现象及其发生、发展规律的科学。具体来说，心理学既研究人的心理，又研究动物的心理；既研究人的心理，也研究人的行为。心理学是一门以描述、解释、预测和调控人的行为为目的，通过研究分析人的行为，揭示人的心理活动规律的科学。

在心理学发展的130余年的时间里，一直存在着许多矛盾和冲突，心理学应该研究什么，意识还是行为？心理学应该为哪些人服务，是普通人群还是异常人群？等等。这些问题一度困扰着心理学家们，他们探索答案，各执己见，于是有了学派纷争。而随着社会的发展，以及心理学学科的壮大，这些问题的答案也在不断变迁。

弗洛伊德通过对精神病患者多年的临床分析，提出了精神分析学说。他认为人们的一生几乎被幼年期的发展状况所决定，这一时期的创伤经历将会伴随人们的一生，严重的创伤还会形成神经症或变态人格。人们的心理由意识和潜意识组成，意识如同冰山一角，只是人们心理的很小的一部分，而潜意识则主宰着人们大部分的日常活动，但是人们很难觉察到它的存在，它偶尔会以口误、笔误或梦境的方式表达出来。

而行为主义的创始人华生则认为，人的心理就是个体对外部刺激的反应的总和。外界给予人们一个刺激，人们就会做出相应的反应。面对同样的刺激，人们会做出不同的反应，这些不同的反应方式的总和就构成了个体的人格特征。华生的经典名言就是："给我一打健康的婴儿和一个适合的环境，我会随机地把他们培养成医生、律师、商人等，不管他们的天赋、才能、种族如何。"所以，在行为主义者的眼中，人的心理是后天习得的，包括人们性格的形成以及规则的习得等正常心理，也包括抑郁、焦虑等异常心理。人的心理是环境的产物。

由此可见，这两个流派对人性的看法均带有很浓的消极被动的色彩——不论是"三岁看到老"的早期决定论还是外部环境刺激的被动反应论。但是，人类真的是如此被动消极的吗？有部分心理学家对此表示怀疑，并开始了对人类心理中积极的方面进行研究。大约在20世纪30年代，Terman开始了关于天才和婚姻幸福的研究。同一时期，荣格也展开了对生活意义的研究。但是，随之而来的第二次世界大战（以下简称"二战"）中断了这种早期对人类积极心理的探索。"二战"期间及战后，心理学的主要任务变成了研究心理或行为紊乱的原因，以找到治疗和缓解的办法，来治愈战争创伤和治疗精神病患。心理学再次披上了"白大褂"，任务就是找出人类心理问题的原因，对症下"药"。而之前对积极心理的探索似乎被心理学家们遗忘了。到了20世纪五六十年代，马斯洛、罗杰斯等一批心理学家开始关注人类自由、健康的成长，认为心理学家的工作应当是给予普通人群积极的关怀和爱护，帮助他们自我探索、自我成长，最终达到自我实现。这种积极的论调给心理学界注入了新鲜的血液，在一定程度上引起了心理学家们对心理活动中积极一面的重视，对现代的心理学理论也产生了深远的影响。这一理论流派就是人本主义心理学，该流派成为当时精神分析学派、行为主义之外的第三势力。

但是，正如塞利格曼所言："当一个国家或民族被饥饿和战争所困扰的时候，社会科学和心理学的任务主要是抵御和治疗创伤；但在没有社会混乱的和平时期，致力于使人们生活得更美好则成为他们的主要使命。"在当时的社会背景条件下，人们更关注战后的心理问题的治愈，所以，人本主义心理学家的努力并没有使主流的心理学研究主题发生根本的转移。再加上他们主要依靠个人的观察、体验和传记资料，同时又缺乏必要的实验手段和实证根据，这也在一定程度上制约了人本主义心理学的发展。

几十年后，战争的硝烟已经逐渐消散，经济逐步恢复和发展，人们的生活水平也在不断地提高，他们拥有更充分的自由、更好的物质享受、更好的教育、更丰富的娱乐。照理说，人们应该比过去更加幸福，可事实却刚刚相反，他们有巨大的工作和生活压力，很多人焦虑、抑郁，感到生活不幸福。在20世纪末的10年研究中，心理学家开始关注对心理疾患的预防。1997年，塞利格曼就任美国心理学会主席一职时提出"积极心理学"这一概念；随后，愈来愈多的心理学家涉足这一研究领域，并逐渐形成了一场积极心理学运动。

马丁·塞利格曼（Martin E. P. Seligman, 1942— ），美国心理学家，

著名学者和临床咨询与治疗专家，被誉为"积极心理学之父"，曾获美国应用与预防心理学会的荣誉奖章，并由于他在精神病理学方面的研究而获得该学会的终身成就奖。塞利格曼主要从事习得性无助、抑郁、乐观主义、悲观主义等方面的研究。①

研究者们发现，人类的一些积极健康的心理品质，如勇气、乐观、信仰、希望等，对于抵御心理疾患起到了很大的缓冲作用。因此，研究人性的积极方面，研究人类积极健康的心理品质，并探索如何增强年轻人这些品质，帮助人们不断发展自己，从而在根本上让人们的生活更加幸福、快乐。

马丁·塞利格曼

（图片来源：http://baike.baidu.com）

第三节　积极心理学中的心学智慧

中国地质大学特聘教授王薇华认为，塞利格曼在创立积极心理学时，从东方哲学的"修心"智慧中获得了灵感。六祖惠能的"自觉、自信、自悟、自修、自度"，陈白沙的"自得、由我"，湛若水的"自然、自主"，康有为的"自主、有为"，梁启超的"真我、自由"，等等，这些观点与积极心理学倡导的理念和研究内容具有高度的一致性。

一、积极心理学建立的理论前提——自修、自度的积极人格特质

人类的自我管理、自我导向和有适应性的整体是积极心理学建立的理论假设前提。这里所强调的自我管理、自我导向及个体现实能力及潜在能力与岭南心学所倡导的"佛是自性作，莫向身外求""自得、由我""自觉、自悟、自修、自度"等观点不谋而合。

积极心理学具体研究了六大美德、二十五种积极人格特质，包括：①智慧与知识：好奇心、喜好学习、创造力、开放的思想、智慧和知识、独特视角；②勇气：勇敢、坚持不懈、真实性；③仁慈和爱：仁慈善良慷慨、爱与

---

①　姚本先：《大学生心理健康教育》，安徽大学出版社2012年版。

被爱的能力；④正义：正义精神、公平、领导能力；⑤修养与节制：自我决定性、自我控制、谨慎小心、适度和谦虚；⑥心灵超越：欣赏美和完美、感激感恩、希望乐观、心灵上的有目标和信仰、宽恕怜悯、风趣幽默、热情。其中，引起关注较多的是自我决定性和乐观。自我决定性是指个体自己对自己的发展能做出某种合适的选择并加以坚持。积极心理学从三个方面研究了自我决定性人格特质的形成：先天学习、创造和好奇的本性是其形成的基础；这些先天的本性还必须与一定的社会价值和外在的生活经历相结合并转化为自己的内在动机和价值。自我决定性与岭南心学所秉持的主体哲学思想在本质上是一致的。个体可以决定自己的发展方向、发展速度和发展水平，在影响自我决定性人格（自主）的形成的三个因素中，先天学习对应了陈白沙的"自得"观，创造对应了六祖惠能的灵活变通思想，好奇的本性则对应了白沙学说中的"贵疑论"。

二、积极心理学对主客体关系的观点——自然、主客双重

Hillson 和 Marie（1999）认为，积极的人格特征中存在着两个独立维度：一是正性的利己主义，指的是接受自我、具有个人生活目标或能感觉到生活的意义、感觉独立、感觉到成功或者能够把握环境因素及其挑战；二是与他人的积极关系，指的是当自己需要的时候能够获得他人的支持，在别人需要的时候愿意并且有能力提供帮助，看重与他人的关系并对于已达到的与他人的关系表示满意。这里体现了积极心理学与岭南心学一致的主客双重观。积极心理学认为，强调主体的自尊，依赖自身力量实现自我发展（自度）是积极人格特征中的重要维度；同时，重视与他人、他物及环境的关系是构成积极人格特征的另一重要维度。这种于主体能够做到自主、自度，于客体能够做到和谐共处的观念，与岭南心学既重视主体，又尊重客体的主客双重思想是有共通之处的。

三、依靠自身积极力量抵抗精神疾患——自修、自悟、自度

积极心理学认为，预防、抵抗心理疾患的力量主要来自个体内部系统的塑造能力，即个体的积极心理品质，而不是修正其缺陷。人类自身存在着抵御精神疾患的力量，积极心理学的使命就是挖掘困境中个体自身的力量，并

探究如何在个体身上培养出这些积极的品质，用以预防和抵抗精神疾患。如果仅仅关注个体身上的缺点或弱点，并不能达到有效治疗和预防的效果。

积极心理学在抵抗和预防心理疾患的方法上选择了向内求索，这与岭南心学强调主体性，强调"自悟、自修、自度"是一致的。如六祖惠能认为"人性本净""自性常清净"，因而在修行方法论上，惠能支持"自悟自修"和"不假外求"。亦即只有通过"自修自作自性法身，自行佛行，自作自成佛道"，人们才可以去除烦恼、痴迷染污而达至纯真、清洁、寂静的状态。

第三章 从岭南心学、积极心理学到粤派教育

独特的地域文化和教育传承，形成了区域教育和置身其中的教育人的独特性。"粤派教育"理念的提出，旨在挖掘岭南文化之根，探寻滋养教育的动力源泉，从文化视角看教育的现实样态与应有之义。

第一节 岭南心学、积极心理学思想孕育了"自学、实学、意志"的粤派教育

一、粤派教育强调"有主见地自学"

唐代六祖惠能被誉为世界十大思想家之一，其与孔子、老子一起被西方学者称为"东方三圣"。中国唯一被尊称为经的本土佛教著作《六祖坛经》中阐述了他"我心自有佛，自佛是真佛；自若无佛心，向何处求佛"的自得、自度思想，对岭南心学的发生和发展起到了深远的影响。惠能强调的"自度""自悟"的修行方法论为陈白沙所吸取。陈白沙强调"静中养出端倪"，以"宗自然"与"贵自得"为基调，倡导"心在万物上""贵在自得""彻悟自省"。湛若水在继承"学贵自得"的思想基础上，创新性地提出了"随处体认天理"的自修方法。岭南心学所倡导的主体性和自度的学习方法为粤派教育及教育人植入了强大的"有主见地自学"的基因。

粤派教育融合岭南心学传统和西方积极心理学思想，强调在教师培训中充分发掘和激发教师自身的现实能力和潜在能力，鼓励教师自我决定、自我管理、自我掌控自己的研修和发展，通过行动研究、阅读书籍、自身成长档案梳理与解读等一系列"有主见地自学"的方式，帮助教师充分信任自己内心的力量，通过自学和自悟，凝练自身的教育智慧，提升文化自信和教育自信，进而更好地改进教育实践。

二、粤派教育强调"有行动的实学"

岭南的务实传统体现在思想、生产、科技、饮食、建筑等社会生活的各个方面。从总体上讲,岭南的务实传统是积极的、进步的,且具有创新性、多元性、实干性、开放性等特征。岭南的务实传统造就了岭南人敢为天下先的气魄,也成为贯穿岭南千百年来各个历史时期的精神核心,是岭南文化的灵魂。① 岭南心学中同样有着十分丰富的自爱、逐利思想。孙中山领导辛亥革命推翻帝制后,帝制的复辟使得孙中山反思王阳明"知行合一"学说的合理性。结合自身对"心"之体和"心"之用的重要性分析,孙中山认为王阳明的"知行合一"学说实质上沿袭了"知之非艰,行之惟艰"的传统思维模式。为此,他提出应当毅然打破"知之非艰,行之惟艰"的迷信,在认识上树立"行易知难"的信念,最大限度地发挥"心"的力量。孙中山"行易知难"的思想是对传统心学知行观的创新,和岭南的务实传统一起为粤派教育厚植了"有行动的实学"的文化底色。

粤派教育强调在进行教师培训时,要注重实学、崇尚实干的精神。通过调研考察、跟岗培训、影子工程、现场诊断、行动研究、阅读书籍、自身成长档案的梳理与解读等一系列强调"行动""实学"的培训途径,帮助教师在行动实学中自觉、自悟,凝练自身的学科教学观、育人观和办学观,提升教育智慧,增强教育自信,培养自主、自度的积极心理品质。

三、粤派教育强调"有自信的意志"

禅宗六祖惠能通过"獦獠也能成佛""下下人有上上智"等口号向世人宣称修佛不再是专属于某一些人的权利,人人都可以通过"自悟""自修""自度"等方式"顿悟成佛"。陈白沙的"天地我立,万化我出,而宇宙在我矣"(《与林郡博》)、"身居万物中,心在万物上"(《随笔》)等观点与湛若水的"立大""我立"等观点都彰显出岭南心学鲜明的主体自信的特点。这些观点为岭南人深深地埋下了主体自信和意志力的思想种子。近代,康有为和孙中山更是将岭南心学中"自许""自信"的思想发挥到极致。康有为幼时就有"圣人情结",自称"南海圣人";孙中山从小就以"洪秀全

---

① 殷丽萍:《论岭南务实传统与广东文化大省建设》,载《广东省社会主义学院学报》2004年第4期,第75-78页。

第二"自居，他的主体自许和自信成就了他"敢为天下先"的抱负，率先举起了彻底反帝反封建的民主革命旗帜。

岭南心学所倡导的鲜明的"自许""意志"的思想及自学、实学的发展路径为粤派教育植入了强大的"自信"基因。粤派教育注重传承岭南文化、树立文化自信，在吸收积极心理学中合理思想的基础上，依照"行（实学）—知（自学）—情（意志）"的发展路径设计并实施教师培训方案。突出问题导向，强调行动和实学，依托教师自身的发展潜力，通过鼓励与支持行动研究、教育书籍阅读、个人成长档案与学科教学观的建立、学校办学观的梳理等手段，激发教师主要依靠自身力量，自学自悟，凝练属于自己的教学风格、教育智慧和办学理念，进而提升自身的教育自信与意志，树立文化自信，讲好教育故事。

第二节 教师培训的深化研究催生了"自学、实学、意志"的粤派教育

近年来，广东省不断推进和实施分层次、分类型、分学科的名师培养工程和高端培训项目，并发布一系列相关的政策文件，加大在政策、制度、经费等方面的支持力度，启动广东省新一轮中小学教师"百千万人才培养工程"、教育家培养工程等。系列高端培训培养项目的培养对象在本区域和本学科领域内均获得了较好的业绩和成果，具有一定影响力和教学特色。

这样一个"准名师群"，更需要帮助教师形成个人教学风格、提升其在省内甚至国内的知名度和影响力。在深化培训研究、创新培训模式、形成培训特色优势的基础上，引领教师聚焦问题、升华风格、传播思想，围绕"教学风格"展开名师培养机制和培养内涵研究；[①] 从认识风格、凝练风格、展示风格、反思风格和升华风格等方面设计系列培训活动，助力名师对教学经验特色的反思与升华，在互动对话、展示分享中生成培训成果。相应地，培训项目成果围绕教师教学风格编写系列丛书，每位教师以"我的教学风格""我的教学主张"和"他人眼中的我"来梳理提炼个人化的教学风格。其中，项目实践成果"中小学教师课堂教学风格形成的实践模型"获2017

---

① 李照宾、汪洋、江嫣：《广东省新一轮"百千万人才培养工程"的培养模式与教育机制》，载《中国教师》2013年第16期，第5-8页。

年广东省教育教学成果奖一等奖。

随着名师培养项目的不断完善和深化,"粤派教育"和"粤派名师"等关键词的提出,可以说是名师培养机制研究的逻辑推演与理念引领。名师培养项目的设计实施,更注重顶层设计与理念引领,进一步强化培训成果的生成,把培训成果系列丛书统一命名为"粤派教育"丛书。它凝聚了广东基础教育教师优质资源,是深化岭南文化与"粤派教育"的系统化研究,从而构建"粤派教育"理论内涵与实践范式,让"粤派教育"发出应有的声音。[①]

第三节 学校内涵发展与特色建设实践着"自学、实学、意志"的粤派教育

早在2009年就有学者提出"新粤派语文"这一说法,并对新粤派语文建设提出建议:第一,要突出广东优秀文化传统优势,不断总结、提炼粤派文化中最具特色的内容,并与语文教育、语文教学结合起来,把根深扎在广东的优秀文化传统中,从优秀的语文教育实践积淀中吸取营养;第二,要凝聚共识,铸造共同的价值观;第三,要鼓励创新,突出个性,凝练风格;第四,要注重打造教育学术共同体,有意识地扶持、推出广东优秀教师;第五,要加强宣传,扩大影响。[②]

提升区域教育质量和学校内涵品质,促进中小学教育(尤其是义务教育阶段)的优质均衡和高质量发展,是学校教育改革的重中之重,需以"办好老百姓家门口的好学校"为宗旨,以办好"公平而有质量"的区域教育为目标。优质均衡和高质量发展,并非"同质化"发展,而是在扩大优质教育资源辐射效应的同时,发掘区域教育独有的文化资源,充分利用区域文化资源优势,实现特色办学、特色发展,建设更多"家门口的好学校"。

乡村学校要注重挖掘乡土资源,传承乡土文化,寻找乡村教育的独特内涵,通过重建乡村教育生态,让每一所乡村学校都"美"得有特点、"优"

---

① 熊焰、高慎英、于慧:《基于"粤派教育"理念的粤派名师培养的实践研究》,载《广东第二师范学院学报》2020年第1期,第17-24页。

② 田慧生:《教育流派和新粤派语文建设——在新粤派语文特级教师学术研讨会上的讲话》,载《语文月刊(学术综合版)》2009年第4期,第13-17页。

得有亮点。城镇学校追求的也不应只是现代化的教育设施，而要走内涵发展和特色建设之路，充分开发利用学校的和区域的优势资源，形成学校独特的办学理念体系，打造学校特色课程建设，这是学校教育优质发展的必然选择。通过内涵发展与特色建设，粤派教育人践行"自学、实学、意志"的教育风格，以期为民族的振兴培养积极、自信、有为、创新的接班人。

第二部分 粤派教育培训的课程设计

第四章　课程价值与目标

作为地方培训课程，粤派教育培训课程承载着传承优秀传统的使命，对提升文化自信有着独特的作用。既然是课程，就应具有课程本身应有的价值，主要包括多元融合与建构发展等，它同时受诸多因素的影响，有着自身特有的目标。

第一节　确定课程价值

教师培训课程是在特定历史时期，为加强教师队伍建设，满足社会教育改革与发展需要，促进教育质量提升，进而为国家政治、经济、社会、文化建设输送高素质人才的载体。不同时期的教师培训课程有着不同的价值取向。

一、影响粤派教育培训课程价值的因素

（一）粤派教育的核心思想——自学、实学、意志

粤派教育融合岭南心学传统和西方积极心理学思想，强调在教师培训中要充分发掘和激发教师自身的现实能力和潜在能力，鼓励教师自我决定、自我管理、自我掌控自己的研修和发展，通过行动研究、阅读书籍、自身成长档案梳理与解读等一系列"有主见地自学"的方式，帮助教师充分信任自身内心的力量，通过自学和自悟，凝练自身的教育智慧，提升文化自信和教育自信，进而更好地改进教育实践。在进行教师培训时，粤派教育还强调要"有行动的实学"，注重实学并崇尚实干的精神。同时，通过调研考察、跟岗培训、影子工程、现场诊断、行动研究、阅读书籍、自身成长档案的梳理与解读等一系列强调"行动""实学"的培训途径，帮助教师在行动实学中

自觉、自悟，凝练自身的学科教学观、育人观和办学观，提升教育智慧，增强教育自信，培养自主、自度的积极心理品质。岭南心学所倡导的"自许""意志"的思想及自学、实学的发展路径为粤派教育植入了强大的"自信"基因。粤派教育注重传承岭南文化，树立文化自信，在吸收积极心理学中合理思想的基础上，依照"行（实学）—知（自学）—情（意志）"的发展路径设计并实施教师培训方案，激发教师主要依靠自身力量，自学自悟，凝练属于自己的教学风格、教育智慧和办学理念，进而提升自身的教育自信与意志，树立文化自信，讲好教育故事。

（二）社会经济文化变革对人才的需求

作为改革开放的前沿地，40多年来广东经济社会发展发生了翻天覆地的变化，一跃成为全国经济强省。党的十八大以来，广东深化教育领域综合改革，全面推进教育现代化，打造南方教育高地。

在粤港澳大湾区建设和全球经济一体化的背景下，具有国际视野和21世纪技能（核心素养）的人才需求日益凸显，其中，4Cs——沟通（communication）、合作（collaboration）、明辨是非或批判性思考（critical thinking）、创造思考（creative thinking）能力尤为重要。同时，未来的教育、未来学校会更加强调学生对人工智能的学习、数据分析和数码教育的理解，"云课程、慕课、翻转课堂、移动学习、泛在学习"等新的教育形态正成为一种新常态，STEAM教育（研究表明，STEAM课程能更有效地发展学生的4Cs素养）和网络学习也日渐增加。社会经济文化的变革对人才的培养提出了新的要求，教育正面临着新的挑战。在此背景下，培养什么样的教师以及如何培养教师等问题主导着基于素养的粤派教育培训课程的价值取向。

（三）新时期对教师素养的要求

2018年，《中共中央国务院关于全面深化新时代教师队伍建设改革的意见》指出："引导广大教师以德立身、以德立学、以德施教、以德育德，坚持教书与育人相统一、言传与身教相统一、潜心问道与关注社会相统一、学术自由与学术规范相统一，争做'四有'好教师，全心全意做学生锤炼品格、学习知识、创新思维、奉献祖国的引路人。"因此，粤派教育培训应以"有主见的自学、有行动的实学和有自信的意志"等核心精神为抓手进行课程设计，帮助教师实现终身学习，培养持续发展的意识与能力，树立以人为本、服务学生的思想，将育人能力放到教师素质结构的中心位置。

二、粤派教育培训课程的价值内涵

任何一种课程的价值内涵都是在特定时代的理论背景和现实环境中产生的。因此，分析和研判教师培训课程设计的价值内涵，既要用历史的眼光审视其产生的必然性，又要着眼现实，放眼未来，洞察未来发展的需求，进而确立符合时代需求的教师培训课程。

基于对粤派教育核心精神的分析，以及新时期的复合型人才需求和教师素养要求，教师培训课程的价值内涵已经由过去的知识中心、能力中心向专业发展和综合素养方向转变，课程价值应着重体现其多元融合和建构发展。

（一）多元融合

培训课程通过课程的目标、结构、内容、实施、评价等要素体现价值，一个好的教师培训课程应包含以下四大要素的最优整合。

一是课程目标的融合。教师培训课程目标是参训教师最终要达成的学习要求，虽然具体的教师培训课程目标千差万别，但基本都指向启迪教师专业智慧，加深教师专业理解，开阔教师专业视野，增强教师问题解决技能，丰富教师教育教学经验，提升教师教育研究水平，形成教师自我建构的意识和能力，发展教师专业精神，使教师成为终身学习，与时俱进的人。

粤派教育培训课程的目标以知识为源，既要体现专业知识量不断增加的特征，也要体现教育教学改革的新趋势和新成就。与此同时，课程目标还要强调"有主见地自学"，关注教师主体性发展及教学风格的形成，注重师德和情操的陶冶，尊重、激发教师主要依靠自身力量，自学自悟，凝练属于自己的教学风格、教育智慧和办学理念，进而提升自身的教育自信与意志，锤炼"有自信的意志"。

二是课程内容的多元化。在"德智体美劳"全人教育的时代背景下，有师德、懂生活、善求知、会合作、知创新的教师是时代的呼唤。因此，培训课程应不仅能促进教师的专业发展，更应能成为帮助教师树立正确的职业认知与职业自豪感，把握正确的"为师之道"的指明灯。与此同时，课程还应能指导教师养成乐观的生活态度和健康的生活方式，保持好奇之心，善学好问，以开怀的心胸接纳新鲜事物，主动了解自己学科知识发展的最新动向，积极学习信息技术和互联网知识。

三是课程实施途径的多元化。粤派教育培训强调"有行动的实学"。即通过调研考察、跟岗培训、影子工程、现场诊断、行动研究、阅读书籍、自身成长档案的梳理与解读等多元化的实施途径，帮助教师在行动实学中自觉、自悟，凝练自身的学科教学观、育人观和办学观，提升教育智慧，增强教育自信，培养自主、自度的积极心理品质。

四是评价方式的多元化。以自学、实学和意志为抓手，从过程和结果两大角度，多元评价主体，科学设计粤派教师培训效果评价系统。多元评价既可以检查、测评培训效果，又可以帮助教师明晰自身专业发展的方向和途径，进而实现培训课程的认知、知识和行为目标。

（二）建构发展

基于教师学习特点和粤派教育核心精神，粤派教育培训课程将依据"自学、实学、意志"三条主线铺开，强调教师在培训中以情境为铺垫，以问题为导向，通过自主建构获得综合技能发展。因此，培训课程"实践—问题—反思—再实践"的闭环式提升路径设计，充分考虑了教师的经验，针对教师在教育教学实践中面临的一些难以解决的困难和问题，或者当前教育教学改革涉及的重点、难点和热点问题，选择综合的、系统的、高效的实施方式，如情景模拟式、案例分析式和问题导向式等，让教师在真实情景中自主建构知识，提升实践能力。

第二节 课程目标

课程目标是对学习者完成培训课程学习后应该达到的学习结果的期望，它关注的是学习者学到了什么。通常来说，课程要以教师学习者为主体，体现学习过程与主要学习结果的统一，既要符合教师专业标准和当前对教师专业素养的要求，又要针对学习对象的需求、特点与层次进行培训，同时还要考虑到教师立德树人的职业特点，以体现课程对教师专业实践的迁移价值。

2020年，教育部印发《中小学教师培训课程指导标准（专业发展）》（以下简称《指导标准》）。根据《指导标准》对教师专业发展的定义，中小学教师专业发展划分为"专业发展规划""专业知识学习""专业实践研修"三个领域（一级指标）。每个领域划分为若干个核心能力项（二级指标)。"专业发展规划"下设专业发展理解、专业发展实施和专业发展评价三个核心能力项,"专业知识学习"下设教育知识运用、文化知识学习和信息素养提升三个核心能力项,"专业实践研修"下设自主专业反思、同伴合作发展和集中专题研习三个核心能力项。(见表4–1)

表4–1　中小学教师专业发展一级和二级指标

一级指标(领域)	二级指标(核心能力项)
专业发展规划	专业发展理解
专业发展规划	专业发展实施
专业发展规划	专业发展评价
专业知识学习	教育知识运用
专业知识学习	文化知识学习
专业知识学习	信息素养提升
专业实践研修	自主专业反思
专业实践研修	同伴合作发展
专业实践研修	集中专题研习

与此同时,基于粤派教育核心精神,还强调了三个维度的目标:有否自我反思(有主见地自学),在培训中付出了什么行动(有行动的实学),内心是否足够强大(有自信的意志)。

综上所述,粤派教育培训课程目标的设立,既要体现国家对教师专业发展的内涵定义,又要突出粤派教育的地域特色。因此,粤派教育培训课程目标体系可从两方面进行建构:一是以专业发展规划、专业知识学习和专业实践研修为一级循环指标,涵盖表4–1的核心能力项;二是以行动、自信和自学为二级循环指标,分别对应一级循环指标,共同构成粤派教育培训课程目标体系。(见图4–1)

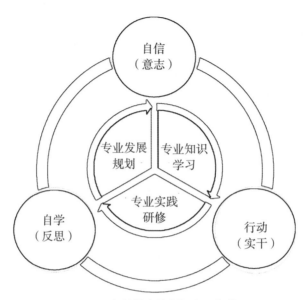

图 4-1 粤派教育培训课程目标体系

一、专业发展规划

（一）激发教师正向的教育发展信念

教育发展信念深刻影响着教师的内心，故而正向的教育发展信念有助于激发教师的教学效能感，使教师得以系统地审视自己的教学行为和教学观念，提升职业认同感。

课程培训能促进教师对教师专业发展的最高境界——爱岗敬业、爱生如子、立德树人的理解，认识到教师不仅是一份职业，更是一份事业和责任。如师德教育课程以研修习近平总书记关于"四有"好老师、"四个引路人"的重要论述，新时代中小学教师职业行为十项准则等为内容，引导教师学习师德楷模风范，增强教师职业使命感、责任感和敬畏感，培育教师教育情怀，帮助教师把"立德树人"落实到学科教学体系中，以德施教、以德育德，解决工作中的师德困惑，提高师德践行能力，由此激发教师专业发展热情，坚定教育理想信念，深化职业理解，提升教育情怀。

(二) 培养教师良好的教育发展规划能力

培训教师自我诊断、自我规划是粤派教师培训的重要目标之一。包括：指导教师学习专业素养的核心内容、专业发展的阶段与途径、教师规划专业发展的一般方法，理解与分享优秀教师的成功经验，并明确自身专业发展的重点，制订职业发展规划；引导教师学会利用以课程学习为主的各种机会积累发展经验，引导他们基于专业标准和培训课程指导标准自主开展专业发展现状诊断与分析，立足培育学生、学科核心素养，明确专业发展目标，并且能结合自己的专业发展规划，运用科学的、适切的评价方法对自身专业发展情况进行有效评价，以促进自身专业发展。

二、专业知识学习

(一) 促进教师的教育知识与能力的提升

指导教师掌握教学规律，以学科育人能力为主线，通过学习教材分析、学情分析、教学设计、课堂管理和教学评价，提升教师对教学内容及课程标准的理解、对学生认知规律的分析、对课堂学习活动的设计以及对课堂作业的命制等专项能力；提升教师单元教学内容设计、学生学习方法指导、学生学业发展评价、学生学科核心素养培育、校本课程开发及实施，以及总结和凝练个人教学方法与特点的实践能力。

(二) 促进教师的文化知识和信息素养的提升

帮助教师关注自然科学、科学技术发展，掌握一定的自然科学、科学技术知识并有能力将其综合运用到教育教学实践中，进而引导学生形成科学思维，崇尚科技创新；促使教师主动拓展人文社会科学知识，形成丰富的人文社会科学知识体系和较好的综合素养，在教育教学中能旁征博引、因材施教、融会贯通；使教师具备一定的艺术修养，能够将艺术知识和美育思维有效地融入教育教学实践；并使教师关心自我心理健康状况，掌握一定的心理健康知识，提升自身心理健康水平。

帮助教师主动学习现代信息技术，了解大数据、云计算、人工智能和"互联网+"等信息技术，提升其信息素养，使其理解信息技术在教育教学中的重要作用，了解信息技术与学科教学深度融合的相关知识，掌握优化课堂教学的技术手段，合理选择与利用数字教育资源，掌握相关资源学习系统的有效方法。

三、专业实践研修

（一）提高教师的教学实践水平与反思能力

教学实践体现"实干"精神，反思能力则彰显"自修自悟"的水准。因此，培训中需要指导教师树立教科研工作意识，提高观课议课、教学反思、案例研究能力，引导教师在实践中发现教学问题，运用多种方式解决教学问题的反思研究能力。

此外，我们还须引领教师组建学习共同体，开展基于教学反思、指向教学改进的行动研究，重点从实践反思、行动研究、成果表达等模块实现智慧的凝练与教师专业成长，使自己和共同体成为学生、家长和学校均认可的名师。

（二）提高教师自我管理的能力

粤派教育培训以培训主体——教师的自我发展为旨归，让他们"回顾过去，幸福而满足；面对今天，快乐而充盈；憧憬未来，现实而乐观"。因此，在培训中要引导教师树立乐观的生活态度和健康的生活方式，帮助教师以乐观的心态面向未来，在生活和工作中建立良好的人际关系，树立正确的财富观和金钱观，提高生活幸福感和职业幸福感；引导教师在日常工作和生活中修身养性，释放压力，陶冶情操，看到个体的价值和力量，进而得到身心的平衡协调发展，使自己成为有洞见的智识型名师。

第五章 课程结构与内容

课程结构受社会文化的学科分类及逻辑、学习者身心发展规律以及教育条件制约,它决定着教育教学活动的功效。课程内容与课程结构的关系状态是考察和处理课程平衡的重要维度之一。课程内容决定课程结构,课程结构在一定条件下反过来制约课程内容。课程内容与课程结构之间的关系,大致可分为"从内容到结构"和"从结构到内容"。

传统的教育培训课程往往比较单一,以必修的专业课程、学科课程为主,较少有选修课程、活动课程和外围课程。根据岭南心学传统形成的粤派教育核心精神,主张精心设计培训课程内容并建构新的课程结构体系,目的是使教师的"知、情、意、行"逐步上升整合并最终完成教师的心理建设,要让校长、教师的内心变得强大,进一步建立文化自信、制度自信。基于这一目的,我们需要改革教育培训课程结构,并对课程内容进行更新,呈现从结构到内容的模式。

第一节 课程结构

课程结构是指课程的各种类型、各个组成成分或要素按照预定的准则形成的相对稳定的组织形式。它主要涉及课程的内容、课程的平衡与课程的设置。课程内容将在下节专门论述。课程的平衡,就是使选入粤派教育培训的课程及其包含的科目主次分明、比例适当,以满足教师专业发展的潜在需要且合乎社会的价值标准。确切地说,粤派教育培训关涉的课程无外乎"知、情、意、行"。"知之真切笃实处,即是行。行之明觉精察处,即是知。""知"要解决认知问题,是基础;"情"要解决情感问题,是关键;"意"要解决意志问题,是保障;"行"要解决行为问题,是归宿。但从"知"到"行"的过程中,还有"情"和"意"两个重要心理环节需要把握,这两个环节就是领悟粤派教育核心精神的关键——静中养心乃"静悟","自得"

"自省"然后"内心强大",最终实现内化于心、外化于行的目的。因此,对"情"和"意"的课程设置要具有螺旋式阶梯上升的特点,在课时比例、重点难点安排、时间安排、目标—评价匹配等诸多方面需要重点关照。

课程的设置将在充分调研的情况下,视不同培训对象来安排不同模块内容的比例权重,从而使课程具有较好的适切性,具有课程审美的特性。在粤派教育培训的理念下,我们在教师培训、班主任培训、校长培训和专题/专项培训等诸多领域做了一些有益的尝试,探索出了基于粤派特性的实践路径。(见图5-1)

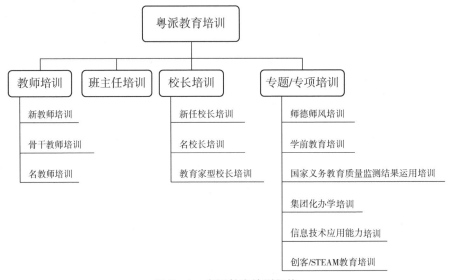

图5-1 粤派教育培训架构

第二节 课程内容

课程内容是培训系统得以运行的最重要要素之一,它源自岭南文化孕育的粤派教育核心精神;课程结构则是正确表达课程内容的载体,它把零散的知识素材有效地聚合成点、线、面,并按照一定的逻辑顺序高度结构化、模块化。

课程内容的结构逻辑,我们可以采用3W模式的变异即P-T-C-P模式。

3W模式即WHY–WHAT–HOW模式。这是按照解决问题的推理过程形成的课程结构顺序，是一种通用的课程结构顺序，适合大多数课程结构的搭建。

比如，我们要培训教师的教育信念时，我们可能会想到以下问题：①教师为什么要有教育信念？②教育信念的定义是什么？③教育信念对教师有什么样的好处？④如何培植教育信念？⑤教师在培植教育信念时需要有什么准备和改变？上述问题是否有相关性？经过整理分类后，我们会发现，这里主要牵涉三大类问题：为什么——①；是什么——②③④；怎么做——⑤。

但在具体运用3W模式时，我们也会遇到一些问题。比如，"WHY"部分会转变为教育信念的现状、背景、重要性，信念缺失的原因，强化教育信念遇到的困难、障碍，等等；"WHAT"部分会融入教育信念的概念、定义、特征（点）、原则、分类、规定等；"HOW"部分会融入方法、步骤、流程、注意事项、技艺等。这样的话，各个内容模块往往与实际工作不够贴合。因此，在粤派教育培训内容的逻辑架构上，我们采用3W模式的变异P–T–C–P模式，即：问题聚焦（problem）—理论学习（theory）—案例分析（case）—实践应用（practice）。

问题聚焦：把问题的真实情境、案例、想象呈现出来，让学员亲身感受（视觉冲击、思想冲击、心灵震撼等）、产生共鸣、引起兴趣、明确学习的方向。

理论学习：剖析问题产生的深层次原因，提供解决问题的新视角、新方法、新理论、新技巧。这部分兼有"WHAT"和"HOW"的问题，两者可以进行融合。

案例分析：学员在培训者的指导下，运用新理论、新观点、新方法、新技巧去分析案例。这也是"HOW"的问题，这能进一步加深学员对理论学习的认知。

实践应用：学员独立运用新观点、新理论、新方法、新技巧解决教育教学、自身发展等实践中的问题。

粤派教育培训的目的就是运用合理的课程内容，为建设高素质、专业化的教师队伍服务，帮助教师解决思想上、工作上的问题。因此，我们认为，课程内容应该关照现代教师在教育信念、发展规划、知识与能力、实践与体验、自我管理与实现等方面的缺失，同时还要考虑到如何通过培训引导教师心理、行为的变化与发展。我们按照P–T–C–P模式对课程内容五大板块进行梳理，在具体运用时可参照与灵活处理。

一、教育信念

教育信念是指教师个体关于某些教育命题的主观看法,并且这种看法是确信为真的先验性假设,具有引导思想和行为的功能,从而使主体在从事与客体相关的活动时具有方向性、坚定性和原则性。我们认为:教育信念是一种态度或判断,是对教育和与之相关的命题的一种相对稳定的主观意识判断。其特征为:教师的教育信念与个人的主观经历直接相关,具有非理性的特点;教师的教育信念与个体的行为有直接或间接的关系,具有显著的个性差异;教师的教育信念受其主观情感因素的影响,有正确与错误之分。

教师个体是否能发展、是否会发展、发展状况如何,很大程度上取决于教师发展的意愿是否强烈、内在发展的动力是否充足。粤派教育的内核岭南心学强调的就是"内心强大"、具有"意志力"。这为教师教育信念内涵和结构的研究提供了一个新的视角,为教育信念的树立提供了指南。教育信念的课程建构如表5-1所示。

表5-1 教育信念的课程建构

P-T-C-P模式	建议模块	基本要求
问题聚焦（problem）	教育的本质是什么,什么是教学,师生关系到底是一种什么样的关系,人的发展的本质是什么,教师发展的基本规律是什么,等等	对教育基本的命题形成基本的判断,形成一种积极的态度
理论学习（theory）	《教育的本质》《课程论》《教学论》《教育心理学》等	对教育学、积极心理学、教育自传等形成比较全面的认识
案例分析（case）	习近平总书记关于教师的重要论述,榜样示范;教育家、优秀教师的成长案例;等等	对党和国家抱有坚定信念,对教育充满情怀,对自己拥有信心
实践应用（practice）	实地考察,追寻教育家的足迹;主题研讨,新时代教师的使命担当;教学实践,践行新课程理念	理论指导实践,在实践中充实理论,不断强化教育信念

二、发展规划

教师教育发展规划是教师从自身优势和特点出发，根据时代、社会的要求和所在学校的共同愿景而做出的，能够促进教师有计划地可持续发展的预期性、系统性的自我设计和安排。它使主体在从事与客体相关的活动时具有方向性、目的性和时代性。我们认为，教师教育发展规划明确了以下三点：其一，回答了"是什么"，教师教育发展规划的主体在于"我"，是中小学教师的"自我设计""自我安排"；其二，回答了"为什么"，提示了规划的真正目的是实现自身的"发展"和职业理想，感受职业的幸福，不是为了规划而规划；其三，回应了"怎么做"，规划应基于自身的实际情况，首先要进行自我诊断、自我分析，其次要根据时代、社会和学校的要求进行自我设计和安排。

由此可见，教师教育发展规划是个体与社会、发展与现实、规约与超越的有机统一，它具有非常重要的意义和价值。第一，教师教育发展规划是时代的要求。这是一个"人"的时代，这个时代特别关注人的发展；同时，这是一个时代的"人"，任何个人都得置身于这个时代才能有发展。第二，教师教育发展规划是教师专业发展的需要。促进教师专业发展的方法和手段很多，帮助教师形成良好的职业生涯规划的过程本身就是促进教师不断认识自我、诊断自我、反思和更新自我的过程。第三，教师教育发展规划是教师自我实现的需要。马斯洛的需求层次理论认为，自我实现是人的最高层次需要。教育发展规划可以让教师在职业生涯中少走许多弯路，从而减少一些不必要的"能量损耗"，可以提高教师的自我效能感、成就感和幸福感。发展规划的课程建构如表5-2所示。

表5-2 发展规划的课程建构

P-T-C-P 模式	建议模块	基本要求
问题聚焦 (problem)	我到底属于哪种人格类型，我的优势和劣势是什么，我对未来的我有什么样的期待等大五人格自我诊断，发展水平诊断	对自己所处的发展阶段有清晰的认识，能根据自身优势和劣势制订专业发展规划，具有明确的发展目标和可行的实施路径

续表 5-2

P-T-C-P 模式	建议模块	基本要求
理论学习（theory）	大五人格理论，粤派教育内核，教师专业发展规划的内涵、意义、内容、方法、技能，制订规划的方法和策略，教师专业发展评价	了解大五人格理论，能用其量表进行自我分析，懂得专业发展规划的意义，有初步的年度发展计划和3年（或者5年）发展目标
案例分析（case）	剖析优秀教师专业发展规划及实施过程，对5年期、10年期、15年期等年段及不同人格类型的发展案例进行分析，展现发展规划过程中存在的困惑及解决策略，进一步明确教师专业发展的方向和实施路径	分析与借鉴优秀教师的专业发展规划及其实施过程，对照自身，明确自己的发展规划
实践应用（practice）	制订并展示自我发展规划，专家指导教师专业发展规划，与同伴交流并对规划进行修改完善	围绕教师专业发展评价，对自身专业发展规划作出评价，分享认识、经验、反思和收获

三、教育知识与能力

对于教育来说，学生成长是目的，教师发展是保障。教师发展，是作为社会职业人的教师从接受师范教育的学生，到初任教师，再到有经验的教师，最后到实践教育家的持续发展过程。在这个过程当中，教师专业的发展是伴随着教育知识的累积和教育能力的提升而发展的。其中，教育知识与能力涵盖理解学生、教育学生和自我发展的知识与能力；教育综合知识内容包括教育学、普通心理学、教育心理学、教育法律法规与师德等。

知识是客观事物的固有属性或内在联系在人们头脑中的一种主观反映。没有教育知识就没有所谓的教育活动；没有教育知识，教师的素质和能力就没有必要的基础。所以，无论什么时候，扎实的知识功底、广博的知识视野和合理的知识结构，都是教育所追求的重要价值目标。

所谓能力，通常是指完成一定活动的本领。包括完成一种活动的具体方式,以及顺利完成一定活动所必需的心理特征。教育的能力就是教师在完成教育活动过程中体现的本领,或者说,教育能力就是教育力量的大小。能力来源于知识,但能力可以"离开"知识而"独立"存在。有能力的教师可能忘了他过去曾经学过的知识,但他却会自觉或不自觉地运用那些已经"隐化"或"神化"了的知识来指导学生行动,把握操作和解决问题。德国物理学家劳厄有句名言:"重要的不是获得知识,而是发展思维能力,教育无非是一切已学过的东西都遗忘后所剩下的东西。"

那么,基于岭南文化的粤派教育,作为知识,我们不仅要厘清岭南文化的"龙脉",即它所经历的古代、近代和当代的三次大的兼容,及伴随出现的三次发展高峰之文化内容,还要了解作为"龙脉"的关键的历史人物,以及岭南心学传统是怎样与学校教育和人的学习及发展相联系的;作为能力,则要领会岭南文化与粤派教育所强调的教育纲领:想尽一切办法让学生学会"自学",做到"自信、自悟、自理"。教育知识与能力的课程建构如表5-3所示。

表5-3 教育知识与能力的课程建构

P-T-C-P 模式	建议模块	基本要求
问题聚焦（problem）	理解学生的知识与技能、教育学生的知识与技能、发展自我的知识与技能,如何让自身内心强大,自我诊断等;培训活动如何遵循教师的身心发展特点	了解儿童发展的主要理论和最新成果,了解认知发展、学习方式、课堂评价的理论与技术。针对问题,通过"头脑风暴"、集思广益以及专家引领等方式进行研讨和交流
理论学习（theory）	政策法规、教育学、心理学、课程与教学、现代教育新论、学习的概念、教师核心素养等理论	了解教育基本知识与技能,了解当今教育改革动态,把握教育改革发展的特征和规律,掌握并运用相关教育理论
案例分析（case）	通过播放视频案例,运用学习理论、教育学知识以及心理学知识分析教师的教学行为,研究并提出支持方案;优秀教师的教育知识与能力解剖;等等	了解教师专业素养的核心内容,明确自身专业发展的重点;了解教师专业发展的影响因素,学会从优秀教师身上获取前进的动力

续表 5-3

P-T-C-P 模式	建议模块	基本要求
实践应用（practice）	教育知识如何运用恰当的方法内化为自身的能力，如何做到自信、自悟、自理	懂得知识的习得需要有强大的内心和意志力作为内动力，能力的增强需要"贵自得、贵自知"

四、教育实践与体验

教育实践是指人类有意识地培养人的活动。广义的教育实践指一切增进人的知识、技能、身体健康及形成或改变人的思想意识的活动。狭义的教育实践指学校教育工作者对受教育者的身心有目的、有计划、有组织地施加教育影响的活动。教育者是教育实践活动的主体；受教育者是教育实践活动的对象，同时又作为学习活动的主体而存在于教育实践活动中。在教育实践过程中，"主体"和"对象"亲自参与或置身其中，用心智去感受、关注、欣赏、评价某一事件、人物、环境、思想和情感等，从而获得知识、技能、情感进，而达到教育目的。

岭南文化名片的重要历史人物之一——唐代的禅宗六祖惠能对岭南心学的影响主要体现在方法论上。禅宗的一个信念就是"自我解脱"，这是一种很重要的自我实践，"自修自悟，如人饮水，冷暖自知，听别人说千万遍不如自己亲身感受的亲切深刻"。因此，岭南文化与粤派教育非常关注"实践与体验"，它们的第一个行动纲领就是"想尽一切办法让学生学会'自学'"，并且是"有主见地自学"。对于教师培训，我们亦认为：首先，要尽可能做到"静"。静能生慧，凝神静气，宁静致远，要安静、沉静、宁静，从身到心。我们要让教师们从繁杂的行政事务中、从繁重的教学中解脱出来，不再浮躁、不再功利，让身体沉静下来，让内心宁静，这是创设良好的体验环境的很关键的一步。其次，要努力拓展"能"，丰富教育知识、提升教育能力、增长教育本领、培养多方面的兴趣。只有有了安静的内心，在实践中才能不断体验、感知，砥砺前行，培养强大的能力，才能为进一步的融通奠定基础，这是一个直接体验、亲身经历、亲自验证，获取知识、增长技能的过程。最后，要整体感悟，融会贯通，自成体系，"取之左右逢其源"，超越一切具体知识和细节知识。对体验中的心理感受、情感体验、行为变化、活动过程及效果等进行深层次思考,强化体验效果,促进自我认识与评价,这是体验反思的深化和提升阶段。教育实践与体验的课程建构如表5-4所示。

表5-4 教育实践与体验的课程建构

P-T-C-P模式	建议模块	基本要求
问题聚焦(problem)	教师如何通过教育实践活动使自身获得发展,体验式教学等	具有观摩、参与、研究教育实践的经历与体验
理论学习(theory)	教师专业实践概述、教师专业阅读、教师专业反思、教师专业写作等	了解教师专业实践的内涵、类型、内容、实践路径;专业写作的内涵、特点、意义、方式、技艺;等等
案例分析(case)	优秀教师对专业进行反思,专业阅读交流等	通过优秀教师实践反思的分享,学习反思方法,培养反思习惯,提升反思能力;阅读选定书籍,分享阅读经验,交流阅读感想;等等
实践应用(practice)	任务驱动:专业反思	通过专业实践研修,意识到自主专业反思对促进教师专业成长的重要意义和价值,养成良好的反思习惯

五、自我管理与实现

岭南文化与粤派教育非常强调"学会自我节制和自我管理",这是"自学"和"体悟"的终极目标。

简而言之,教师的自我管理应当是教师在正确认识自我的基础上,通过自我激励,主动向自身提出发展目标,并能自觉地自我规划、实施、控制和调节,从而达成理想的自我实现的过程。有学者认为,"教师的自我管理是指教师在教学、学习、生活中对自身的身体、思想、情感、意识形态等进行的管理,是教师从自身出发对内的调节与管理"。自我管理是一种自觉的社会行为，教师在教育生活中实现教育理念的升华，达到自我管理的理性和非理性的统一。教师对自我行为的管理是一个把社会发展目标与个人发展目标融为一体的过程。我们不妨从以下几个维度来认识。在认知角度上，教师首先要学会自我认识，包括自我分析和自我评价，在这个过程中，可以对照大五人格量表，看自己属于哪种人格类型，明确自己的优势和劣势，对优势自觉地发扬光大，对劣势极力地弥补或规避；在情感角度上，教师要学会自我激励，要有"强大的内心"，对此可以借鉴岭南心学系统，让自己"自信"起来；在行为角度上，教师需要自我规划、自我修养，要"自悟自得"；在意志品质角度上，教师需要一以贯之，自我控制和调节。自我管理与实现的课程建构如表5-5所示。

表5-5 自我管理与实现的课程建构

P-T-C-P模式	建议模块	基本要求
问题聚焦（problem）	职业发展三问：我是谁，我来自哪里，我将去哪里	了解自己，掌握自我激励的方法，目标管理
理论学习（theory）	自我管理理论、马斯洛的自我实现理论、积极心理学等	了解教师自我管理的方法和策略，运用积极心理激励自我
案例分析（case）	教育名家、优秀教师的专业成长案例	了解教育名家、优秀教师专业成长的动力系统、原则、方法、实施的路径
实践应用（practice）	教师自我管理的实施，教师发展水平级差表、大五人格量表等	对照级差表、量表制订教师自我管理计划

第六章　课程管理与评价

我们认为，课程管理就是教师对课程的管理，是在对课程进行规划、编制、实施和评价等动作过程中，采取合理的措施，达成合理的课程目标的过程。由此可见，课程评价理应包含在课程管理当中，但由于评价是对培训效果的检测考核，有它内在的独特逻辑，属于课程审美的范畴，由此我们不妨将它单列出来。

第一节　课程管理

课程管理可从宏观与微观两方面来理解。宏观方面，即课程行政管理，包括中央和地方的课程管理，主要体现在课程立法、课程政策的制订，课程标准、教科书、监督学校课程的实施和评价；微观方面，即学校课程或班级课程管理，主要体现在如何落实国家和地方课程，如何开发和实施好校本课程。粤派教育培训课程作为区域文化和一种教育培训的课程，遵循习近平总书记"讲好中国故事"的指示和要有"文化自信"指启示，重点构建以岭南心学为核心要义的粤派教育培训课程。因此，这里的课程管理侧重于课程的实施与组织。

一、课程实施

在课程实施方面，我们倾向于粤派教育组织发展模式（见图6-1）和粤派教育情境模式（见图6-2）。

弗伦奇和贝尔描述了组织发展不同于较为传统的组织介入的七个特点：①重视团队在处理问题中的作用；②重视团体及团体间的活动过程；③运用行动研究；④强调组织内部的合作，并视其为主流文化；⑤文化被视为整个组织系统的核心；⑥让组织的负责人成为顾问兼促进者；⑦赞赏组织在不断变化的环境中所表现出来的动态性。从这七个特点中我们不难发现,在岭南文化孕育下的粤派教育,注重团队的活动,将个体纳入学习共同的团队,打造"人在团中,团在人中"的氛围,由团队的行动研究带动个体"有行动的实学",团队内部视岭南心学为其共同的文化核心,不断加强合作,从而促进个体反思自学,内心产生一种积极的变化,让内心变得无比强大。由此而见,组织发展模式的动态性和形成性与粤派教育的要求是高度契合的。

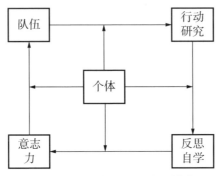

图6-1　粤派教育组织发展模式

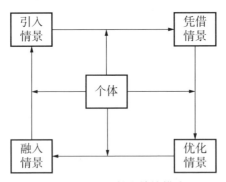

图6-2　粤派教育情境模式

情境模式基于以下三个假设:①课程知识包括情境知识;②课程变迁体现为一种个体在思想和行动方面的成长与变化过程;③教师的课程实践总是基于他们对特殊情境的知觉。帕里斯认为,应该把课程作为教师在复杂的情境中所创生出来的东西来考察,应该用对教师有意义的观点来解释课程实施的过程、结果与情境。基于心学立场的粤派教育培训典型特征之一就是,"想尽一切办法让学生自信,想尽一切办法让学生自学,想尽一切办法让学生自食其力"。这里的"一切办法"包括了情境模式的创建:情境的引入(问题导向)、凭借情境(动机唤醒)、优化情境(行动研究)、融入情境

（物我平衡，心与理、心与事、心与形合一）。通过个体参与情境的各个环节，营造出"人在境中、境在人中"的文化氛围。实际上，"实干、自信、自学"包含了"个体在思想和行动方面的成长与变化过程"，也意味着教师对"对特殊情境的知觉"。

二、课程组织

课程组织是一个处于变化发展中的概念。当教育培训机构一旦确定了培训目标之后，紧接着的就是筛选出能够很好地实现教育目标的有限的教育内容，然后将其有机有序地组织起来。因而，人们普遍认为，课程组织就是将教育内容加以安排，建立有机联系和排列顺序，从而形成有机的课程结构。

粤派教育培训课程的目的是：运用岭南心学传统结合大五人格促进教师发展。那么，如何选取培训内容来达成这一目的？我们认为，应该从教育信念、发展规划、知识与能力、实践与体验、自我管理与实现五个方面入手，每一个内容模块通过 P－T－C－P 模式有序串联起来。在组织过程中，要正确处理好以下四个要素：内容转化、学习经验、学习机会、学习心理。培训内容必须实现"内容转化"，把从文化中选取出来的"教育内容"转化为学习者的"学习经验"，让培训者不再是"知识传授者"，被培训者不被压抑为"知识的接受者"。"学习经验"是课程组织不可或缺的组成因素。所谓学习经验是指学习者与其能产生反应的环境中的外部条件之间的相互作用。因此，在课程组织时，我们要注意教育的内容是与学习者是相适切的，这也从侧面说明对培训者进行人格分析的重要性。为了让学习者获得"学习经验"，我们需要创设可以让每个人发挥效果的教学情境。除此之外，我们必须提供丰富的"学习机会"，包括适当的实践，让学习者有满足感、成功感。要给学习者"学习机会"，则需要以"学习心理"作为依据，岭南心学——积极心理学能有效搭建个体与外部条件联系的桥梁，为我们进行课程组织的研究和开发提供有力支撑和有效依据。

第二节 课程评价

所谓评价，是以事实把握为基础的价值判断过程，既要对客体的事实加以描述把握，又要从主体的目的、需要出发对客体的价值作出判断，是事实判断与价值判断的统一。那么，广义而言课程评价包含了教学评价。具体而言，课程评价包括对课程的设计、课程的实施、教学的表现以及学生学习表现的评价，具有检查、反馈、激励、研究、定向和管理的功能。

对于粤派教育培训课程效果的评估，我们关注以下三个问题：①如何检测教师培训课程的学习效果？②如何全面、科学地评估培训成效？③如何设计培训课程满意度的调查工具？

一、学习效果的检测

根据布卢姆教育分类学框架，认识领域的目标由"知识目标"和"智慧能力与技能目标"构成，每个类型的目标又由若干亚型构成。知识维度：事实性知识、概念性知识、程序性知识和反省认知知识；认知过程维度：记忆、理解、运用、分析、评价和创造。课程目标可以具体分解出单元学习目标，并根据单元学习目标确定认知任务，设计相应的评价形式与评价样题。如：案例分析部分，我们的任务为：①开展互动研讨；②观看案例诊断视频。评价可以采用写出你的想法这种形式。评价的样题：①你心目中的优秀教师的标准是什么？②通过学习，你觉得优秀教师标准中的核心词是什么？③试着写出优秀教师产生的流程。④以上哪一条经验对你的帮助最大，这条经验能够帮助你解决什么问题，你有什么值得分享的经验？

二、培训成效的评估

对于培训成效的评估，我们不妨从教师专业发展活动效果评估模型和培训课程学习评估两个方面来进行。

针对教师专业发展活动效果评估，我们可以采用古斯基的五层次评估模型。古斯基认为，教师专业发展是指"增进教育者专业知识、技能和态度的过程和活动"，包括各种各样的外部培训活动、基于现场的策略以及个体自主专业发展活动等，其评估模型如表6-1所示。①

---

① ［美］托马斯·R. 古斯基：《教师专业发展评价》，方乐、张英等译，中国轻工业出版社2005年版。在原文的基础上有所调整。

表6-1 教师专业发展活动效果评估模型

层次	评估内容	要解决的问题	信息收集方法	信息使用
学员反应	对于经历的初始满意度	学员喜欢培训的安排吗？ 培训时间安排合理吗？ 培训材料有意义吗？ 培训活动有用吗？ 培训者学识渊博吗？ 点心新鲜可口吗？ 椅子舒服吗？	在一个学习阶段或活动结束时发放调查问卷； 焦点小组； 访谈； 个人学习日志	用来改善项目设计和传播
学员学习	学员的新知识与新技能	学员习得所期望的知识与技能了吗？		
组织的支持和变化	组织的倡导、支持、适应、促进和认可	培训给组织带来什么样的影响？ 培训影响组织的氛围和程序了吗？ 培训内容的实施得到倡导、组织和支持了吗？ 支持公开和明显吗？ 问题得到有效解决了吗？ 学员得到充足资源了吗？ 学员的成功得到认可和分享了吗？	学区和学校记录； 后续会议记录； 发放调查问卷； 焦点小组； 对学员、学校、学区管理人员进行结构化访谈； 学员档案袋	用来证明和改善组织支持； 为未来变化提供信息
学员应用新知识与新技能	实施的程度与质量	学员有效地应用新知识与新技能了吗？		

续表6-1

层次	评估内容	要解决的问题	信息收集方法	信息使用
学员学习结果	认知方面（绩效与成就）、情感方面（态度与气质）、身体运动（技能与行为）	培训对学员有什么影响？培训影响学生绩效或成就了吗？培训影响学员身体或情感了吗？学员成为更自信的学习者了吗？学员的出勤率在逐步提高吗？学员的辍学率在逐步降低吗？	学员记录；学校记录；发放调查问卷；对学生、家长、教师和管理人员进行结构化访谈；学员档案袋	为了关注和改善项目设计、实施和后续的所有方面；为了证明专业发展的全部影响

第一个层次：学员反应。学员反应是指学员是否喜欢他们的专业发展项目或活动。评估内容涉及专业发展的内容问题、过程问题和场景问题三大类。学员反应信息的收集工作通常在一个学习阶段或活动结束时，通过发放调查问卷的方式来进行，其有助于解释发生了什么和为什么会发生，从而指导专业发展项目或活动设计的改进。

第二个层次：学员学习。该层次主要评估专业发展活动是否促使学员在知识、技能、态度、信念上发生变化。收集该层次信息的方式是多样的，如评价表、访谈、学员个人学习日志、学员反思、案例研究、模拟与示范、纸笔测试。为了对学员学习进行评估，通常采用前测与后测对比测量以及运用对照组等方法。

第三个层次：组织的支持和变化。该层次的评估主要是审查与特定的专业发展活动相关的组织的支持和变化程度，包括组织政策、资源、保护活动不受干扰、实验的开放性和恐惧性的减少、合作支持、校长的领导和支持、更高层次管理者的领导和支持、对成功的认识、时间上的保证等。收集该层次信息的主要方式有直接观察、有关记录分析、问卷、访谈、焦点小组、学员个人学习日志、学员反思、学员档案袋等，其有助于记录与成功相伴随的组织状况，以及解释没有取得重大进步的可能原因。

第四个层次：学员应用新知识与新技能。古斯基强调："若要取得本层次评价的成功,要应对四项挑战。第一,确定应用新习得的知识和技能后有准确、适当和充分的行为反应。第二,在确定这些指标时,必须明确与新习得的知识和技能有关的那些行为应用的量(应用的频率和规律)和质(应用的恰当性与充分性)的维度。第三,必须判定是否有足够的时间用于相关之处。第四,必须要有足够的灵活性适应环境。"① 该层次的评估主要是审查学员是否将专业发展活动中所学的新知识和新技能用于实践,是否已引起其专业行为或活动的改变,以及学员是如何应用或如何改变其专业行为或活动的。收集该层次的信息一般是在学员获得了充足时间、反思了所学知识并将新思想应用于特定环境之后,通过直接观察、与各方面的人进行访谈或会谈、发放调查问卷等方式,收集与新知识和新技能应用指标相关的信息。

第五个层次:学员学习结果。对学生的学习产生影响是教师专业发展的最终目标。该层次的评估主要是审查学员行为改变对学生产生的具体影响,即专业发展活动是否以某些方式让学生受益,是否提高了学生的成绩,是否改变了学生的行为,是否引起了学生态度或观念的转变。当然,这里在假设规划好专业发展活动时,就有了明确的学生学习目标。然而,要客观地评估特定的专业发展活动对学生学习的影响,并非易事。因为,在专业发展活动与学生学习之间存在着许多复杂多变的因素,要收集学生的学习成果与特定的教师专业发展活动之间有因果关系的确凿证据具有一定的挑战性。除确定收集什么信息以及如何收集信息之外,还有三点是非常重要的。第一,评价时机的选择。一般来说,定期和连续地收集学生学习成果信息的做法是最可取的。第二,利用前测和后测评估学生学习成果。第三,利用对照组评估学生的学习成果。

前四个层次关注的是参与者自身及参与者所处的组织。古斯基始终强调,每个层次都提供了重要信息,代表了评价过程中一个独一无二的维度。这五个层次由简单到复杂,后一个层次都建立在前一个层次的基础上,也就是说,前一个层次成功是后一个层次成功的必要条件。

---

① [美]托马斯·R. 古斯基:《教师专业发展评价》,方乐、张英等译,中国轻工业出版社 2005 年版。在原文的基础上有所调整。

三、对教师培训课程学习评估的启示

参照古斯基的五层次评估模型,教师培训课程学习评估可以分为六个维度,分别是学员参与教师培训课程学习的积极性(以下简称"学员培训参与"),学员对教师培训课程的主观满意度(以下简称"学员反应"),学员从教师培训课程中学到的新知识、技能与态度(以下简称"学员学习"),学员在工作中应用从教师培训课程中学到的新知识、技能与态度(以下简称"学员对培训所学的应用"),学员应用教师培训课程所学给组织带来的影响(以下简称"应用对组织的影响"),学员应用教师培训课程所学对学生学习的促进(以下简称"应用对学员学习的促进"),如表6-2所示。

表6-2 教师培训课程学习评估模型

维度	内涵	具体内容	数据收集方法	目的
学员培训参与	学员在活动中积极、认真、投入的状态	学员的出勤率;学员上课是否积极、认真;学员是否积极、认真地完成作业等考核要求;学员之间、学员与培训者之间的自主交流是否频繁	1. 考勤记录;2. 作业完成情况的统计;3. 任课教师、组班教师等相关人员的课堂观察与记录;4. 对任课教师、组班教师或学员进行访谈、问卷调查;5. 查看学员笔记;6. 查看学员作业;7. 查看相关记录	1. 评价培训对学员的吸引力;2. 诊断培训中存在的问题

续表6-2

维度	内涵	具体内容	数据收集方法	目的
学员反应	学员对活动的主观满意度,即学员是否认为自己所接受的培训有价值	1. 学员对培训课程的反应如何?学员喜欢培训课程吗?学员觉得培训课程对自身有用吗?学员觉得时间花得有价值吗?学员觉得每项具体内容的培训方式适切吗? 2. 学员对培训者的反应如何?学员喜欢、信服培训者吗?学员觉得具体课程的培训者是最合适的培训者吗? 3. 学员对培训的组织工作、设施及服务的反应如何?学员对培训组织工作、设施及服务满意吗?	1. 在一个学习阶段或活动结束时发放调查问卷; 2. 对学员、任课教师或组班教师进行访谈; 3. 与学员、组班教师或任课教师进行座谈; 4. 查看学员个人学习日志; 5. 查看其他相关记录或文档	1. 评价学员对培训的满意度; 2. 诊断培训中存在的问题; 3. 完善培训的设计与实施
学员学习	学员从活动中实际学到的东西	1. 学员习得所期望的知识与技能了吗? 2. 学员习得所期望的态度与价值观了吗?	1. 对学员进行问卷调查、访谈; 2. 纸笔测试; 3. 学员的模拟与演示; 4. 查看学员反思(口头或书面的); 5. 查看学员档案袋; 6. 查看学员个人学习日志	评价学员的学习效果

续表 6-2

维度	内涵	具体内容	数据收集方法	目的
学员对培训所学的应用	学员在实际工作中应用培训所学带来的行为变化	1. 学员是否在实际工作中应用了从培训中习得的新知识与新技能？ 2. 学员是如何在实际工作中应用从培训中习得的新知识与新技能的？ 3. 学员在实际工作中应用从培训中习得的新知识与新技能后，工作行为有何变化？	1. 对学员进行追踪调查； 2. 查看学员应用记录与反思度； 3. 对学员及其学生、关系密切的同事、直接领导进行结构化访谈； 4. 现场观察； 5. 查看相关文档	1. 衡量学员学以致用的程度； 2. 分析影响学员应用培训所学的因素
应用对组织的影响	学员在实际工作中通过应用培训所学对组织的政策、文化等产生的影响	1. 学员是否与同事分享了个人的新尝试？ 2. 学员是否促进了同事专业行为的改进？ 3. 学员是否促进了学校相关政策的改进？ 4. 学校是否因学员应用培训所学取得了更好的成绩？学校的升学率、生源是否有所改善？学校在同行、家长、学生心目中的地位是否有所提升？学校获得的荣誉是否有质与量上的提升？	1. 对学员进行追踪调查； 2. 对学员、关系密切的同事、直接领导进行结构化访谈； 3. 查看相关文档	1. 衡量学员应用培训所学对组织的影响程度； 2. 分析影响学员应用培训所学的因素

续表 6-2

维度	内涵	具体内容	数据收集方法	目的
应用对学员学习的促进	学员在实际工作中通过应用培训所学对学生学习产生的影响	1. 学生的学习成绩是否因教师应用培训所学而有所提高？ 2. 学生的身体和情感是否因教师应用培训所学而有所发展？ 3. 学生是否成为更自信的学习者？	1. 对学员、相关学生、同事、领导进行问卷调查与访谈； 2. 对学生进行测试； 3. 查阅相关文档	衡量学员应用培训所学对学生学习的影响程度

由此可见，具体的教师培训课程开发者在设计培训课程学习评价时，可以依据课程目标，从六个维度中选择最合适的维度，同时，明确每个维度的评价内容与要求，设计合适的评价工具，收集相关的数据，从而对课程学习效果进行评估。

广东省培训专家（熊焰）工作室课程开发团队经过理论学习，从学员培训参与、学员反应、学员学习三个维度，设计了基于粤派教育的培训班班主任班务组织与管理学习评估框架，如表 6-3 所示。

表 6-3 基于粤派教育的培训班班主任班务组织与管理

维度	权重	评价内容	合格水平的要求	评价目的
学员培训参与	30%	1. 学员现场学习出勤率或线上视频课程学习完成率； 2. 学员作业（线上讨论、线上测试、作业提交等）完成率	1. 学员现场学习出勤率达到 85% 及以上或线上视频课程学习完成率达到 85% 及以上； 2. 学员作业 85% 及以上	1. 促学员学习； 2. 作为学员学习合格与否的一个判断标准

续表 6-3

维度	权重	评价内容	合格水平的要求	评价目的
学员反应	15%	学员对教师培训课程内容、实施、组织与管理、培训者等的满意度	学员对教师培训课程的总体满意度达到良好及以上	发现教师培训课程的优点与不足,以便更好地完善教师培训课程
学员学习	55%	学员达成教师培训课程目标的程度	1. 学员在客观题测试中的正确率达到 80% 及以上; 2. 学员主观题或建构性作业的完成质量较高,分数达到 70 分及以上	评价学员的学习效果

四、教师培训课程满意度评价

学员对培训课程评价,就是对所经历的教师培训课程的意义、价值以及培训各要素的看法。其通常涉及以下内容:①学员对教师培训课程设计内容的反应;②学员对培训教师的反应;③学员对培训形式的反应;④学员对培训考核形式的反应;⑤学员对培训时空的反应,包括学员对活动时间安排、地点以及教室设备、环境适切性的看法等;⑥学员对教学管理与教学服务的反应;⑦学员对培训食宿及其他服务的反应;⑧学员对培训大环境的反应。

收集学员反应的方法除了包括对学员进行问卷调查与访谈以外,还包括对任课教师或教师专业发展活动的管理者进行访谈,同时也包括查看学员的个人日志、其他相关记录或文档。这些信息可以用来衡量学员对所经历的教师专业发展活动的总体感受与看法,也可以用来诊断培训中的问题,从而改进或完善以后相应的培训设计与实施。需要说明的是,我国当前对教师培训活动培训效果的衡量,主要停留在学员反应的层次上。下面仅对了解学员反应常用的调查问卷方法进行介绍。

调查问卷是收集学员对教师培训课程反应信息的最常用的手段。根据问卷题目的类型，大致可以把调查问卷分为结构式调查问卷、非结构式调查问卷和混合式调查问卷三种类型。

1. 结构式调查问卷

结构式调查问卷又称封闭式问卷，是指把问题答案事先加以限制，只允许在问卷限制的范围内挑选答案。

2. 非结构式调查问卷

非结构式调查问卷又称开放式调查问卷，由自由作答的问题组成。这类问卷在提出问题后，不列出可能的答案，而由调查对象自由陈述。就题型而言，可以分为填空式和问答式两种。

一般在两种情况下，考虑使用非结构式调查问卷。一是较深层次的问题研究。调查对象不受研究者和问题答案选择范围的限制，根据各自对问题的实际理解回答。这种问卷能如实地反映出调查对象的态度、特征、对有关情况的了解程度以及所持看法的依据等。因此，这种问卷往往用于探讨那些只能进行描述性分析的较复杂问题，以获得有关人员对某些问题的看法。二是在研究初期，研究人员对所研究的问题或研究对象的有关情况还不十分清楚的情况下，可以采用开放式调查问卷来辅助设计封闭式问卷。一般的做法是：先在小范围内进行开放式问卷调查，并对搜集的资料进行归纳、分析；在掌握相当的资料后，再采用封闭式问卷进行较大规模的调查并进行定量分析。因此，在一定意义上，开放式问卷调查是封闭式问卷调查的基础。

采用非结构式调查问卷搜集到的材料丰富、具体，甚至还能得到许多意想不到的有价值的资料。但由于答案不集中、材料分散等不足，研究人员很难对答案进行横向比较，也不易进行统计处理。

3. 混合式调查问卷

混合式调查问卷一般以封闭性问题为主，同时根据需要加上若干开放性问题。也就是说，把研究人员对可能的选项比较清楚、有把握的问题作为封闭性问题提出，而把研究人员尚不十分明了的问题作为开放性问题放入，但数量不能过多。经调查，在积累一定材料的基础上，问卷中的某些开放性问题有可能会转变为封闭性问题，这也是问题设计时常常使用的技巧。

第三部分 粤派教育培训的实践路径

第七章　教师培训

在粤派教育培训理念下,我们在教师培训、班主任培训、校长培训和专题(专项)培训等诸多领域做了一些有益的尝试,探索出基于粤派教育核心精神的实践路径。

百年大计,教育为本;教育大计,教师为本。中小学教师终身教育是促进教师专业化发展的保证。"教师教育是在终身教育思想指导下,按照教师专业发展的不同阶段,对教师的职前培养、入职教育和在职培训的统称。"《中小学教师培训课程指导标准》明确指出,建立完善的教师培训课程指导标准体系,进一步规范和指导各地分类、分科、分层实施周期性的教师全员培训工作。基于此,粤派教育理念指导下的教师培训从新教师的引领、骨干教师的提升、名教师的修炼三个角度进行了有益的实践与探索。

第一节　新教师的引领

在中小学教师队伍建设实践中,关注青年教师成长,尤其是针对新教师专业成长搭建平台、建立机制、创设环境尤为重要。不同区域对新教师的界定存在着差异性,有以新教师入职见习期作为新教师评判标准的,也有以新入职教师教龄作为评判标准的,还有以新入职教师专业发展的成熟度作为评判标准的。但不管以哪种标准,界定新教师都需要首先讨论新教师的特征,而见习期、教龄偏短、专业发展不成熟等标准背后均可反映出新教师的突出特点——"新"。在高等教育大众化的今天,新教师的整体素质和水平显著提升,如毕业于师范院校的新教师,在入职前已经接受过系统的教育教学理论学习,并通过教师教育实践课程对中小学或幼儿园的教育教学工作有了一定了解,甚至已经深入课堂积累了一定的教育教学实践经验,为其入职后的专业快速发展奠定了基础。而来自非师范院校的新教师,因在其相关专业领域都接受过系统理论学习,整体素质和能力较好,进入学校后能通过教育实践学习，快速填补其教育教学专业理论和技能方面的不足。近年来，国内掀起了教育人才竞争的热潮，广东各地区尤其是珠江三角洲地区纷纷高薪招聘高素质、高学历教师，更多优质大学本科生、硕士研究生，乃至博士研究生等群体进入中小学从事教育教学工作，新教师队伍的整体素质和能力水平快速提升。在区域教育质量提升中，新教师成长尤为关键。为了更好地构建教师专业成长的有效机制，探索新教师培训的方式与路径，培训者需要精确掌握区域内新教师成长的特点与发展瓶颈。

一、新教师成长的特点与瓶颈

从理论学习到实践工作，从知识学习到把知识内化为自己的思想后再传授给学生，从个人发展到带动一个班级几十个学生的发展，都给新教师提出了挑战。国内研究者从新教师的教学策略、成就目标、人格特征等视角进行分析，认为与熟手型教师相比，新手型教师更重视课前的备课，同时也更多地以自我为中心，更为关注外界对其教学成功与否的评价。① 这归因于新教师在职业生涯发展初期，生存关注尤为重要，突出表现为缺乏专业自信，要通过同行的肯定、学生和家长认可等增强自我效能感，通过提升自己的教育教学成绩作为自我价值肯定的关键因素。因此，新教师职业承诺表现出不成熟、不稳定的状态，更容易产生失败感，即国内研究者认为新手型教师的职业承诺仍是一种选择性的阶段和状态。在教学和工作中一旦出现不顺心的地方，就容易表现出精神疲惫、冷漠对待的态度。同时，他们也会体验到比较强烈的失败感，即低成就感。②

在以下一则教师成长案例的故事描述中，充分体现出新教师成长过程中存在的问题和不足。案例故事描述的是一名师范大学毕业生，大学毕业后回到自己的家乡，怀着对教育的热爱和梦想，凭借着自己大学学习期间掌握的教育理论与知识，信心满满地投入到教育教学中。由于其眼高手低，不注重与学生的沟通，又没向经验丰富的老教师学习，结果虽然出乎意料，但却又在情理之中。

---

① 连榕：《新手—熟手—专家型教师心理特征的比较》，载《心理学报》2004年第1期，第44–52页。
② 邵雅利：《新手—熟手—专家教师职业承诺与职业倦怠的研究》，福建师范大学硕士学位论文，2003年。

初为人师，书生意气，心比天高，我觉得凭自己的满腔热情，一定可以实现我的梦想。最初上课时，我与学生尽量打成一片，与学生倾心交谈，不分彼此，关注学生的喜怒哀乐一举一动，为学生营造民主、宽松、和谐的学习气氛（现在想起来那时只是一种假象）。无论何种学生我都一视同仁，保护他们的自尊心，甚至有些纵容和百依百顺。有一次，一个学生用圆珠笔在我衣服上画了几笔，我也只是一笑了之。上课也很"热闹"，学生积极性很高，有时教学近乎失控。学生都说我不像一位教师，当时我还洋洋自得，觉得自己与学生没有隔阂，师生关系处理得好。

第一学期末考试我所教班的英语成绩全校倒数第一，这个名次说实话让我很没面子，因为那些平行班的老师都只是专科毕业，而我堂堂英语本科毕业又是师范科班出身却落得这样难堪。

我处于迷茫、不知所措的困惑状态，尤其是在课堂管理和师生关系的处理方面感觉相当棘手。我真有撒手不干，另觅他路的想法。原来我信奉为真理的东西，在大学学的教育理念和方法，遭遇到前所未有的根本性挑战，理论知识都只是摆在书本中。

新学期开始，学校决定让教学成绩最好的王老师带着我，王老师有着六年教学经验，是我校英语学科带头人和市级优秀教师。我经常去听他的课，跟他学习，看他怎么在课堂上处理课堂事件和管理课堂，模仿揣摩他的做法。王老师的课总是一气呵成，让人有一种如沐春风的感觉，几乎没有不和谐的音符，其实，这是王老师在不知不觉中已经将其化解成积极因素。[①]

从以上案例可以发现，新教师的特点主要表现为优势和成长的瓶颈两个方面：在优势上，新教师的教学态度端正、师生关系融洽、可塑性好、接受力强、思维活跃有创新；在成长的瓶颈方面，新教师的教学经验不足、角色定位不清、课堂管理能力欠缺、教学反思不足。在粤派教育培训中，针对新教师的引领，通常采取师徒结对的方式，在"有行动的实学"的过程中，帮助新教师凝练自身的教学风格，实现"有主见地自学"，发掘并主要依靠自身的现实能力和潜在能力，自我决定、自我管理，在实学和自学的过程中锻炼教育意志，形成教育自信。

---

① 李德华：《新手教师实践性知识的建构——从教师生活史分析》，载《当代教育科学》2005 年第 12 期，第 26－30 页。

二、新教师成长的关键影响因素

教师专业发展的内涵包括教师专业知识、专业技能、专业能力、专业情意等多个要素协同发展,其中,掌握专业知识是基础、熟悉专业技能是关键、提高专业能力是目的。通过专业知识和技能的学习,并在长期教育教学实践中不断内化为解决问题的能力、能更好地完成任务的能力、在教育教学中改革创新的能力,不断提升个人的专业能力和基本素质。在教师专业发展过程中,教师素质包括职前综合素质和职后专业素质。

新教师职前综合素质水平在一定程度上制约着其职后的专业能力发展水平。职前综合素质水平高的新教师在入职后的能力发展中更具有优势。新教师的素质源自其过往经历,包括其少年时代、青年时代成长的全过程。新教师的成长经历过完整的小学、初中、高中和大学教育,受教育过程中的不同经历让其具备了不同的基本素质,包括综合表达能力、管理协调能力、社会交往能力、学习能力、总结反思能力等。

新教师职后专业素质的提升,受制于其专业能力水平的发展,从新手型教师偏弱的胜任能力,到熟手教师具备了胜任教育教学能力,最后到专家型教师形成网状的能力结构,其间教师的专业能力不断内化为个人的专业素质,从而让新教师在问题解决、任务完成和改革创新的实践中,从不熟悉到熟悉、不精通到精通,再从精通到形成自己的教育教学智慧,即具备了更高层次的专业素质。在实践层面看,开展新教师职后教育是新教师专业发展的重要手段,旨在指导与帮助新入职者适应教师角色,学会承担教师职责,入职教育是一项综合性的工程,需融合多方资源,精心策划,严谨实施。①

三、新教师引领的顺德实践与探索

不同区域发展水平不同,文化底蕴存在差异,教育发展特点和现状不同,均决定了区域之间教师专业发展的差异性。顺德地处珠三角地区,广佛肇经济圈的南部,是佛山市与广州市联系的重要核心区域之一,也是粤港澳大湾区建设的九市之一(佛山市)的所辖区,社会经济发达,岭南文化底蕴深厚。顺德人以"实干、务实、敢为天下先"的改革精神闻名于世,与

---

① 严金波、林正范:《英国新教师入职教育及其启示——基于〈新教师入职教育指南〉的释义》,载《教育研究》2016 年第 6 期,第 148 – 155 页。

岭南文化的务实传统、自许和自信思想一脉相承，顺德人"敢为天下先"的背后是强大的自信，以及积极进取、改革创新、自主发展的人生观、世界观和发展观。这种精神已融入顺德区教育改革发展，深刻影响着顺德区教师的成长。

（一）顺德区新教师问题诊断及其适切设计

在对顺德区新教师专业发展的问题进行调研、分析和诊断时我们发现，新教师面临着三个突出的困境。

一是从事教育的理想信念不坚定。由于顺德地区经济比较发达，就业选择比较多，当地不少新教师仅把做教师当作谋生的职业和岗位，而没有从真正意义上把从事教育工作当作自己的事业追求。

二是实践能力明显不足。无论是哪所高校毕业或者获得了何种学习经历，新教师在教育教学实践能力方面明显存在理论丰富而少实践智慧的问题，导致新教师面对教育教学问题时无法从容应对，或者在完成任务的过程中力不从心，更难谈及进行教育教学的改革创新，故而在工作实践中的自我效能感低。

三是成长方向不明确。新教师缺乏自我发展定位和职业规划，缺乏发展的意愿和规划的思考，缺少清晰的成长路径，且难以找到助力自己成长的平台和力量。

有鉴于此，顺德区在新教师培训过程中，基于顺德区新教师实际困境和特点，努力建构适合顺德区新教师实际情况的区域教师培训样式（见图7-1）。顺德区新教师专业发展将以能力发展为旨归，通过"有行动的实学"为手段，"有自信的意志"为动力，让每位新教师回归到自身"有主见地自学"，以促使本身不断丰富专业知识、不断精进专业能力，把知识和技能进行融合，内化为解决问题的能力、完成教育教学任务的能力、进行教育教学改革创新的能力。具体途径是通过开展榜样示范、技能培训和梯级路径引领新教师成长的培训培养。

（二）顺德区新教师培训的实施目标

顺德区教师专业发展植根于岭南文化土壤，从岭南文化土壤中汲取养分，不断成长壮大，并成为支撑顺德区教育高质量发展的重要基石。教师培训是教师专业发展的重要实践举措和做法，实践工作的实施开展离不开理论支撑，更离不开文化的涵养。岭南文化赋予顺德人进取、敢为天下先的精神，这种精神背后反映了顺德人的主见、行动力和自信心。顺德区教师培训

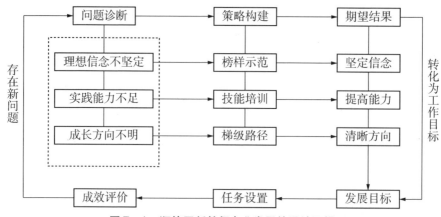

图 7-1 顺德区新教师专业发展的设计逻辑

工作,显于实践,藏于文化。在培训学习的实践环节,引领教师做到"有主见地自学""有行动的实学""有自信的意志"。粤派教育核心理念为顺德新教师培训注入了新的活力,并成为引领教师培训的先进理念。这种先进性首先体现在培训目标的设置上。

培训目标的设置,一方面基于顺德区新教师存在的三大问题,通过培训发挥榜样示范的作用,提高实践技能,厘清顺德区教师成长的梯级路径,在区域发展整体设计中找到自己的成长发力点,从而让新教师坚定从事教育教学的信念,而激发教师正向的教育发展信念也正是粤派教育强调的教师要有坚强的内心、自我发展的意志力。另一方面,通过培训,使新教师把从事教育工作当成自己的事业追求。该培训让新教师不断丰富自己的知识,增进自己教学、教研、科研、班级管理等方面的专业能力,更加清晰区域政策,清晰专业发展方向,做好自己的职业规划。通过周期性(一年)的新教师培训,使新教师树立正确的教育观、学习观和人才观,热爱教育工作,熟悉有关教育政策法规,将学科知识和专业精神与实际工作相结合,尽快掌握中小学教育教学常规及课堂教学基本功,掌握科学的教育教学方法,使之能胜任相应的教师工作。

(三)顺德区新教师培训的形式内容

顺德区新教师培训严格按广东省中小学新教师培训课程设置计划开设公共课、专业课和教育实践课(含新教师风采展示活动),并结合新教师的特点、教育教学的实际情况进行优化和补充。培训的主要内容为师德修养与法律法规、教育教学常规与教育科研及专业成长、班级管理技能、心理健康教育等专题、学科课堂教学技能名师指导等环节，培训学时不少于120学时（见表7-1）。采取集中专项培训、专业技能培训、校本研修、双导师结对指导、教育讲坛等多种形式组织实施培训。具体来看，培训按照"行（实学）"（提高教师理想信念）、"知（自学）"（促进教师能力发展）、"情（意志）"（清晰教师成长方向）三个维度，设置新教师培训课程。

表7-1 顺德区新教师培训课程维度设置

发展目标	方式与内容		
	榜样示范	技能培训	梯级路径
理想信念	培训形式一：专题讲座 主题内容：新时代人民教师、教育政策法规、师德师风建设 培训形式二：现身说法 主题内容：我的教育理想、榜样的力量、我的班级管理 培训形式三：跟岗学习 主题内容：进入名师工作室、特级教师工作室影子学习，观摩和侧面感受名师、特级教师等优秀教师的教育理念、思想和先进事迹		
能力发展	培训形式一：专题讲座 主题内容：班级管理技巧与应用、教师教育科研专题、教育信息技术、教师心理健康教育案例分析应用专题 培训形式二：技能培训 主题内容："基于课堂名师导学"分科培训 培训形式三：返岗实践 主题内容：学校为新教师安排学科和班主任结对师傅，一对一结对新教师进行成长指导和专业指导		
成长方向	培训形式一：专题讲座 主题内容：新教师专业成长专题、教育信息技术政策、前沿和未来、教师心理与发展专题 培训形式二：政策解读 主题内容：顺德区教师专业发展的政策解读、顺德区教育科研管理与规范 培训形式三：教育讲坛 主题内容：在新教师返岗实践后，顺德区通过举办各级各类教育讲坛，为青年教师的成长搭建成长平台（包括学科教师讲坛、班主任讲坛、教育管理者讲坛）		

(四) 顺德区新教师培训的组织实施

培训调研是培训实施的前置环节，顺德区新教师培训基于新教师基本情况的摸底调研，通过调研了解新教师的基本结构、学科分布、年龄层次、学历特点，制订新教师入职档案卡，为培训项目策划设计提供参考。培训策划是新教师培训组织实施的关键环节，培训能否取得实效的关键在于培训策划的针对性和科学性，顺德区新教师按照培训动态目标、内容更新、形式创新、合作机构、成效产出等多个方面进行动态、整体规划设计。动态目标设计充分考虑新教师成长的动态变化性，以及毕业入职新教师的基础素质水平的动态变化。在动态目标调整下，对教师培训内容进行及时的更新、补充和优化，在培训形式的选择上进行创新改变。为提高新教师培训管理效益，顺德区依托设置在顺德职业技术学院的区中小学教师培训中心，充分利用本土的高校培训资源，采取公益性培训项目运营方式，与顺德职业技术学院合作开展新教师区级培训，确保培训效益最大化。

培训实施是核心环节，关系着培训策划能否落地执行并发挥出其应有的作用，使培训能达到预期目标。顺德区新教师培训采取区、镇（街道）和学校三级联动管理机制，区级培训通过项目设计和统筹管理，以集中培训、技能培训、教育讲坛和考核评价等方式，联动镇（街道）和学校开展新教师培训培养（见图 7-2）。镇（街道）根据所辖学校新教师特点制定培训计划，并选择切合本镇（街道）新教师学习特点的方式方法，包括集中主题讲座、师徒结对、专项培训、工作室入室培养等，搭建新教师成长的镇（街道）平台。学校是新教师成长的主战场，校本研修则是促进新教师成长的最佳"修炼场"。学校以师徒结对和任务驱动的方式，一方面为新教师配置学科教学师傅、班级管理指导师傅，既使新教师提高学科教学技能，又使新教师快速掌握班级管理能力；另一方面，以公开课、教学研讨、课题研究、竞赛等任务驱动促进新教师成长。

(五) 顺德区新教师培训的实施评价

培训评价是对培训项目整体实施水平的综合评判，侧重于对培训目标达成、培训任务完成、培训成效成果等情况的价值判断。已有的培训评价受制于教师成长的滞后性，很难客观地对教师培训是否获得成长进行有效评价。顺德区新教师评价融合项目评价和教师专业发展水平评价，在项目实施整体评价基础上，针对教师专业成长进行跟踪式评价。项目整体评价以项目实施的投入和产出效益情况为主，一方面，针对项目承办培训机构的服务质量进

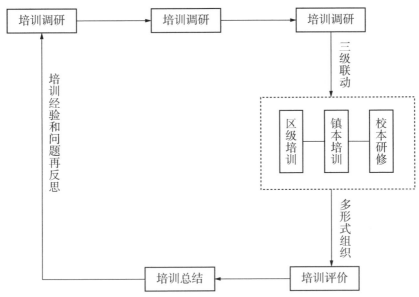

图 7-2 顺德区新教师培训的组织实施流程

行综合评价,包括其专家团队服务、课程实施效果、管理服务水平、培训成果提炼产出等方面。另一方面,针对教师成长的追踪式评价,参训教师在返岗实践后,把培训习得知识和技能运用到教育教学实践中,转化为自己的教育教学改革行为等;而学校作为追踪式评价的实施主体机构,负责对参训教师进行评价。区级管理部门通过教师荣誉、岗位、职称晋升追踪评价参训教师的专业发展。评价材料是后续项目总结与反思的重要依据,评价结果作为项目实施下阶段改进和完善的重要参考。

以上评价的层级进阶,从自我评价、学校评价到区域评价,都是从感受人文、融入文化开始的。如何快速帮扶新入职教师融入学校,增进教师文化认同,解决教师专业发展的价值认同理解问题,其本身就是评价的内容之一。新教师培训工作需要扎根岭南文化,重实干,突出实践;重反思,突出自学;重意志,强调内心的强大。通过评价,最终让新入职教师认识岭南文化,理解岭南文化,融入岭南文化;并在文化融入与升华过程中提炼专业主见,增进专业自信,改善专业行为。

(六) 顺德区新教师培训的实施效果

顺德区新教师培训在区、镇(街道)和学校三级联动下的管理机制下,加强了新教师培训培养,镇街和学校根据区级统筹安排自主策划新教师培训培养方案，多角度、多方面地整合力量，创造了良好的新教师镇街和校本研修生态环境。在区级层面，顺德区新教师被纳入"青蓝工程"建设范围，近年来，通过青蓝工程建设项目推动，纳入顺德区"青蓝工程"建设培养对象共4759人（占青年教师的33%），其中新教师是最主要的构成主体。镇（街道）和学校通过组织开展新教师专项培训，实施"雏鹰计划""青草计划""青蓝工程"等系列新教师培训培养项目，搭建新教师成长的竞赛平台、研讨平台、公开课展示平台、学习交流平台等，使新教师在专家引领、同伴互助、个体反思实践中促进其专业发展。学校在促进新教师成长方面，根据自身优势和发展特点构建培养模式，如顺德一中外国语学校以"成长、研究、指导、共享"为理念，坚持多层次、多渠道、多形式的培养原则，以推进新教师快速健康成长，两年内站稳、站实讲台为主体目标，依托"顺德一中教育集团培训体制—本校师徒结对培养基地—搭建灵活多样的研修展示平台"，构建优质、高效、开放的"三位一体"新教师校本培训体系。学校开展的多类型新教师联动培训对新教师个人成长产生了积极影响，在"逐梦课堂绽芳华"新教师汇报课上，新老师在听课中得到进步，从反思中得到提升，从研讨、点评中得到启发，开阔了视野，收获了成果，为进一步提升自身专业素养奠定了坚实的基础。在学校举办的新教师课堂教学展示比赛活动中，新教师获得了观摩学习、挖掘潜能、展现风采、超越自我的平台和共同钻研探讨的途径。新教师"亮相课"活动中，新教师在课堂点评中，在课堂亮点获得肯定的同时，也了解到了自身课堂的不足，还得到了提高教学质量的建议。"重新开始从心出发"活动通过学校教师现身说法、校长引领提高了新教师的思想意识，让新教师感受到了学校的关注，心中有了归属感，有了方向，也有了前进的动力。①

顺德区新教师通过短短一年的培训，焕发出生命的活力，每位教师回首过去，脸上洋溢着幸福；面对今天，淡定自如，快乐而充盈；憧憬未来，现实而乐观。除了对自己有着强烈的自信，对学生也充满着强烈的"他信"——相信学生也能像自己一样置身于岭南文化，沉染在粤派教育中，"自信、实学、意志"将深入骨髓。这就是培训的魅力，验证了粤派教育培训理念来源于岭南实践，作用于实践的不断循环往复更新的真理。

---

① 资料来源：顺德教育信息网系列新教师培训报道，http://news.sdedu.net/newsFile/newsPage/202519.html。

第二节 骨干教师的提升

教师的专业发展是有阶段性的,从新任教师开始,在教育教学岗位上实践磨炼一段时间后,一部分教师积累了较为丰富的教育教学经验,他们开始进行总结、反思、再实践,形成了自己的教学特色,开始向骨干教师行列迈进。

强国必先强师。要建设中国特色社会主义现代化国家,必须有强大的师资力量作为保障,骨干教师作为教师队伍的中坚力量,在学校承担着较重的责任和任务,他们自身素质的提升可以为教育事业注入强大的动力。骨干教师的培养是中小学教师队伍建设中非常重要的一环。《中共中央 国务院关于全面深化新时代教师队伍建设改革的意见》中提出:"到2035年,教师综合素质、专业化水平和创新能力大幅提升,培养造就数以百万计的骨干教师、数以十万计的卓越教师、数以万计的教育家型教师。"要完成数以百万计的骨干教师的培养,需要全国上下共同努力。全国各省、市、区、校不同层面都提出了骨干教师培养的目标和计划,也探索了很多行之有效的模式与方法。在岭南大地上,粤派教育理念也深刻地影响着骨干教师的培养方式。

一、骨干教师的专业特点与发展瓶颈

中小学骨干教师是指在一定范围的教师群体中,职业素质相对优异,在教学活动中起着支撑、表率、指导的作用,对教育事业的发展和教育质量的提高做出了较大的贡献的优秀教师。[①]

(一) 专业特点

成为一名骨干教师是每一位教师在教育教学实践岗位上工作了一段时间后,其在专业发展上的追求,也是教师的专业技能从生疏走向成熟、从依靠经验走向专业化的一个发展阶段。

总体来说,骨干教师的专业特点可以概括为以下三点:一是思想较为先进,追求进步。骨干教师一般具有良好的思想品德和职业道德,他们掌握了

---

① 倪传荣、周家荣:《骨干教师队伍建设研究》,沈阳出版社2000年版,第1页。

一定的教育教学理论,思想较为活跃,在专业上有所追求,希望能通过实践反思、学习培训等多种途径获得更大的进步。二是骨干教师是教学中的有心人,他们在教学实践中积累了较为丰富的经验,形成了自己的教学特色。三是骨干教师开始独立承担或参与课题,以科研的视角研究教学,审视自身专业发展,反思提炼教学经验。

(二) 发展瓶颈

和一般教师相比,骨干教师在业务能力上呈现出一定的优势;但和名教师相比,骨干教师在专业发展上还存在着一些要提升或要突破的地方。

首先,骨干教师的策略性知识不足。专家学者认为:教师的专业知识基本分为三大类,即原理知识(学科的原理、规则,教育教学的一般知识)、案例知识(学科教学的特殊案例、个别经验)和策略知识(运用原理于案例的策略,核心是反思)。① 骨干教师在教学实践中逐步积累案例知识,主要是学科教学的特殊案例、个别经验。名教师除了具备丰富的案例性知识外,还具备丰富的策略知识,也就是运用教育学、心理学原理于特殊案例的策略,其核心是对教学实践的反思(见图7-3)。所以,在对骨干教师的培养上,我们要重视引导骨干教师对自身的教学实践进行反思,只有经过实践加反思,教师原有的经验不断被审视、被修正,不断提炼和升华,才能形成更为丰富的实践性知识和智慧。

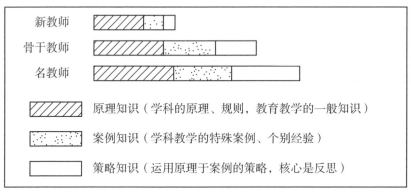

图7-3 不同发展阶段的教师的专业素养及知识结构

---

① 袁克定:《教师策略性知识的发展规律及影响因素研究》,载《心理科学》2000年第4期,第488-490页。

其次，虽然骨干教师具有较为丰富的教学经验，对教学中的问题有自己独特的处理方式，但由于他们是学校的骨干，承担着较多重要而繁多的任务，缺乏教学钻研的时间，从而普遍缺乏进一步提炼做法、形成有效经验的能力。所以在培训培养上，需要认真分析骨干教师面临的问题和发展需求，帮助骨干教师突破发展的瓶颈，促进其专业的提升。

三、"粤派教育"理念下的骨干教师培训设计

（一）培训的理念与价值

"粤派教育"理念根植于独特的岭南地域文化和教育的传承，深受岭南心学的涵养，又吸收、融汇了积极心理学中积极人格特质的研究成果，从"知""情""意"入手，从知识技能、情感态度、价值取向三个层面，提出了培育教师"自学""实学""意志"三个重要品质的目标要求。"自学"强调教师主观意识的参与，要有"主见"，即在培训中要让骨干教师清晰知道自己所处的位置，认清自身的优势和不足，充分激发起自驱力和潜能，自定发展目标、自我管理、自我激励、自我评价，通过一系列的行动研究提升自身的素养和能力。"实学"强调的是真做实干，强调行动研究，即要通过创设情景，让骨干教师深刻领悟岭南仁人志士敢为天下先、务实进取的精神气魄，在培训中采用调研考察、跟岗培训等基于课堂、基于实践的行动研究方式，帮助骨干教师凝练教学观，提升教学智慧，形成教学风格。"意志"强调要培养骨干教师自信、自强的精神基因和意志品质，让"为党育人、为国育才"的观念根植于骨干教师的内心。

粤派骨干教师培训在此理念的指导下，通过确定培训目标、设计课程、实施培训、管理评价四个阶段，重点培育骨干教师自尊自信、自强不息、务实进取的精神品质，提升骨干教师自我规划、自我导向、自主研修的发展规划和实践研修能力，培养和建设一支师德高尚、理念先进、技能扎实、业绩显著的骨干教师队伍。

（二）培训的目标与内容

1. 培养目标

从教师的专业能力划分，骨干教师具有较丰富的教学经验，他们的业务能力和学术水平较高，在教育、教学和科研工作中起到核心作用。对骨干教师的培养不要求做到面面俱到，而是要牢牢把握住"粤派教育"理念中的

"自学""实学""意志"三个重要品质的目标要求，以中小学高级教师能力指标为基准，以课堂为培养的主阵地，以课堂教学研究为主线，着重提升骨干教师的教育情怀，引导其在行动中开展课例研究，不断总结和凝练个人教学方法与特点，开发优秀教学课例，学会科学规范的成果表述方法，最终达成培养的目标——成为具有丰富的实践知识与发展潜力的教师。

（1）师德目标。涵养教育情怀、遵守师德规范。基于粤派教育精神内涵，激发骨干教师的从教热情、坚定教育理想信念、深化职业理解，提升教育情怀；遵守师德规范，掌握立德树人的途径与方法，落实立德树人的根本任务。

（2）知识目标。形成整体知识观、增加实践性知识。通过培训，促进教师更好地掌握本学科的专业知识，形成学科知识的整体教学观，通过开展课例研究活动，增加骨干教师的实践性知识、策略性知识，促使教师生成教学智慧。

（3）能力目标。提升自我规划能力、加强教学实践能力。引导骨干教师基于教师职业能力标准和教师培训课程指导标准，了解教师专业发展的规律和特点，自主开展专业发展现状诊断与分析，掌握自我规划与发展的关键能力；以"课堂教学研究"为主线，加强课堂教学的策略研究，提高学科核心素养培养的实践能力及课堂教学反思改进的能力。

（4）素养目标。完善教师人格、增强信息技术与学科融合能力。引领教师关注自身发展和职业幸福感，培养健全人格和积极向上的精神；提高骨干教师信息技术与学科融合能力，转变教学方式，提升学科教学创新能力。

2. 课程内容

骨干教师培训的课程内容要对应培养目标，通过有针对性的课程，着重培养骨干教师自主研修的发展规划和实践研修能力，重点围绕职业追求与教育情怀、专业规划与教学研究、学科知识与学生发展、技术应用与教学反思四个维度设置培训课程。（见表7-2）

（1）职业追求与教育情怀。重点从师德规范、职业信念两个模块设计课程专题，包括习近平新时代中国特色社会主义思想、新时代中小学教师职业行为十项准则、新时代"四有"好老师的使命与担当、骨干教师的品格与境界等专题内容。

（2）专业规划与教学研究。重点从专业规划、教学研究两个模块设计课程专题，包括教师专业发展规划设计、名教师专业发展典型案例、行动研究理论与方法、课堂观察量表的设计及应用、基于课程观察的教学诊断与改进等专题内容。

表7-2　骨干教师培训的课程设计范例

目标	课程维度	模块	课程内容（示例）
师德目标	职业追求与教育情怀	师德规范	①习近平新时代中国特色社会主义思想 ②新时代中小学教师职业行为十项准则 ③关于全面加强和改进新时代学校美育（体育、劳动教育等）工作的意见
		职业信念	①新时代"四有"好老师的使命与担当 ②骨干教师的品格与境界 ③优秀教师师德感悟或故事分享
能力目标	专业规划与教学研究	专业规划	①教师专业发展规划设计 ②名教师专业发展典型案例 ③阅读书目推荐
		教学研究	①行动研究理论与方法 ②课堂观察量表的设计及应用 ③基于课程观察的教学诊断与改进
知识目标	学科知识与学生发展	专业知识	①新标准引领下的课程优化设计 ②单元整体教学设计的方法与教学策略 ③实践智慧的生成与凝练
		学生发展	①学生发展核心素养与学科核心素养 ②指向学生核心素养培育的课堂教学设计 ③核心素养培育理念下的学生评价改革
能力目标	技术应用与教学反思	信息素养	①教师信息素养的提升策略 ②信息技术手段融入的教学设计 ③信息技术与学科教学深度融合的方式方法
		实践反思	①反思性实践理论与实践应用 ②教学叙事等教学论文的撰写技巧 ③小课题研究及教学研究报告撰写方法

（3）学科知识与学生发展。重点从专业知识、学生发展两个模块设计课程专题，包括新标准引领下的课程优化设计、单元整体教学设计的方法与教学策略、学生发展核心素养与学科核心素养、指向学生核心素养培育的课堂教学设计等专题内容。

（4）技术应用与教学反思。重点从信息素养、实践反思两个模块设计课程专题，包括教师信息素养的提升策略、信息技术手段融入的教学设计、反思性实践理论与实践应用、教学叙事等教学论文的撰写技巧等专题内容。

（三）培训模式与策略

1. 培训模式

粤派骨干教师培训要注重实效性，就要充分激发教师学习的欲望，挖掘教师自身的潜能，调动教师参与的积极性，以课堂为培养的主阵地、以课例研究为主要抓手，以行动研究为主要路径，开展能力诊断、集中培训、网络研修、跟岗实践、团队研修、总结提升等多形式的培训活动，通过理论学习＋实践研修、个人自学＋团队合作、线上学习＋线下实践三方面结合的方式，促进骨干教师专业理念与实践知识的双提升。表7-3以骨干教师（1年期，120学时）培训活动设计为例，对培训的流程与培训的形式做展示和说明。

表7-3 骨干教师培训模式及活动设计

模块	课程目标	课程维度	课程内容	培训形式	时间安排
能力诊断	了解骨干教师的能力现状，为制订培训方案和课程设置提供依据	能力评估	围绕职业信念、专业知识、专业能力等方面设置评估问卷	问卷调查、教师访谈、课堂诊断	培训前

续表 7-3

模块	课程目标	课程维度	课程内容	培训形式	时间安排
集中培训	提升教师的教育理论素养，形成教学模式，培养科研意识和申报课题的能力	职业追求与教育情怀、专业规划与教学研究、学科知识与学生发展、技术应用与教学反思	围绕师德、教师专业规划、学科知识和学生发展知识、小课题研究等设置课程	专题讲座、案例教学、世界咖啡、工作坊、读书交流	第一学期3天，18学时
			围绕师德、行动研究法、教学案例撰写等设置课程	专题讲座、案例教学、世界咖啡、工作坊	第二学期3天，18学时
网络研修		职业追求与教育情怀、学科知识与学生发展、技术应用	围绕师德、专业知识、信息技术等设置专题	个人研修、小组研修	4天，24学时
跟岗实践	拓展教师的教育视野，学习其他学校的教学、课程和科研等方面的知识，在沟通交流中提升自我	教学研究、教学反思	走近名师，开展课堂观摩与教学实践活动	名校参访、在岗实践	5天，30学时
团队研修		专业规划与教学研究、教学反思	参加教育论坛活动，进入名师工作室研修，提升骨干教师的教育视野	教育论坛、工作室研修、读书交流	4天，24学时
总结提升	通过总结提升环节，推动学员分享学习成果，提炼研修经验	教学研究、教学反思	举办中期的课堂展示汇报课，期满后举办多种形式的成果展示活动	中期汇报、成果展示	1天，6学时

2. 培训策略

培训策略是指在培训的过程过程中,要根据不同的培训对象,针对不同的培训内容,采用不同的、有针对性的培训方式和方法,激发被培训者的热情,调动其参与的积极性,从而提升培训的效率。

在骨干教师的培训课程中可采用 P-T-C-P 的模式组织活动。P-T-C-P 按照聚焦问题—理论学习—案例分析—实践应用 4 个环节组织课程,该组织形式强调教师要积极参与,是一种"浸入式"的研训。通过聚焦教学中的问题进行研究,问题通常来自真实的教学情景。教师针对问题自主思考,再通过相关理论知识的学习、案例的研讨,获得处理同类问题的经验和方法。最后,提供场景学以致用,教师可以在实践中进行应用、检验。表 7-4 以一节培训课"基于课程观察的教学诊断与改进"为例,简要介绍一下 P-T-C-P 培训流程。

表 7-4 "基于课程观察的教学诊断与改进"培训课程的教学安排

环节	培训内容、方式	培训者/学员 任务要求
环节一: 问题聚集 (problem)	明确学习主题	培训者提出本次课堂观察的目的
	课堂教学视频观摩	培训者播放一段 5 分钟的课堂实录视频; 学员自主记录观察结果
	聚焦要研究的问题	学员汇报观察发现的问题; 培训者汇集问题,进行点评和引导
环节二: 理论学习 (theory)	课堂观察的理论知识及课堂观察量表制订	培训者介绍课堂观察的相关理论及如何制订观察量表
环节三: 案例分析 (case)	课堂教学视频观摩	培训者播放一段 20 分钟的课堂实录视频; 分小组领取观察点,学员自主记录观察结果
	小组研讨活动	根据小组观察点,小组成员相互交流,形成小组观点; 培训者巡视指导
环节四: 实践应用 (practice)	小组展示汇报	分小组进行汇报,提出改进的建议(并安排学员在后续培训活动中进行基于研究主题的课堂展示活动,包括说课—上课—反思—评课等环节)
	点评指导环节	培训者总结学员发言内容,指导学员用课堂观察的方法解读课堂教学行为

（四）培训的评价与改进

评价是指挥棒，要提升培训的效果，就必须重视培训评价的设计与实施。培训评价包括两个方面：一是对骨干教师培训项目的评价，二是对骨干教师培训成效的评价。

1. 对骨干教师培训项目的评价

可以通过学员的满意度（内容包括课程内容、讲授方式、师资、场地、服务质量等）、项目开展的档案资料审核等方式对项目方案设计、课程设计、组织管理、师资配备、后勤保障、经费使用等方面进行总体考评。

2. 对骨干教师培训成效的评价

要客观、全面地评估骨干教师培训的成效，必须有较为科学的评价指标量表。对此，可从过程性评价和增值性评价两个方面全面、综合地评价骨干教师的增值发展。过程性评价侧重于教师在培训期间的师德师风表现及学习态度、课程学习任务的完成情况；增值性评价是指在培训开始至培训期满，骨干教师在科研成果、教学业绩及示范辐射方面的表现，取得了哪些进步，在哪方面有显性的提升。为了做好过程性评价，可以为每一位学员建立电子档案袋，对其学习的行为和表现进行记录和分析，再结合学员提交的学习成果，综合评定学员的考核等级。以下是一份骨干教师的评价指标，供参考。（见表 7-5）

表 7-5 骨干教师的评价指标

评价维度	指标	考核标准
过程性评价	师德表现（15 分）	热爱祖国，全面贯彻国家教育方针，自觉遵守教育法律法规，爱岗敬业，关爱学生，教书育人，为人师表，具有良好的职业道德修养。无受党纪或行政处分的记录，无存在重大道德争议的职务行为，个人品行受同行和社会赞扬
	学习表现（15 分）	1. 培训总出勤率达 80% 以上。（迟到一次计 1 学时，早退一次计 1 学时，请假一次计 3 学时；无故缺勤列入本项目的师德考核，一票否决。） 2. 按要求完成培训项目的交流分享、简讯推送、学习总结等作业

续表 7-5

评价维度	指标	考核标准
增值性评价	教研科研成果（20分）	培训期间，课题成果符合下列条件之一： 1. 主持区级或以上课题。 2. 主持或参与（排名前三）的课题研究成果获得区级或以上教育教学成果奖或科研成果奖 培训期间，论文（著作）符合下列条件之一： 1. 公开发表教育教学类专业论文。 2. 公开出版教育类专著或教材（独著或排名前三的合著）
	教学业绩及社会影响（30分）	培训期间，具备下列条件之一： 1. 教学业绩进步指标突出，学生评价优秀。 2. 在区级或以上教学竞赛中获奖（教学论文、教学案例、教学设计、课堂教学等均可）。 3. 在媒体上有对其教学实践改革探索或成果的相关报道。 4. 获得政府部门颁发的荣誉称号
	示范辐射作用（20分）	培训期间，具备下列条件之一： 1. 参与区级或以上名师工作室工作，或担任区级以上中心组、教研会职务。 2. 为区级以上培训项目授课。 3. 参加教育帮扶工作。 4. 在区级以上范围内做学术专题报告（或公开课、示范课）

骨干教师的培养是一个长期的过程，一年期的培养期结束后，并不代表骨干教师就能一直保持较好的专业态度和专业能力，仍然需要通过后续的跟踪调查、指导实践、提供平台、传播经验等途径促使骨干教师进一步成熟，向名教师发展。

三、"三段四式五提升"骨干教师培训实践案例——以广州市荔湾区为例

（一）背景及问题

教育现代化是推进国家现代化建设的重要基石。在实现教育现代化的进

程中，教师队伍是人才保障和第一资源，建设一支具有良好思想政治素质和职业道德、扎实的专业知识和技能、鲜明的教学风格的骨干教师队伍是其关键举措。2018 年《中共中央　国务院关于全面深化新时代教师队伍建设改革的意见》指出："全面提高中小学教师质量，建设一支高素质专业化创新型的教师队伍。提高教师培养层次，提升教师培养质量。"2020 年 11 月，广东省教育厅等四个单位联合下发了《广东省新时代教师发展体系建设实施方案》，提出要加强高层次人才队伍建设，培养造就一批骨干教师、名教师。在此背景下，荔湾区加大了骨干教师队伍建设的步伐，基于区域的需求，立足国家级县级示范性教师培训机构的基础，开展了骨干教师培训的规划与实施。

中小学骨干教师是教师队伍的中坚力量，我们通过问卷调查及个别访谈，在调研中发现骨干教师存在以下特点：骨干教师非常愿意通过学习提升自身的理论水平，但他们又普遍认为讲座式的培训的作用不大。骨干教师拥有较为丰富的教学经验，对教学中的问题有自己独特的处理方式，但他们普遍缺乏进一步提炼做法、形成有效经验的能力。

（二）理论与思路

我们以成人学习理论及建构主义为指导，遵循教师不同发展阶段的发展规律，针对骨干教师的特点、能力短板及需求，进行项目的整体设计。

1. 成人学习理论

教师作为成人，其学习方式是有别于学生的。根据派克的成人学习法则，成人只学他们认为需要学的内容，成人喜欢在做中学，成人在学习中喜欢运用过去的经验，学习的过程越有趣效果越好，学习效果最好的方式是教授他人。成人学习理论给予我们的启示是：要取得好的培训效果，必须遵循教师学习的规律和教师专业发展规律，从教师的需求出发去设计课程。

2. 建构主义

建构主义认为，知识不是由他人直接传授得到的，而是学习者在一定的情境中，借助他人的帮助，利用必要的学习资料，通过意义建构的方式获得的。学习者是学习的主体，只有发挥其主观能动性，把新知识融入原有的知识结构，才能真正实现学习的目的。建构主义学习理论不仅适用于学生学习，同样适用于教师培训。教师参加培训，就是以一个学习者的身份参与到学习活动的过程中，来学习有关的知识，成为知识的发现者和建构者。

3. 项目设计思路

教师培训必须基于区情和地域特点来开展。荔湾区作为独具岭南特色的广州中心城区,深受岭南文化的浸润与影响。荔湾区教师培训吸取了"粤派教育"理念的"自立创新、敢为人先"的精神内涵,确立了以自我导向、协同发展的教师培训的行动路径。

在培训项目方案的设计与实施过程中,进一步分析并明确了培训的目标,从而着重提升骨干教师的教育情怀,引导其在行动中开展课例研究,不断总结和凝练个人教学方法与特点,开发优秀教学课例,学会科学规范的成果表述方法。

围绕骨干教师的核心能力设计课程,以提升骨干教师的课堂教学能力为重点,以课例研究为主线开展"三段四式五提升"骨干教师培训,培训时间为1年,培训学时为120学时。以课例研究为主线是指无论是理论学习还是教学实践阶段,都以课例作为主要的研究资源,通过优秀案例的学习、引导骨干教师研究自己的课堂,重新设计教学,研讨课堂教学,提炼生成教研成果。"三段"指培训的三个阶段,即培训前、培训中、培训后,做到训前有调研与规划,训中有落实与考核,训后有反馈及追踪。"四式"指培训的四种主要方式,即集中培训、团队研修、网络研修和跟岗实践,通过理论与实践相结合的方式,让骨干教师在理论的指导下创新发展,在实践过程中不断梳理、提炼与总结经验。"五提升"即培训的成效目标,指在教育情怀、课例研究能力、案例撰写能力、课例开发能力及科研能力五个方面提升骨干教师素养。

(三) 路径与方法

1. 调查研究,科学规划

为了更好地实施培训,我们坚持以需求为导向,在培训初期开展了调查研究,根据调查的结果找到骨干教师的迫切需求。在项目开始阶段我们对50名骨干教师培养对象开展了需求调查。从调研的情况来看,骨干研修班学员学历达标,其中硕士学历占23.3%,且均有一定的教学经历,大部分学员的教龄在11~20年之间。骨干班学员主要的教学困难是"课程标准和教材的解读能力""教育教学技能""信息技术能力"。在能力短板方面,学员在"教育科研和论文写作能力""与科学的教育方法与创新能力"两方面占比较大,分别为70%与60%。学员最喜欢的集中培训方式为"观摩名师课堂教学",占比为76.67%;然后分别是案例评析、参与式培训、同行介绍经验、专家指导开展课题研究。

根据调研的情况,我们发现骨干教师具有一定的教学经验,但对课程标准、教材的解读存在一定困难;能够创造新的知识和新经验,但缺乏归纳提炼能力，科研、论文写作以及创新能力成为其较突出的能力短板。骨干教师愿意学习新的理念，但更愿意在行动中进行自主建构，在研修过程中更偏向观摩名师课堂教学，在构建、形成个人教学风格中还需进一步明晰自己的方向，找到有效的路径与方法。

2. 课程设置，突出实效

我们根据骨干教师培训的目标，结合骨干教师的主要差距及培训需求，从职业信念与教育情怀、教学创新与学生发展、信息素养与技术应用、教学反思与教学研究四个方面设计了骨干教师的培训课程，着重提升骨干教师的教学能力，引导其在行动中开展课例研究，不断总结和凝练个人教学方法与特点，开发优秀教学课例，学会科学规范的成果表述方法。

3. 行动研究，自主建构

课堂是教师的主阵地，教师培训最终就是要落实到教师的课堂上。因此，课例研究是骨干教师开展行动研究最好的抓手，围绕课例的研修，在真实的情境中研究教与学的各种问题，是提升教师的教学能力、科研能力及反思能力的重要途径。为此，我们确立了基于课例研究的"三段四式五提升"骨干教师培训模式。

我们采用了理论培训（集中与网络）+实践考察+研讨总结的培训方式，采用专家讲座、报告（实践案例为主，理论为辅，设计学员任务单，设置互动交流环节）、观摩名师课堂教学、同行介绍经验、教学展示、共同研讨（工作坊、世界咖啡、思维导图等方式）、课堂教学竞技+点评的方式，促进全体骨干教师参与到培训中。

（四）经验与创新

1. 需求导向，聚焦问题

根据骨干教师"教育科研和论文写作能力"和"科学的教育方法与创新能力"的短板，我们从课例研究入手，以成果为导向，引导教师开展公开课研究，围绕一个课例，从文献综述入手，收集资料，完善教学设计，做好一个讲课PPT和一个微课资源，最后形成一篇教学论文。培训活动和教师的课堂教学活动紧密结合，既有理论指导，又有方法引导，最终指向骨干教师研究能力、课堂教学能力、学术表达能力的提升。

2. 整合资源，有效推进

整合荔湾区教育局、荔湾区教育发展研究院（教师发展中心）、高等院校、学校及第三方协办机构等资源，多方协同、合作，共同参与到课程设计、培训实施与绩效评价等各个阶段和环节中来。荔湾区教育局主要提供政策、人力和资金的支持，保障项目正常开展与实施。荔湾区教育发展研究院以教师培训中心为主体，协同发挥教研部门、科研部门、教育技术部门、质量监测部门的人力资源和智力资源，为骨干教师成长提供服务。同时，我们还聘请了高等院校的培训专家、实践专家、一线专家以及培训者专业队伍，组建师资团队，从理论和实践两个层面引领和指导骨干教师的成长。发挥骨干教师所在学校的作用，通过开展校本研修活动，采取搭平台、压担子等方式促进骨干教师专业发展。同时，利用第三方协办机构的资源优势进行师资推荐，为课程的顺利实施提供服务。

3. 任务驱动，实践生成

（1）查找不足，明确培训任务。培训前，学员都需要提交课例资料，培训任务贯穿三个阶段的学习过程，学员要查找原来教学设计的不足并重新设计、再次改进和完善，最后进行展示。每个培训阶段后都要完成相应的跟进任务，不断深入直至落实到实践中，促使学员教学行为的改进。

（2）调动内驱力，培训过程行为跟进。培训强调教师的自主学习力的培育与生成，培训过程聚焦骨干教师教学实践中的问题，引导骨干教师不断改进和解决问题，强调行为跟进，落实到实践中，在实践中反思再改进。

（3）培训课程注重案例性、实践性。培训课程采用理论讲解加案例教学相结合的方式，注重通过案例开展教学研究，指导学员掌握课堂实践的路径与方法，逐步推进落实。学员学有所得，使培训成果应用能有效应用于教学实践中。

4. 专家指导，考核评价

项目贯彻"目标导向"的培训理念，专家在培训过程中对学员进行全程跟进，并进校观摩参加研修的学员设计的课例，评价实施效果。

（1）注重培训方式多样性。培训方式采用理论＋案例的形式，线上＋线下混合式培训，促进教师专业成长；通过案例分析、范例讲解、现场观摩、小组交流分享，促进培训的吸收与内化。

（2）注重任务的驱动性。单向度的培训很难促进教师的发展，只有充分创设条件让教师参与、融入培训，才能让教师在完成任务的过程中提升技能。我们采用目标导向、任务驱动的方式，培训以设计课例、交流分享、实施方案的形式，促进学员行为的转化，以实现指导能力的提升。

（3）注重培训阶段的实践性。在实践中磨炼、在行动中体悟是骨干教师增加策略性知识的重要途径。在培训中，通过各阶段的实践体验，促使学员明晰作为骨干教师的角色功能，激发其积极参与课堂创新实验，学以致用，将有效的教学策略与方法运用于课堂。

(4) 注重培训后的跟踪反馈。通过前测、过程性评测、发展性评测及效果跟踪测评四个维度，力争能全面反映培训对学员的效度。前测主要通过问卷和访谈了解学员专业发展状况及培训需求。过程性评测主要是考察学员在培训期间课程任务完成情况、完成质量及考勤情况等。发展性评测主要考察培训期间学员在教科研成果、教学业绩及示范辐射方面的进步表现。效果跟踪测评是培训结束半年后，培训机构通过问卷或到校调研，了解学员行为改变对工作产生的成果或效果，即其学生、所在学校是否有所进步。培训评价测评的数据作为后续项目开展与改进的重要依据。

表7-6为荔湾区骨干教师评价指标。

表7-6 荔湾区"强师工程"培养对象培养期满评价指标

指标	考核标准	赋分指引	学员自评	专家评分
师德表现（15分）	热爱祖国，全面贯彻国家教育方针，自觉遵守教育法律法规，爱岗敬业，关爱学生，教书育人，为人师表，具有良好的职业道德修养。无受党纪或行政处分的记录，无存在重大道德争议的职务行为，个人品行受同行和社会赞扬	A档：遵纪守法，爱生敬业，15分；B档：违法违纪，失职失德，0分		
学习表现（15分）	1. 培训总出勤率达80%以上；（迟到一次计1学时，早退一次计1学时，请假一次计3学时。无故缺勤列入本项目的师德考核，一票否决。）2. 按要求完成培训项目的交流分享、简讯推送、学习总结等作业	A档：出勤率80%以上，且按要求完成作业，11～15分；B档：出勤率60%～79%，且按要求完成作业，5～10分；C档：出勤率60%以下，作业不合格，0分		

续表 7-6

指标	考核标准	赋分指引	学员自评	专家评分
教研科研成果（20分）	培训期间，课题成果符合下列条件之一： 1. 主持区级或以上课题； 2. 主持或参与（排名前三）的课题研究成果获得区级或以上教育教学成果奖或科研成果奖	A档：符合课题成果条件之一，10分； B档：主持校级课题，或参与课题排名未达前三名，最高6分； C档：无课题或无成果奖，0分		
	培训期间，论文（著作）符合下列条件之一： 1. 公开发表教育教学类专业论文； 2. 公开出版教育类专著或教材。（独著或排名前三的合著）	A档：符合论文（著作）条件其中一项，10分； B档：内部刊物发表，或非第一作者，或非排名前三的合著（编），每项4分，可累加，最高8分； C档：无发表，0分		
教学业绩及社会影响（30分）	培训期间，具备下列条件之一： 1. 教学业绩进步指标突出，学生评价优秀； 2. 在区级或以上教学竞赛中获奖（教学论文、教学案例、教学设计、课堂教学等均可）； 3. 在媒体上有对其教学实践改革探索或成果的相关报道； 4. 获得政府部门颁发的荣誉称号	A档：具备业绩条件其中一项，30分； B档：区级获奖每项2分，校级获奖每项1分；可累加，最高20分； C档：无相关业绩佐证材料，0分		

续表 7-6

指标	考核标准	赋分指引	学员自评	专家评分
示范辐射作用（20分）	培训期间，具备下列条件之一： 1. 参与区级或以上名师工作室工作，或担任区级以上中心组、教研会职务； 2. 为区级以上培训项目授课； 3. 参加教育帮扶工作； 4. 在区级以上范围内做学术专题报告（或公开课、示范课）	A档：具备示范辐射条件其中一项，20分； B档：佐证材料有缺失，8～12分； C档：无相关业绩佐证材料，0分		
合计				

第三节　名教师的修炼

在对提升教育质量的期望日趋殷切的今天，人们对名教师的需求日渐强烈，名教师是教育领导的人才库，是促进教育改革、改善教育实践的中坚力量，有助于加速名教师师资队伍的建设和教育质量的提升。名教师不仅具备扎实的专业本领，还具有自信、执着、乐学、善思的人格特质，有着不断追求卓越的教育信念。在"名师"的培养过程中，逐步形成了从区级名师、市级名师到省级名师的培养层次，并通过"名师工作室"构建了省、市、区（县）、校本和工作室"五位一体"的培训梯度。其中，各级各类名师工作室作为重要的教师专业发展平台，在衔接高校和区域教师培训方面发挥了示范引领作用，为走向"教育家型名教师"打好基础。

一、粤派教育理念下名教师工作室团队研修的实践案例

（一）研修目标

粤派教育精神强调教师的自我思考、自我决策、自我选择的能力，实

现"自学、实学、意志"的粤派教育理念。名教师工作室团队研修通过工作室研修，以师带徒为主要培养形式，共同开展基于线上和线下的学科研究、教改探索和教学反思、学校管理实践与研究，促进名教师和培养对象共同提高，助推粤派教师专业成长，培养一批师德高尚、精神独立、视野广阔，具有先进教育教学和办学理念、较高政策水平、理论水平和实践能力，能够发挥示范引领作用，并成为具有较高知名度和影响力的名教师工作室团队。

（二）研修目标、内容

以粤派名师工作室建设为途径，从培训与管理、研究与教学、成果凝练与宣传等方面，形成跨年度递进式发展与提升。

1. 第一年度

（1）粤派名师工作室团队年度工作目标：①构建工作室理念，初步形成工作室相关制度和规范；②对工作室培养对象进行培养培训需求诊断，科学设计培养方案；③指导培养对象开展课题研究。

（2）粤派名师工作室团队年度研修目标、课程模块与形式建议。第一年度是各工作室工作的起步与建设，因此该年度团队研修重点放在管理能力和培训能力的提升上，研修的主题为"管理与培训"。

1）提升师德素养，更新专业理念——师德和专业理念模块。通过专题讲座与工作坊等形式，设置岭南文化与教育哲学、教师职业道德规范与要求、教师职业理解与认识、国际前沿的教育教学理念、信息时代学习方式变革与创新等内容，促进粤派名师工作室主持人形成高度的责任感和远大的理想情怀，帮助主持人了解教育的文化根基以及教育教学前沿动态，丰富和拓展教师的背景性知识。

2）培养工作室"务实"的建设和管理能力——管理能力模块。通过专题讲座、案例分析、工作坊等形式，设置工作室建设方法与路径、管理模式改进策略等内容，提高主持人的组织管理能力。

3）培养工作室"务实"的项目设计与实施能力——培训能力模块。解读《中小学名教师、名校（园）长工作室管理办法》《工作室团队研修方案》，开展培训方案设计实战演练等，通过体验式学习，引导主持人思考与探究本工作室的培训方式、方法，形成个人的培训思路和体系。

4）提升工作室"自学"的教育科研能力——研究能力模块。组织教育科研方法训练，提高反思意识和探究能力，促进名师工作室主持人提升教学研究水平与指导研究水平。

5）提升"自我规划"与"自我成长"——自我发展能力模块。主持人需要结合自己的教学优势制订自己的专业发展目标和成长计划，以及成长路径和方法，努力提高自己的专业能力和综合素养，取得自己的专业成长，从而更好地指导学员的成长。

2．第二年度

（1）粤派名师工作室团队年度工作目标：①优化工作室理念，完善工作室制度；②打造工作室在本领域的品牌；③工作室阶段性课题研究成果反思、交流与提升。

（2）粤派名师工作室团队年度研修目标、课程模块与形式建议。第二年度各工作室的工作重心逐渐转移到教育教学科研和教学反思与改进上，进一步探索教师专业发展路径。

1）提升"务实"的品牌建设能力——管理能力模块。通过工作室互访、案例分享与分析等方式，让主持人相互点评、相互学习，促进其对自身工作室建设与管理理念的反思，完善工作室制度建设；通过设置品牌创建与成果积淀等课程，促进主持人形成品牌建设思路与策略。

2）提高"自学"的研究指导能力——研究能力模块。通过课题研究进展报告、专家点评、同伴互评的方式，促进主持人掌握评估、反馈、指导培养对象课题研究的能力；通过设置课题研究的症结与症解、基于团队协作的课题研究等课程，以问题为导向，有针对性地破解主持人在研究指导方面的难点。

3）凝练"自悟"的教育思想——通过专题学习与实践操作、展示的方式，促使主持人进一步找寻自己的岭南文化基因；通过设置古典哲学、教育名家思想、名教师教育成长故事等课程，帮助主持人反思岭南文化孕育下的专业成长路径，努力形成粤派体系下的教育品牌，思考和探究如何传播与引领，扩大影响力。

4）做好"自信"的示范引领——培训能力模块。主持人言传身教，在专业发展方面树立榜样作用，努力成为学员成长的标杆。

3．第三年度

（1）粤派名师工作室团队年度工作目标：①总结工作室建设经验，提炼课题研究成果和教学风格；②成果宣传与推广。

（2）粤派名师工作室团队年度研修目标、课程模块与形式建议。第三年度，各工作室工作处于总结阶段，重心逐渐转移到成果提炼与宣传推广上，进一步扩大品牌影响力。

1）提升粤派教育成果凝练的能力——管理、研究、教学素养模块。通过课题研究成果汇报、教学思想汇报等方式,促进主持人形成个人教学风格;通过论文写作指导、汇报课等形式,提高主持人总结提炼、论文撰写与指导撰写能力,促进工作室相关成果的沉淀和转化。

2)提升粤派教育成果宣传与推广能力——传媒素养模块。通过论坛、宣讲会、示范课等实践课程形式,扩大工作室在省内外的影响力,为后续发展续力。

二、践行科学精神,培育粤派教育名家——以广东省中小学"百千万人才培养工程"培养项目初中理科类名教师培养为例

(一)培养目标

1. 总体目标

以"践行科学精神、改革教育实践、凝练教育思想"为主线,通过设置"重塑科学精神""探寻教育本质""聚焦教学实践""引领教育科研"和"追求创新发展"五大内容模式,借鉴岭南心学中的"实践自省""理论自觉"和"教育自信"三个进阶,在三个导师团队的指导下,帮助学员形成基于"教育反思"和"教育实践"的"教育思想"三段式成长,即通过"5+3+3+3"培养体系,成就一批师德师风高尚、教育理念先进和理论知识扎实、教育教学能力强和教学管理水平高,具有国际视野、创新精神、较大社会影响力和知名度的教育家型初中理科教师,打造粤派教育新气象。(见图7-4)

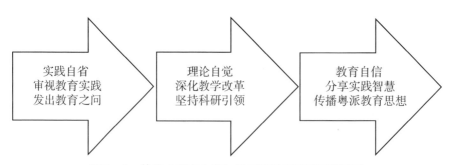

图7-4 基于"岭南心学"的粤派教育培训实践路径

2. 具体目标

（1）"知"。引领培养对象深刻理解个人职业与社会、国家之间的共生关系，树立坚定的教育信念和高度的职业使命感，形成职业垂范的自觉意识和能力，致力于对教育本质的追求、科学求真的探寻和自我价值的实现。

（2）"情"。引导培养对象更新学科专业知识、培育科学精神、拓展知识视野，了解国内外教育名家思想、科技前沿应用、教育理论研究的新问题和新动态，使其自然科学与科学教育领域的学科情感、综合素养得到提升。

（3）"意"。协助培养对象持续地反思自我、辨析实践难题与问题，进行教学改革与创新，生成对教育教学的观念及意志，形成"源于实践、高于实践、指引实践"的教育思维模式。

（4）"行"。协助培养对象承担或参与教学改革实验项目、发表科研成果、示范辐射研修经验，带动广东理科教师专业发展，成为启迪教师科学智慧、成就学生科学梦想的理科教育领航行动者。

（二）培养内容

着眼未来教育的发展要求，以习近平新时代中国特色社会主义思想和习近平总书记关于教育和教师的重要论述为指导，围绕具体的培养目标，设置"重塑科学精神""探寻教育本质""聚焦教学实践""引领教育科研"和"追求创新发展"五个内容模块，为培养对象生成教育教学思想、解决教科研实践问题、培育科学创新能力提供适切的支持。

1. "重塑科学精神"模块

围绕科学精神、学科价值、教育使命三个主题设计内容，协助培养对象重塑科学精神、了解学科历史与前沿、担当教育使命，调动培养对象形成实事求是、开拓进取的科学观，以及对学科体系的深刻理解和追求，形成将学科教学与国家未来发展相结合的教育使命。

2. "探寻教育本质"模块

围绕全球教育视野、理科学养和人文素养三个主题设计相关内容，引导培养对象对中外教育思潮、教育名家思想的研习和教育教学改革热点与趋势进行反思，加强对科学实证主义及现代科学教育相关理论学说的认识，广泛涉猎哲学、文化、历史与艺术等诸多领域，为其深刻的反思教学实践和生成教育思想格奠定知识基础，最终实现教育思想系统化提炼和传播。

3. "聚焦教学实践"模块

围绕教学艺术、优化课堂和科学实验主题设计的相关内容，引导培养对象深度剖析教育教学难点，对话理论与实践的分歧、分析教学创新的成功案例，展开优化课堂教学的行动，并跟岗国内名师、名校，以"知行合一"的形式推进"转识成智""变技为艺"的过程。

4. "引领教育科研"模块

以实践为导向，围绕科研运用、科研指导、成果凝练三个主题设计相关内容，用于化解有关确定研究问题、设计研究方案、选择研究方法和总结研究成果等方面的问题，并重点提升培养对象在论文撰写与经验成果提炼方面的能力，以卓越的科研领导力，带领工作室成员开展课题研究，将科研知识与经验辐射出去，支持更多学校与更多教师向"研究型"教师转型。

5. "追求创新发展"模块

围绕跨界思维、教育科技和教育领导三个主题设计相关内容，协助培养对象掌握全球教育科技前沿，了解新兴交叉学科发展，理解教师教育领导力内涵、特征及其规律的运用，践行教育家型教师的领导角色，并能形成跨界思维和跨学科思维，大世界、大眼光、多角度、多视野地看待教育实践问题和提出解决方案，实现教师"解放思想、改革创新、创新驱动、科学发展"的专业发展之路。

（三）培养模式与方法

1. 培训模式

围绕"践行科学精神，培育粤派教育名家"培养主题，在培养模式与方式上坚持做到"五阶段五结合"。"五阶段"即每年度的培训都包含"集中脱产研修""岗位行动研究""异地考察交流""示范引领带教"与"课题合作研究"五个阶段。具体安排根据各年度的不同目标以及各阶段课程与活动特点而各有侧重，总体的设计思路与各阶段安排可参见表7-7。

表7-7 "五阶段五结合"各年度安排

年度主题	内容模式				
	集中脱产研修	岗位行动研究	异地考察交流	示范引领带教	课题合作研究
第一年度（56天）集中反思凝练	多元视角，反思自我：以认识的深化、理论的研习、问题研讨等深化学员对自我的觉知、对未来发展方向的把握	问题诊断，入校指导：以"学科团队与专家"的"集体智慧"协助学员找问题、找方向、找出路（学员与实践导师所在学校）	现场追踪，走进名师：异地体验学习互动，实地感知名师特色与成长经历，认识教师与学校发展的一致性（地点：省外）	率先垂范，名师领导力：组建个人工作室，确定青年教师培养计划；以"粤派名师讲堂"系列活动分享成果	教研一体，释放潜力：深化"科研"认识和对其价值的体认，解决以往科研中的问题，拟定课题合作研究方案
第二年度（56天）岗位行动研究	开拓视野，融会贯通：以不同学科知识将学员引入文化殿堂，体验文化化育一切的魅力，汲取改进本学科教学的养分	集体智慧，释放课堂活力：围绕教得巧妙、教得有效、教出美感、教出个性开展课堂教学研修（学员与实践导师所在学校）	文化纪行，博闻强识：赴芬兰访学，学习芬兰教育的理念及特色，感知中西方教育的殊同（地点：芬兰）	教师风采，全面领跑：个人的市级公开课；学科基地集体成果展示；通过"粤派名师讲堂"系列活动展示成果	共同推进，适切引导：专家团队定期组织课题交流活动，并进行个性化的跟踪指导
第三年度（56天）总结示范升华	总结升华，高峰对话：举办基础教育高峰论坛，对话国内外知名专家	适时调整，满足现实需要：根据学员发展状况与具体的需求，对工作室培养活动安排做出灵活调整	智慧碰撞，持续发展：以组织"教育高峰论坛"、走访省外培养基地，拓宽交流渠道，在互动中升华	群英荟萃，特色展评：开展系列教育家教育思想交流活动	精益求精，反复修订：导师协助学员提炼总结并策划出版研修成果

2. 培训方法

在培养方式的设计思路上坚持做到五个结合。

一是理论研修与行动研究相结合。既要提高培养对象教育教学理论水平，又要与教育教学实践工作紧密结合，做到学以致用。

二是导师引领与个人研修相结合。为每位培养对象配备导师，导师在培养全过程中加强对培养对象的指导、教学和示范。

三是脱产学习与岗位研修相结合。培养对象既要集中到培养院校进行短期脱产培训，也要在平时教育教学岗位上进行在职学习、反思、总结和提高。

四是国内学习与海外研修相结合。培养院校有针对性地组织培养对象到国内外进行考察学习。

五是研修提升与示范辐射相结合。培养对象通过参加培养工程实现个人专业发展和在当地发挥示范引领、带动其他教师共同成长的积极作用。

本培训的主要培养方式描述如表 7-8 所示。

表 7-8　培训的主要培养方式

网络自主研修	在导师团的指导下，培养对象自主研修专业知识、专业理念、专业素养、专业能力等网络课程，梳理专业知识体系，完善知识储量
学科小组研修	学科小组将形成学习共同体，通过同课异构、问题澄清与诊断、特色因子梳理等方式在三年的研修中互相督促，共同提升
教育名家讲坛	邀请国内外"教育家""理科名师""教授学者"等知名人物进行现场讲座，让学员感知名家风采，打开视野格局，领悟教育力量
跨界名企参访	走进科技企业现场参访，包括现代化生物科技公司、教育科技公司、人工智能等科技公司，了解学科前沿，体验跨学科综合应用场景，感受科技魅力
教学实操实训	导师团下校进行指导与评价，情景模拟、模型假说、科学探究，持续追踪与反馈，提高理科教师的教学实操能力
导师现场教学	每位学员配备三位导师，导师团下校入室进行常规课和实验课的课堂诊断、听评课指导，通过学科互助、同课异构、教学评价与反馈等方式进行现场教学指导
专家对话助产	采用苏格拉底的"产婆术"方法，专家通过不断提出问题、助产、归纳提炼等步骤，促使学员深度提炼总结自己的教育思想

续表 7-8

省外跟岗研修	按学科分组，走访省外名师工作室、教师培训基地，使学科特色与教学思想融为一体，在同行互动交流中升华，进一步提升教科研水平，提炼教育思想
境外学习交流	交流方式如专题讲座、著名高校参访、中小学校参访、影子学习、教育论坛、访问学区总部、观摩学区董事会议、华人家长座谈会、当地教育行政官员座谈会等
课题行动研究	在导师团的指导下，选题与开题指导、实证探究和实施课题行动研究，定期进行个性化的跟踪指导
示范引领辐射	按照考核要求，组建工作室，指导青年教师，积极开展公开课、送教下乡、基层调研、成果展示等，发挥示范辐射和引领作用
粤派教育论坛	举办粤派教育等基础教育改革与名师高峰论坛，总结升华，高峰对话国内外知名教育专家，为粤派教育立行立言

（四）考核评价

培养单位将帮助培养对象系统总结教育、教学、办学实践经验，凝练提升教育思想，有计划地组织培养对象出版一批具有较高水平的理论和实践创新成果。

培养对象考核分年度考核和期满考核。年度考核在培养期内年度结束时进行，年度考核结果分为合格和不合格两种。其中，年度考核不合格的培养对象，自动退出培养项目，不再进行后续培养。期满考核在培养期结束时进行，考核结果分为优秀、合格、不合格三种；期满考核优秀的培养对象，省教育厅直接认定为省级名教师、名校长或名班主任工作室主持人；期满考核合格的培养对象，在省级中小学教师人才项目评选、中小学正高级教师评审、特级教师评选等工作时，同等条件下优先考虑；期满考核不合格的培养对象，不予颁发培养结业证书。

培养对象在培养期间有下列情况之一者，直接取消培养资格。①有违反师德或违纪违法行为，或有其他行为造成社会严重不良影响者；②年度考核不合格者；③不担任校长职务的名校长培养对象，或不担任班主任的名班主任培养对象；④从粤东、粤西、粤北地区调往珠三角地区的培养对象，或从农村学校、薄弱学校调往城镇学校的培养对象；⑤年度缺席 1/3 以上集中培养或实践指导阶段课时者，或者有其他不能完成培养任务的情形；⑥调入教育行政部门或调离教育行业者。

1. 考评原则

考核评价采用培养对象自评与培养对象所在单位、培养机构综合评价相结合的方式进行。以注重实效、促进发展为原则，依据培养方案进行中期和终期考核工作，对培养对象各方面发展状况进行全面考核。

2. 考评内容

考评内容主要包括发展目标的设计情况、发展目标的实现过程、发展目标的完成情况。中期考核重在发展目标的设计情况与发展目标的实现过程。终期考核重在发展目标的完成情况。具体的考核内容与评价细项等可参见表7-9。

3. 考核形式与手段

年度考核和期满考核相结合，量化指标和质性指标相结合，做到"高门槛，高评价"。培养方案是评估的重要依据，培养对象每年度要撰写一篇研修经验总结（或个人发展状况总结报告）进行自评；培养对象单位要对其工作业绩进行年度考核，并将考评结果及时通报培养机构；培养机构重点做好期中考核和终期考核工作，对其各方面发展状况进行全面跟踪与考核。

4. 结业任务

（1）培养对象准备一节精品常规课课例视频。要求：能够体现自己的教学思想，本人阐述自己的教学思想，5~6分钟；一节课例，40~45分钟。

（2）培养对象准备一节精品特色课课例视频。要求：能够反映学生探究实践过程，本人阐述教学设计，5~6分钟；一节课例，40~45分钟。

（3）培养对象准备一篇"我的教育思想"案例。要求：通过教育反思与实践，表达自己的教育观点、叙说学生的成长案例、提供典型的课堂实例、反思自己的教育实践，30000字左右。

（4）培养对象准备一份课题研究报告或课题申报书。培训3年期间已经完成地市以上（含地市级）科研课题的，提供结题报告；未完成研究任务的，或者正在申报过程中的，提供课题申报书。

（5）培养对象准备一个传播自己教育思想的教育网站或公众号。提供网站栏目内容和网址链接。

表 7-9 评价考核标准

一级指标	二级指标	具体内容
发展目标设计情况（10%）	目标制定情况（5%）	发展目标与各学年研修计划之间的对应性
		学年发展目标的科学性、清晰性与可行性（要突出个人教育思想、教育理念、教学艺术，强化对优化课堂教学、实验教学、课题研究、示范引领带学等关键要素的设计）
	具体举措（5%）	重要研修举措的可操作性
		学年研修计划之间的连续性与发展性
		问题排查及改进措施的针对性（"问题"以前一学年研修工作总结中的表述为基础）
发展目标实现过程（60%）	培训参与情况（20%）	不缺席、不迟到
		按培养活动要求提交相关案例、文章与资料等
		积极参与研讨、主动承担交流研讨任务
	研修计划落实情况（20%）	课堂教学研修（基地研修课程的参与情况、任务落实情况与完成质量）
		课题设计与实施（方案设计、工具开发、过程经验总结与资料累计、结题报告等，根据课题研究展开过程选择相应指标评价）
		示范辐射情况：每年至少2次市（地）以上公开课，至少1次专题讲座
		业余阅读情况：每年至少2篇读书笔记
	示范带学情况（20%）	带教情况：成立校级以上工作室（成员5人以上），带动所在学校及本地区教师队伍整体素质的提高，培养期间指导县域内的青年教师5人以上，所指导的教师为县级骨干教师
		基层调研（每学年至少1次）
		送教下乡（每学年不少于6节）

续表 7-9

一级指标	二级指标	具体内容
发展目标完成情况（30%）	结业任务完成情况（10%）	一节精品常规课课例视频、一节精品实验课例视频、一篇"我的教育思想"案例、一份课题研究报告、一个传播教育思想的网络平台
	教学艺术与科学素养（10%）	课堂展示活动后由培养机构专家进行认证
	研究论文/著的发表（10%）	聚焦教育教学实践问题，形成有价值的高水平教研论文2篇或专著1部
增值项目（20%）	教师自设目标（10%）	学员结合个人意向，依据实际想要突破的难点、热点与关键点自行设立
	社会影响力（10%）	研修成果影响范围，参考学员受邀参加省内外讲学活动、专业领域内获取的相关荣誉与奖项等予以评定

（五）特色创新

培训的特色创新如图 7-5 所示。

图 7-5　培训的特色创新

1. 培训理念：高举"科学+教育"的思想旗帜

以科学精神、科学素养、科学本质与教育本质的深刻理解促进深度学习。

2. 培训对象：打造"1+3+N"成长共同体

一人一案、3位导师、学科小组同伴、合作探究、同行示范引领。

3. 培训方式：融合线上线下，俯瞰教育内外

互联网教学与集中培训相结合，国内外培养，跨界思维，开拓创新。

4. 培训亮点：实抓教学科研，强调实操实训

基于岗位胜任力，就教学、实验、科研等方面进行行为导向式培训。

5. 培训机制：国内外资源联动，聚力合作共赢

充分发挥国内外文化教育资源，联动粤港澳就近优势，联合培养。

6. 预期成果

（1）第一年目标与成果。以"审视教育实践，发出教育之问"为目标，为每1位学员配备3位导师，帮助培养对象以求真务实的科学精神，审视自身教育实践，探寻科学本质和学科价值，了解教育经典哲学思想，并提出基于实践的教育问题与思考。通过培训课程与活动夯实专业功底，提升理性思维水平，形成个人发展的系统规划与课题研究的基本设想。学员任务驱动下的目标成果如下：①完成网络研修和集中研修；②研读导师推荐经典书目（包括教育哲学、科学、人文、学科经典书目等）；③在导师指导下，拟定个人发展规划和课题研究方案（即行动研究计划）；④建立个人微信公众号或网站；⑤撰写1篇名企参访心得报告；⑥撰写2篇经典读书心得（科学和教育经典书籍各1本）；⑦完成示范辐射年度任务；⑧撰写"我的教育反思"（1万字以上）；⑨撰写第一年度研修经验总结与个人发展状况报告。

（2）第二年目标与成果。以"深化教学改革，坚持科研引领"为目标，3位导师下校进课堂、现场指导教学为主要手段，协助培养对象践行教育理论、改进课堂教学和实验教学、实施课题行动研究，以课题研究为驱动，在凝练和践行自己的教育思想过程中，再一次理性追问：自己的教育思想是否经得起时间的考验？是否科学有效？自己的教育改革试验能否成功？不断在反思与实践中实现螺旋式上升。学员任务驱动下目标成果如下：①完成网络研修和集中研修；②继续研读导师推荐经典书目（包括教育哲学、科学、人文、学科经典书目等）；③撰写1篇省外研修报告；④撰写1篇课堂教学诊断报告；⑤提交1节精品常规课和1节科学实验课课例视频和教学反思；⑥撰写课题研究中期报告；⑦提交"我的教育实践"案例报告（1万字以上）；⑧完成示范辐射年度任务；⑨撰写第二年度的研修经验总结与个人发展状况报告。

（3）第三年目标与成果。以"分享实践智慧，传播粤派教育思想"为目标，组织"粤派教育"系列的交流与分享研讨活动，如"我的教育思想"教学观摩交流、"我的教育思想"演讲答辩推广活动、"我的教育思想"课题结题活动等基础教育改革与名师高峰论坛。支持培养对象积极展开示范带学、专题报告、送教下乡等传帮带活动，传播教学主张和教育思想，在互帮、互助、互促、互学中携手进步、共同发展，形成持续发展的新基点。学员任务驱动下的目标成果如下：①完成网络研修和集中研修；②参与粤派教育高峰论坛，发表"我的教育思想"主旨演讲；③组织"我的教育思想"教学观摩交流活动；④完成示范辐射年度任务；⑤撰写课题研究终期报告；⑥发表高水平教研论文2篇或专著1部；⑦形成《我的粤派教育思想》（3万字以上），并在专家指导下反复修改，达到出版要求；⑧撰写3年研修总结与个人未来发展报告。

第八章　班主任培训

班级是学校最小的行政管理机构，是执行和落实学校教育教学理念、目标，并具体完成学校工作计划和要求的基本单元。它要在教育理想和目标的指引下，将学生的"现实状态"和"目标状态"对接起来，并探寻从"起点"到"终点"的恰当方式，而班主任将与学生一起经历这个过程，并在该过程中，起到指导、管理、鞭策和陪伴等作用。不管从哪个角度来说，班主任都是学校最核心、最关键的重要职务之一。班主任的工作态度和业务能力，在很大程度上影响着学校教育理念的实现和培养目标的达成，并在很大程度上决定着学校教育教学的实践方式、路径和效能。

学校要发展，就不可能忽视对班主任的培养。任何成熟的学校，都会在班主任的入门、成长和卓越发展的道路上，做好培训和培养工作。毋庸置疑，处于不同发展阶段的班主任，其发展的内容、方式和途径是不同的，所以在班主任培训上，要对班主任进行分类，依据班主任的阶段特点，探索不同的培训课程和培训方法。

第一节　新任班主任培训

一、新任班主任培训概述

班主任工作需要构建"个人磁场"和"制度环境"，全方位地去影响和导向学生的学习和发展。因此，班主任培训要完善和发展教师的"个人品质"，促进其"知""情""意"的丰富和发展，通过落实"行"而促进个人磁场的外放，形成学生成长环境的秩序。教师要做到知行合一、情行相融、意行相符，其意愿才能转化为学生真实的品质和能力。

（一）新任班主任阶段特征

新任班主任指的是缺乏班主任经历，对班主任工作缺乏系统认知的教师。他们的特点是，不明确班级管理内容、流程和方法，对班级建设和发展缺乏目标定位和标准，对自己组织和管理能力缺乏准确认知，难以把握与学生沟通交流的方式和尺度，对班级管理中常见问题处理缺乏经验，对工作缺乏预见性和规避意识。

（二）新班主任培训目标和方式

新任班主任培训，是零起点培训。培训要从"知""情""意"入手，在知识结构、思想认识、情感态度、价值判断等方面对其进行指引、激发和强化。新任班主任"知""情""意"的培训，有其阶段性的特点，总的来说，就是注重"起步"，面向"高远"。

1. 知：掌握业务内容、业务规范和要求

对新任班主任的培训，要特别注重班主任职责、业务内容、业务规范和要求的培训。该阶段，我们不追求卓越，而是追求基本合格和胜任，至少在常规工作上，能做到中规中矩，能顺利执行学校交代的任务。为此，对"知"的培训，包含四个方面的内容和途径：一是要指导教师学习相关理论，了解班级管理和建设的方向和方法；二是让教师熟悉业务基本内容、基本规范，知道要"做什么"和"怎么做"；三是提供"范式"和"案例"，从事实中学习管理方法和策略；四是强化实践反思，不断总结和升华经验。因此，新任班主任培训要构建好学习的平台，提供适切的学习资料或学习指引，在学校管理模式和制度框架下，通过岗位实践对新任班主任进行培训和培养。

2. 情：激发责任与情怀，让爱和奉献成为习惯

新任班主任培训，一方面要为教师提供足够的外在助力和约束力，另一方面要在实践中引导教师去发现、思考、总结及自建。在熟悉班主任的具体业务及业务规范、标准的同时，要激发新任班主任的教育理想和情怀。教育不是简单的交接仪式，也不是简单的散播道理和真理，而是要走进学生内心，从内而外地去影响和改变学生的品质和素养。因此，如何走进学生的内心世界，并有所作为，就需要有情感的植入和培养。情感是一种从心里散发的热量，是难以伪装的，是直觉可以直接判断且历久弥新的一种力量。这力量的根源一定是教师对职业的热爱和追求，是教师初始选择教师职业的理由和决心。培训时，要引导教师回顾初心，展望未来，强化和坚定教师的职业初心，只有这样，职业发展才能如有根之木、有源之水，才能得以继往开来。

3. 意：有"诗和远方"的追求和执着

如果"情"是一种情感驱动力的话，"意"则是一种价值驱动力。意包

含三层意思：一是教师的期望。教师希望培养出什么样的人，教师对人的完美性有自己的期待。二是学生的意愿。学生希望自己成为什么样的人，学生对"理想的人"有自己的判断和追求。三是国家的意志。国家希望学校培养什么样的人，国家对合格公民和人才有实质上的需求。所以，教育就是要在三者的期望中，找到合理的定位，让人的发展既符合国家需求，又契合个人意愿，还能跟随时代步伐，培养出对社会有用的人。因此，新任班主任培训，就需要让教师明白国家的期望，了解国家发展的形势和态势，合理定位"合格公民"和"人才"。还要学会与学生沟通与交流，了解学生的发展意愿和需求，同时对其进行指导，让三者意愿归于一致，教育就有了共同的目标。回答了"培养什么样的人""怎么培养人"和"为谁培养人"三个问题，班主任工作也就有了方向、方法，也就有了意义和价值。

二、新班主任培训课程设置

新任班主任培训，要面面俱到，更要分阶段聚焦；要针对教师的阶段性特点，分阶段规划培训课程，既要解决燃眉之急，又要有长远的发展计划。结合新班主任特点，新班主任培训课程做了如下设计。（见表 8-1）

表 8-1　新班主任培训课程设计

阶段	课程内容	目的
第一阶段 （入职前后 1 个月）	①跟岗学习（入职前，跟岗学习一段时间）； ②师德师风、学生日常规范及惩戒规则专题培训； ③班级管理基本内容、程序和方法； ④班委的组建和培养； ⑤班级管理制度的建设和实施； ⑥与学生沟通的技巧与尺度； ⑦基本心理常识及心理辅导	岗位适应性培训 岗位职责培训 岗位基本业务培训
第二阶段 （入职后 1～8 个月）	①师徒结对，以老带新； ②阶段性专题培训（针对问题或实际需要）； ③有关班级管理的书籍阅读和学习； ④案例记录、反思和总结； ⑤定期的班主任工作交流会； ⑥班主任技能比赛； ⑦基于学生反馈的修正和调整	岗位实践培养及自我修养

续表 8-1

阶段	课程内容	目的
第三阶段 （入职后 9～12个月）	①阶段总结和反思； ②班主任管理理论和实践培训； ③班主任发展规划； ④跟岗学习	反思和自觉发展

班主任第一阶段的培训注重岗位适应性培训、职责培训和重点技能培训，是为了让新班主任快速进入角色，能胜任班主任的基本工作。该阶段新班主任的特点是，要么对班级管理一无所知，要么只是零碎零散及表面上的了解，对班主任具体要做什么、怎么做一知半解、似是而非，他们很难做到有目的、有规划、有方法、有策略地进行班级管理和建设。因此，该阶段的培训以熟悉班主任业务为主，让班主任对班级管理工作有整体上的认知，能准确把握住其中最重要、最核心的工作内容和工作方法。

第二阶段的培训是基于实践及实践反思的培养。新班主任的各种不足会在工作实践中显现出来，为能有效完成阶段学校教育要求，学校需要依据实际情况对教师存在的问题，有针对性地开展主题培训，以更好地解决客观问题，促进班主任业务成长。该阶段，要以同伴互助为重心，充分利用老班主任的经验资源，通过搭建班主任沟通与交流平台，分析、分享具体的案例和宝贵的经验，让新班主任在学习、借鉴和反思中不断改进和完善班主任工作，从而获得成长。

第三阶段的培训是承前启后、继往开来。班主任成长需要外在的助力，也需要有内在的动力。这个阶段要激发教师回归初心，从情怀和价值角度驱动教师对班主任工作有更高远、更卓越的目标和追求。为此，后期的培训要引导教师对自己的职业发展做更明确和长远的规划，为教师的发展提供更多理论上的指导和方向上的指引，同时要定期实行跟岗学习，让理论和实践在优秀班主任的带领下，深度融合，转化为班主任的管理技术、智慧和艺术。

三、新任班主任培训实践案例及反思

（一）师德师风培训

党的十八大报告指出，学校要"把立德树人作为教育的根本任务，培养德智体美全面发展的社会主义建设者和接班人"。树人以立德为先，立德以立师德为始，进而培养学生之德。作为学生最为紧密的教育者和管理者——班主任，其德行对学生有深刻的影响，班主任的一言一行都在潜移默化地影响着学生。因此，班主任的"立德"就显得尤为重要，它不仅仅是班主任的自身修养，也是重要的教育力量、教育资源，它润化和保障着教育输出的方式与效能，能产生巨大的附加价值。

师风师德培训重点在导而不在训。导就是要做好班主任的思想建设，提高觉悟，激发教育情怀，培养教育耐心和温情，同时要加强制度和纪律约束。培训的目的不仅仅是要让师德"内化于心，外化于行"，更是要让师风有严谨的外在激发和约束机制。培养师德师风的方式有很多，如政策宣讲、制度规定、价值倡导、案例示范、意义反思等。事实证明，以职务权威为基础的规定、指示和要求，一般很难让班主任接受，即使班主任按要求执行了"规定动作"，也会因为缺乏用心而丧失刻度和温度，从而使"规定动作"丧失其应有的教育功能。因此，师风师德培训，更多地要站在同等位置，进行具体而不夸张的培训。培训中，要有理论指导，但不直接传达理念和要求，而是通过具体事例的阐述和经历，引导教师自己去感受和发现师德的存在、师德的必要性和应然性，从而有感而发，自觉践行。

案例1：一次传承、接力和发展的师德培训。（见表8-2）

表8-2 一次传承、接力和发展的师德培训

环节	培训方式和内容	培训者/学员任务
环节一	展播本地2～3位优秀班主任的工作事迹	学员记录最让自己感动或最值得自己效仿的3点内容，并阐述理由
	学员记录展示	培训者汇集学员的发言，做好归纳和总结，并指明事迹背后所蕴含的师德内容和价值
环节二	回顾经历，反思师德表现和意义	学员回顾自己遇到过的班主任，记录最让自己印象深刻的3点内容，回忆自己的感受以及对自己的影响
	学员展示，培训者点评、引导	培训者总结学员发言，将具有积极意义的事迹、感受汇集在一起，从根源上挖掘师德痕迹及师德表达的恰当方式。将具有负面意义的事件进行归类，阐述师德缺失或失范会造成何种不良影响。最后总结出班主任"立德"的必要性及其具有的意义和价值

续表 8-2

环节	培训方式和内容	培训者/学员任务
环节三	内省和效仿，明确"立德树人"应如何作为	学员结合前面大家的分享，自己的经历、感悟，拟定班主任的工作目标和方式。坚定并明确班主任"何以为"及"以何为"，才能无愧人生导师之责
	学员展示，培训者点评和引导	培训者通过解读学员展示的内容，总结班主任工作的基本出发点，强调班主任工作要先立己德，再树他德。班主任工作以德为基、以爱为梁，教会学生做人做事，教会学生学习和发展

师德培训要破除说教的形式，摆脱教师"被要求""被规定"的感受。在上述培训中，教师参与积极，乐于分享自己对班主任的认知和感受，在分享、讨论和反思中，不断融入自己的思想和创意，不断继承和发展班主任的优良作风。我们可以看到，"德"是班主任不可或缺的品质，但德不是无源之水，也不是强行摆放的标尺，它源于爱，源于情怀，也源于责任。因此，师德培训需要激发教师内在的需求和担当，才能让师德行为成为教师自律、自觉的行为。班主任师德培训，有如下四点需要培训者关注。

(1) 师德培训要激发教师内外需求上的呼应，而不是只提供外在的规范和压力。师德培训不能站在权力位置或者教师的对立面，颐指气使地要求教师应该这样或那样，没有得到教师内心的认可，它就不会被教师所接受，更不会转化为真实有效的行为。

(2) 师德培训要"以小见大"，不一定要高屋建瓴。师德是高尚的，但不能无限拔高，令其显得"高大上"而不接地气。师德的内涵和践行，从来不是神乎其技，而是体现在平常的琐碎之事中。培训要善于从日常点滴的事情中，发现和展示师德的平常和真实，让教师获得最真实的感动，从而激发教师积极效仿和坚持。

(3) 师德培训不能只是外部给予，更需要进行内部挖掘。师德榜样不可或缺，但太过遥远的榜样，一般不如身边的榜样那么具有说服力。此外，培训要引导教师进行自我反思，从自己身上挖掘优秀和不凡之处，只有将榜样的优秀与自己的优秀有机融合，师德规范才更容易建立起来，更容易践行，更容易产生效能。如果培训总是抱着试图全面打破、全面重建教师的师德体系的美好愿景，往往都只是一厢情愿，而难以在现实中实现。

(4) 师德是一个养成过程，需要在工作实践中慢慢养成。师德的价值彰显在教育教学的每个环节、每件小事之中,而不是单独存在的。其价值的显现,也不是马上立竿见影的,而是需要一个潜移默化的过程。如果只想通过一次或数次的培训就完成师德的建设,那是不可能的。师德建设需要将师德培训和平时的培养结合起来,通过各细枝末节的事件,通过校风或文化建设,不断加以完善和发展。

(二) 班主任工作内容及程序培训

班主任工作有一定的难度和复杂性,它涉及教师教学及生活上的指导和管理,涉及学生的身心健康及其生涯规划等,每一项内容都存在太多的变量,诸多不可控因素会让事件的处理变得复杂而多变。况且,我们面对的学生,是未来社会的生活者和家国建设者,这就要求学校的教育和管理不能只关注眼前事,更要关注未来事。只有将未来的期望和当前的问题结合起来,才能将当前的一件件小事转化为学生成长的食粮及面向未来教育的契机。这就要求班主任对班级管理有整体上的认知,并能高屋建瓴,对学生进行正确的教育与引导。事实证明,如果班主任对班主任工作缺乏整体上的认知,他最多只能中规中矩地完成固定的常规工作;而对一些突发事件,则难以恰当、有效地处理,更别说进行前瞻性的指导了。因此,对新任班主任进行常规工作培训是非常必要的。一般情况下,常规工作培训要做好以下三点。

1. 了解工作对象阶段特征,明确工作的基本方向和思路

不同学段的班级管理会遇到不同的事情。这是因为,不同学段的学生处于不同的发育和发展阶段,学生在各个阶段有不同的思想、性格和行为,这就要求教师在处理问题时,必须考虑学生的阶段特征,因时而异、因地制宜地处理问题,这样才能有理想的效果。

案例2:学生阶段特征与班级管理的方法和策略。学员依据自己的任教学段,按要求填写表8-3。

表8-3 学生阶段特征与班级管理的方法和策略

阶段	阶段特征(生理特征、心理特征、学习特征、交往特征等)	常见问题	班级管理方法和策略
幼儿园			
小学低年级			

续表 8-3

阶段	阶段特征（生理特征、心理特征、学习特征、交往特征等）	常见问题	班级管理方法和策略
小学高年级			
初中学段			
高中学段			

了解学生的阶段特征，是为了让班主任对学生的教育和管理符合学生所处的阶段特点，而不是用成人的视角和成人的方式去处理教育中遇到的问题。分析不同阶段学生的特点，就可以理解该阶段的学生为什么经常发生这样或那样的问题，问题的共性和根源在哪里，应采用什么方法去处理。也就是说，看待和分析学生问题时，要充分考虑学生的阶段特点，不能觉得事情微小幼稚而轻视或忽视，也不能将成人的想法想当然地用在学生的身上，轻易将学生阅历不足、自律力不强、理性思维不够而导致的习惯问题、情绪问题、交往问题归结为学生的劣根性，而对学生的思想和品性作出负面的判断和评价，这都是不利于学生健康成长的。

2. 做好学生的阶段发展规划，明确阶段任务和目标

班级管理除了要处理学生的问题，更重要的是要恰如其分地对其进行教育和引导，让学生获得最佳的发展。然而，各个阶段的学生学习的任务和发展的方向是不同的，班主任要抓住根本问题，不能被细枝末节的琐碎事情牵制，而忽视了教育的大方向和核心任务。同时，班主任必须明确班级教育和管理的方向和目标，任何事情都必须围绕着这个根本而展开。

案例3：班级教育和管理的目标定位。学员依据自己任教年级，拟定班级教育和管理目标。（见表8-4）

表 8-4 班级教育和管理的目标定位

学年目标		
学期目标		
学期小阶段	班级管理目标	班级管理措施和要求

续表 8-4

学年目标		
第一阶段 （学期前 1 个月）		
第二阶段 （学期中间时段）		
第三阶段 （学期末 1 个月）		

班级管理要知道做什么和怎么做，必须先明确我们要培养什么样的人，当前我们培养的对象处于什么状态，有什么特点，离我们培养目标还有哪些差距。只有明确起点，准确定位终点，才能在问题的"起点"和"终点"间找到适宜的路径和方法，也不会因事情琐碎繁杂而迷失自己的教育方向。

3. 明确每天的工作内容，明确班主任工作的常规和细节

有了前面大方向的把握，在班级教育和管理上，全程就有统一的思路和方法。但这些好的思路和方法，最终还是要逐点逐滴地落实到每天的各种班级事项中。对于新任班主任，在大方向、大框架的指引下，还需明确每天要做什么。

案例 4：班级管理每天事项梳理。学员依据经验，拟定班主任一天的工作内容和要求。（见表 8-5）

表 8-5 班级管理每天事项梳理

时间		工作内容	注意事项
上午	起床		
	早餐		
	早读		
	早操		
	课堂		
	课间		
	眼保健操		
	放学前		

续表 8-5

时间		工作内容	注意事项
中午	午餐		
	午休		
下午	起床		
	课堂		
	课间		
	课外活动		
晚上	晚餐		
	晚修		
	晚修放学		
	晚睡		

让新任班主任了解一天的工作内容是非常必要的，只有知道一天的某一时间段要做什么、怎么做、主要解决的问题是什么，班主任工作起来才能有条不紊，才能做到在关键时期不缺位、不错位。培训时，还可对不同时期的一天进行讨论，如开学第一天、放假前一天、考试中的一天、期末结束的前一天等，因为特殊的日子总会有特殊的事情需要强调和处理。班主任要明白不同时期的教育内容和方法，只有抓住不同时期学生的特点，不同时期的关键事项，班主任才能把握好教育的契机，处理好特殊时期的特殊问题。

(三) 班级管理制度的建设与实施

班级管理需要人盯人，但又不能全依赖人盯人。班级要有序运作，需要制度的约束和规范。班级制度将《中小学生日常行为规范》进一步细化到具体的行为，包含纪律行为、学习行为、品德行为、交往行为等。只有将学生的行为全面而细致地纳入系统管理，才能全方位地指导、约束和管理学生的学习和生活，才能让学生养成良好的行为习惯和品德操行。

制度建设要基于六个角度进行设计：一是要有指导性，要让学生明确各项行为的基本规范和要求；二是要有奖惩性，要对没能达到要求的学生进行适当的惩罚，对表现优异的学生进行奖励；三是要有建设性，要能推动班级建设向目标发展，有利于形成良好的、积极向上的班级氛围；四是要有统筹性，各项内容要围绕班级管理目标，兼顾德智体美劳教育，不仅规范学生，还规范教师，是班级所有人行为的基础；五是能量化，只有量化了，才能分清主次，才具有可比性；六是要有民主性，制度的建设和实施，需要所有班级成员的参与，只有参与才能达成共识，才能让所有人认可并践行。

案例5：班级制度建设培训。

班级制度是维系班级正常运转的基础，是督促班级形成良好班风、学风，推动班级建设向理想目标前进的动力，是学生优秀品格的提炼器，是教师管理理念和目标的具化。

环节一：请依据表格的提示，结合自己对班级管理和发展的目标，完成表8-6的填写。

表8-6 班级制度管理的项目、目标、内容和分值

制度管理项目	项目目标	项目包含的内容	项目总分值占比及各小点分值
基本行为（如衣着、举止、迟到、早退、请假等）			
学习行为（预习要求、课堂行为、作业规范、教师要求完成情况等）			
德行方面（遵纪守法、社会公德、与同学和老师的交流情况等）			
体能和个性发展（体育锻炼、兴趣爱好等）			
责任与义务（内务整理、包干区卫生、维持班级形象、争取班级荣誉等）			
业绩奖励（学业成绩优异、品德类获奖、各类活动和比赛获奖等）			

环节二：小组讨论和完善，并进行展示。培训者及学员一起梳理、优化。

填写该表格的意义，在于帮助新任班主任了解班级制度建设的内容、方法，指导其将班级的定性管理转化为半定量管理。这是因为，任何管理都需

要有目标,有了目标才会有方向,有了方向才会有方法。班级制度不仅是规范和约束,更重要的是教育和导向。因此,班级制度不是简单的条例,而是融合了学校的教育理念,融合了班主任的教育思想和情怀,是带有激励和期许的,是既有刻度又有温度的。

环节三:有了班级制度,就得考虑实施的问题了。班级管理并不是建立一个完善的制度就足够的,还需要建立好人与制度的互动关系。也就是说,要建立一个人与制度充分融合的管理机制和管理模式。

下面请学员将班主任、科任教师、班长、副班长、学习委员、团支部书记、体育委员、纪律委员、后勤委员、文艺委员、宣传委员、各学科代表、各学习小组组长等关系进行梳理,设计出自己理想的管理机构。(见表8-7)

表8-7 管理机构的框架、职责、功能和运行模式

管理机构框架	主要职责和功能	运行模式
总体机构框架:		
支机构框架1:		
支机构框架2:		
…………		

环节四:小组讨论、完善,并进行展示。培训者及学员一起梳理、优化。

表8-7的填写,是为了让新任班主任了解班级管理机制的建设和实施情况。班主任只有全面梳理清楚班级人员之间的关系,梳理清楚制度与人的关系,才能将自己的教育理想和管理理念贯彻执行下去,才能有条不紊地对各项负责的事项进行处理。

(四)班会活动的设计与实施

班会是班主任教育学生的重要阵地。通过聚焦学生实际问题的梳理、剖析及解决,给予学生以启示或警示,不仅可以提高学生的思想认识,还可以使学生有行为上的改变。所以,班会不是千篇一律的,需要因时、因地、因人的不同而有所不同,只有对学生的情况有全面的了解,掌握学生发展的规律,并善用稍纵即逝的教育契机,才能更好地开展好班会活动,才能及时巧妙地解决学生发展中的问题。有关班会活动的培训,就是要让新任班主任具备主题设计、主题开放和组织实施的基本能力。

案例6:班会活动设计与实施培训。

班会具有时效性。设计什么主题及如何实施,都需要对学生的阶段性特点及时期特点有准确的把握,只有这样,才能更好地有针对性地解决问题。

环节一:梳理和拟定一个学期的班会主题。(见表8-8)

表8-8 梳理和拟定一个学期的班会主题

时期	学生阶段特点	事务时段特征	班会主题
第一周			
第二周			
第三周			
……			

环节二:分享、交流,补充和完善班会主题设计。

该主题培训是要让新任班主任明白,班会不是随机的,而是具有一定的系统性的,要围绕学生发展存在的问题及学生不同时期的需要,有规划地开展班会。如初入学的前几周,班会就需要聚焦学生学习思想、心态和方法上的转变,要在制度、纪律和学法上多作指导。在传统节日期间,班会则要围绕节日的由来、意义及个人作为上引导学生关注、继承民族精神和优良传统。在临近放假时,班会则要多强调安全,强调对时间的规划和利用。对于处于青春期的女生,还要开展生理及心理教育,要教会女生自尊、自爱,以及如何更好地保护自己。可见,班会不是例行公事,不是简单重复,而是带有明确目的的,是为了解决学生实际问题,并为学生树立正确的"三观"、养成健全的人格、形成高尚的情操和品行服务的。班会可以说是学生成长过程中不可或缺的一部分,十几年的教育,上百次的班会,可视为学生成长的阶梯,在每个时期的关键时候,都能为学生指点迷津,指引学生如何正确地做人做事,更好地成人成才。

环节三:学员选择一个主题,做好班会教学设计。(见表 8-9)

表 8-9 班会主题设计

班会主题		
教育目的		
班会设计		
班会环节/活动内容和方式	聚焦的问题	关键性的结论/预期结果
环节一:		
环节二:		
环节三:		
……		

环节四:展示分享、交流讨论,完善班会的组织方式和实施方法。

班会的设计和实施与常规教学课堂并没有太多的不同,即班会同样要明确教育目的和目标,同样要进行学情分析,要考虑师生互动的内容和方式,同样要有诊断和评价,要有反思和总结。如果有时间,还要像磨课一样,对班会课进行预演和改进。只有经过精心设计和推演的班会,才会有趣、有序和精彩,才能让学生真正参与其中,并从中获得启示和发展。

(五) 与学生沟通的方式与尺度

教育是一种交流,没有交流就没有教育。因此,好的教育就需要有好的交流方式。对于新任班主任而言,如何与学生进行深度和有尺度的交流,是一件非常困难的事情。对新任班主任进行沟通交流方面的培训,有助于新任班主任更好地做好工作。

案例 7:如何与学生沟通与交流培训。

环节一:任选一个背景材料,设定与学生沟通交流的内容和方法。

交流材料一:学习问题是中学各类问题之首。据学校心理辅导室统计,学习问题在各类问题中占比 40% 左右。学习问题主要表现为学习焦虑、学习疲劳、厌学症、学习困难和考试焦虑等。如果您发现学生出现上述现象,你会如何与学生沟通，如何解决学生的问题？

交流材料二：早恋是一个普遍现象，很多学生因早恋而患得患失，情绪不稳，乃至荒废学业、为爱殉情等。如果您发现班里有早恋现象，您会如何与学生进行沟通，对其进行指导？

交流材料三：……

请按提示，填写表 8 – 10。

表 8 – 10　与学生沟通交流的现象分析与办法

现象分析	沟通交流办法
学生思想与行为分析： 问题严重性判断： 问题根源分析：	交流时机的选择： 交流地点和环境： 话题引出方式： 交流聚焦点： 与交流配套的管理操作：

环节二：展示沟通设计方案，或模拟谈话，让部分教师以学生的角度，去聆听与感受，判断师生交流的内容与方式是否易于被接受，是否能达成理想的效果。

环节三：比较自己预期与实际的效果，修改沟通内容和方式。学员做修改展示说明，阐述每个环节设定及修改的依据和理由。

环节四：专家对交流方案进行点评，提出改进意见。

沟通、交流是教育实施的基本途径。沟通必须以包容和引导为前提，以情感为抓手，以欣赏为原则。[①] 但沟通绝不是简单的聊天或谈话，而是为了解决学生遇到的实际问题，指导学生健康发展。既然是教育，就必须"深入人心"，产生思想动力，调动行为转变。新任班主任与学生沟通交流，要特别注意以下五点。

1. 沟通是双向的，不要沦为"我说你听"

沟通的目的是教育，而不是道理的灌输。沟通时，班主任要充分聆听学生的想法，理解学生的想法。不能因为学生存在问题就全盘否认学生的认识和感受，甚至否认学生。一个好的沟通方式，绝不是谁规定谁、谁否定谁，

---

① 刘宏玲：《如何与学生进行有效沟通》，见《中国教师报》2019 年 9 月 25 日 010 版。

而是两者的思想和做法相互比较,做出更合理的选择。

2. 沟通需要以情感为基础,是建立情感的重要方式

平时问候性的、关爱性的沟通,有助于建立良好的师生关系,这其实也在为将来的教育奠定坚实的情感基础。有了深厚的情感基础,沟通交流就不会流于表面,而是能够更深刻和准确地诊断和评估学生的问题,进而为学生找到更佳的解决办法。学生信任教师,就会更容易接受老师的意见,更易转化为实际行动。

3. 如果要进行一次深度的交流,请做好充足的准备

要对学生问题的本质及根源有深入的了解。任何问题的产生,都有其根源,有其形成的环境和因素,也有一个发展的过程。如果教师对这些缺乏了解,往往就会出现先入为主、断章取义的情况,师生则难以形成共鸣、达成共识,交流就难以深入,更别说准确把握教育契机和切入点了。

4. 交流沟通不是一次性的活动,而是需要有系统、长远的规划

一次交流不可能彻底解决问题,更不能解决所有的问题,而是需要一次接一次地不断深入和推进,通过一系列活动,才能实现教育的目的。因此,每次交流都需要建立相关的台账,记录交流的内容和达成的协议,为后续交流教育做好铺垫,使前后教育有必要的承接性、连续性和递进性。

5. 交流后续还要有配套的督促和监管

交流只是教育的一种方式,而不是全部。教育交流如果缺乏行动上的跟进和落实,就会沦为形式,难以产生理想的效果。交流往往会达成一个协定,指导学生做什么和怎么做,但如果后续没有配套的督促和监管,没有及时准确的评价,任何好的交流成果都会付诸东流。

四、培训反思

粤派教育要求班主任发展要做到有主见地自学、有自信的意志、有行动的实学。也就是说,班主任培训需要帮助教师在学习中不迷失自我,不走进单纯模仿的死胡同,做到"自觉""自悟""自信""自得"。

(一)"自觉"是专业发展的起点

自觉是认识自己,发现自己的个性和特长,明白自己内心的意愿和向往。班主任工作是一种表达性很强的工作,如何表达才能深入人心,才能具有强大的影响力和驱动性,需要教师找到合适的表达方式。所谓的合适表达,就是其表达的方式和途径深度契合教师个人的特点,是教师所擅长的。

如教师有丰富的人生阅历，就可以通过自己的所见、所闻、所思、所感、所悟来阐述和传达积极的人生态度；教师喜欢阅读，就可以推荐值得阅读的书目，利用书籍来传达自己的理念和建议；教师喜欢运动，就可以结合运动，教育学生养成健康的学习和生活方式，培养学生的毅力、信心、规则意识；等等。教师通过挖掘自己擅长的领域来传达学习、生活和发展的道理和意义，这远比干巴巴的说教更有效果。因此，新任班主任培训，就是要让教师找到与自己特点相吻合的表达方式，并努力将擅长的东西融入班级管理，成为管理表达的载体。这样，班主任工作就会更加得心应手，游刃有余。

（二）"自悟"是持续发展的基本途径

自悟是对自己和他人实践情况的总结和反思，并进一步思考如何完善和发展，以达成更好的效果。自悟具有继承性，也是发展性和创造性的一种活动。只有自悟才能实现个性化发展，才能在做事和做人上找到最佳的契合点，才能推陈出新，不断完善和发展现有的做法。所以，班主任培训要培养教师对实践思路、方法和策略进行细致的回味、展望和梳理，不断置身于其中，不断进行虚拟模拟或实践尝试，从而在认识上、操作上、方法上和策略上得到提升，避免陷入机械轮回的境地。事实证明，能坚持自悟的教师，其专业发展快且好，更能突破极限，走向卓越。

（三）"自信"是行稳致远的基本保障

自信是对自己的认可，是对自己所做事情的认可，是对自己对外交互方式、交互效率、交互价值的认可。自信的人往往能将所做的事情持之以恒，将事情做出更高的水平。所以，班主任培训需要让教师充分认识班主任工作的意义和价值，在明确自己的特长和优势的基础上，有意识地发挥和发展自己的长处，在自己胜任的领域感受自己存在的意义和价值，进而坚定不移地将班主任工作做得更好。

（四）"自得"是向上攀登的动力

我们经常说"因为努力才看到希望"，但事实上，是"因为看到希望才努力"。对班主任工作的热爱是教师为之倾心、为之努力的源泉，是因为在做班主任时，教师可以看到自己的价值，可以看到能做得更好的希望。所以，教师要学会在工作中找到成就感和满足感，并在实践中发现不足，发现可以变得更好的方向和方法，从而心甘情愿地付出，更乐此不疲地去完善和发展自己。

(五) 初心不改，方得始终

每位班主任的教育初心都是为了让学生全面发展、健康成长，都是为了让学生成人成才。但学校的评价体系往往会让新任班主任迷失方向，例如，为了评优评先，新任班主任可能会将精力聚焦在对标各类标准上，而忽视学生发展的感受和需要。一旦教师遗忘了教育的初衷，其班主任工作就会偏离方向，离自己的教育理想渐行渐远。人们常说，教师是一份良心工作，其实班主任工作也是如此，在这样物欲横流、利己主义盛行的社会背景下，保持一份初心，保持内心的定力，需要坚定的信念和崇高的理想。因此，新任班主任在入职之初，可以将自己的教育理想和追求明确地写下来，并时时温习、时时提醒自己，坚守初心，良心做事。只有保持初衷不改，才能保持内心的安定、安静和柔软，才能体会到教书育人的意义和趣味，才能气定神闲地、优雅地、问心无愧地当好人民教师，当好班主任。

第二节 骨干班主任培训

一、骨干班主任培训的理念

骨干班主任是班主任队伍中的主要部分和中坚力量，他们的素质直接影响班主任队伍的整体水平，是班主任系列培训中的重要培训群体。骨干班主任大多已有3～5年的班主任工作经历，对班级管理有自己的一套做法和有效经验。这些经验和做法能够在一定程度上提升班主任的工作效率，同时也极有可能会限制班主任的再成长。骨干班主任培训要看到学员自身的资源，也要帮助学员看到自己的心智模式，并激发他们想要进一步成长的内在动力。

（一）把学员看作培训资源

美国著名的认知派心理学家奥苏伯尔在其《教育心理学：认知论》一书中写道："假如让我把全部教育心理学仅仅归纳为一条原理的话，我将会说，影响学习的唯一的最重要的因素是学习者已经知道了什么。"

粤派教师培训秉承岭南心学传统和西方积极心理学思想，重视受教育对象的主体意识，培养骨干班主任群体，需要从关注受训学员的现有状态和已经拥有的能力及经验开始。培训者要摒弃过往单向知识灌输的培训理念，而要相信学员目前所拥有的实践性知识都是他们的重要资源，是学员进行"有主见地自学"，逐步成为粤派特色班主任的重要基础。

这些资源同时也有助于同伴间的学习和成长。培训通过情景创设建立起一个有支持力的场域，鼓励学员参与其中，并做出力所能及的贡献。一个案例的分享、一点真实的感受、一个角度的观点，汇聚起来就是一场场"头脑风暴"、情感盛宴。学员们不仅给出了自己已有的资源，还可以从中拿到自己没有又想要的资源。这种培训打破了原来以授课者为中心的单向传递学习模式，变成以学员为中心的多向传递学习，各方面的资源同时得到了有效整合。

（二）关注学员发现了什么

人的情感、信念、行为与事情的结果之间有着深刻的内在联系。如果没有情感的触动、信念的转变，人就只会重复旧的行为，得到旧的结果。我们看到，在一些培训课堂上，学员边听边批改作业、看电脑、玩手机，课堂气氛沉闷、低效，这些问题的根源不在学员身上，而是很多培训只是隔靴搔痒、水过鸭背，没有真正触动学员的情感，帮助学员发现自己的内在信念。

每个人都要对自己负责，改变也只能从内在开始。对自己固有模式的觉察是信念转变的开始。粤派教育培训提供的很多策略都是从情感、态度和信念入手的，帮助学员开展"有行动的实学"，从多个有别于以往的角度来体验和审视问题，如同照镜子般，令学员有所触动和启发。当学员能够觉察到自己的固有模式，他才有可能留意到其他人的不同模式，发现更多的可能性，自我超越才有可能发生。

（三）注重学员内在动力的激发

我们相信一次讲座乃至一套培训课程能带给学员的知识和技能是有限的。一项关于班主任胜任特征的研究指出，专业知识和技能只是班主任基准性的素质和特征，真正能将普通班主任和优秀班主任区分开来的是班主任个体的成就动机和创新思维。[1] 特别是成就动机，即一个人对于自己认为重要的有价值的工作乐意去做，并力求达到成功的内在动力。[2] 它主要包括责任

---

[1] 梁慧勤：《广州市白云区教学班主任胜任特征研究》，载《教育导刊》2010年第11期，第34页。

[2] 孙熠明：《动机心理学》，南京大学出版社1993年版，第210页。

感、上进心和教育信念这三项，是班主任精神世界的支柱。通过培训激发班主任的成就动机，促使其持续主动地寻求新的知识和技能，创造性地解决问题，这才是我们追求的高层次的培训效果。

让学员为自己的成长负起责任，建立"有自信的意志"，是粤派教师培训追求的最终目标。我们通过设计各种活动，帮助学员在现有状态的基础上找出自己新的学习需求，形成新的学习目标和计划，如同催化剂一般，快速唤醒并凝聚学员自主成长的内在动力。

二、骨干班主任培训的策略

（一）建立安全开放的课堂心理场域

场域理论是社会心理学的主要理论之一，我们所指的场域更侧重于培训课堂内，由培训者、培训情景和受训者相互作用而形成的一种相对稳定的心理环境。这种场域一旦形成，将直接影响场域内每一个人的意识和行为，对增强培训效果具有事半功倍的作用。

第一，采用主讲教师加助教团队的模式。不同的主讲教师负责不同模块内容的讲授，助教团在团长的带领下开展配合课程模块推进的各种活动。将所有学员分组，助教带领学员小组开展游戏、练习和小组建设等活动，配合主讲教师将各项任务落实到位。主讲教师会因不同的专题而不断变动，助教则一直陪伴学员学习，支持并见证他们的成长。主讲教师、助教与学员之间组成多向的信息传递途径，形成一个既有安全感，又有助于开放、合作的场域，让所有成员可以参与其中，获得成长。

第二，以班组建设贯穿整个培训课程。在民主的氛围下，助教团长组织大家提出共同认可的班级愿景，形成班级规范，建立班级文化。鼓励学员积极参与，主动贡献，推选出班委，各司其职，开展自主管理。在游戏中建立小组，选出组长和组委，建立小组文化。通过一系列的活动，整个班级基本上可以实现自主运转，培训管理人员则成为服务者、协助者，从而形成一个民主、汇聚资源的场域，每一个人在自己和他人的学习旅程中都可以做出贡献。

第三，建立稳定的学习节奏。从宏观层面来看，从破冰、建立团队，到展开学习、完成任务，再到最后的总结、展示，整个课程大流程的有序推进，能帮助学员建立一个清晰的从封闭到打开再到收敛的心理活动过程，使整个学习过程变得圆满。从微观层面看，每天的学习包括从晨颂到分享感受,到进入学习,再到操作、练习,最后是小组分享和晚读。培训过程讲求节奏,不论在宏观层面还是微观层面,学习过程节奏鲜明、张弛有度,为学员营造出一个安全、有归属感的场域,使每个人都更愿意做出新的尝试,接纳新的可能性。

(二)推动学员在体验中发现与反思

能让学员有所发现和反思的培训课堂,是能直接反映出学员真实状况的课堂,课堂状态是好是坏无须他人做出评判,相信学员能在体验中有所觉察。粤派教师培训强调通过有效的方法和策略,学员能够从情绪体验、身体感受、同伴交流中获得觉察,促进反思,重组与改造自身的经验。

第一,让每位学员看见他人。培训刚开始,我们专门设计了一个游戏活动,让每位学员在同伴中相互选择,从而获得一个"死党"和一个神秘朋友。"死党"是始终陪伴自己的、可以经常一起讨论和交流的学习伙伴;神秘朋友则是一位默默关注自己的人,虽然不知道是谁,但在整个学习过程总能感受到他以各种方式给自己的支持。学习过程中的同伴互动犹如一面镜子,可以让学员在思维碰撞和相互陪伴、关注中觉察自己与他人的心智模式,促进反思。

第二,让每位学员看见自己。角色扮演、体验游戏可以让学员以他人的身份、抽离的视角来看清自己的模式。我们设计了大量的情景让学员进行角色扮演,如让学员扮演违反纪律的学生,分别体验班主任不同的处理方式;把学员分成两人一组进行"扳手腕",一边用力一边大声叫喊"听我说,这是我的观点";留意自己的神秘朋友,给他写"能量小鱼"(对他的某个行为表示欣赏与肯定),并收集同伴写给自己的"能量小鱼";等等。这些体验活动都很简单,但能很直观地将学员抽离班主任原本的角色,重新看待问题。在每次体验结束的分享过程中,不论是参与者还是观察者总能有新的感受和新的发现,学员固有的信念和价值观受到了冲击,主动反思的愿望变得更加强烈。

第三,让环境反射每位学员。培训课室的环境设计是培训内容的载体,是培训不可或缺的一部分。我们的环境布置是独具匠心的,将课室划分成不同区域,学习区、小组活动区、休息区界限明确、功能清晰。墙壁则被划分成作业展示区、小组文化区、讲义挂纸区和"能量鱼池"等区域。每一幅墙壁的展示作品都琳琅满目,让人们流连忘返,这时环境成了一面镜子,在无声地指导学员挖掘潜能,超越自我。

（三）关注学员的真实成长

培训课堂本身就是一个载体，学员经由这个载体，成长的意愿得到提升，成长的能力得到加强，成长的速度在加快。

首先，让学员以终为始地学习。开课前，我们对学员进行了问卷调查，了解他们的基本情况、担任班主任的工作经验、自我评价、工作中困扰的问题等信息，并请他们对自己的现有状态进行评分。在此基础上，通过设问，帮助学员预设自己的学习目标，以及建立对未来成长状态的期待。有目标就有了方向，以终为始地开展学习，能使学员更快更主动地投入培训，获得最佳的学习效果。培训结束后，我们再次进行问卷和评分，大部分学员的自评分均有提升，成长目标明确，对未来的工作充满信心。

其次，成为学员成长的第三只眼。培训过程中，助教随时关注学员的课堂表现，摄像师也会随时捕捉每位学员的课堂状态。从开始的眉头紧锁到后来的笑逐颜开，从课程初期的翘首观望到活动期间的忘情投入，每位学员的变化都被看见和记录下来。每天课程结束后，每位学员都能从群里看到这些图片，无不惊讶自己的变化和成长。

最后，给予学员及时的正反馈。我们鼓励主讲教师、助教和学员们关注彼此的闪光点，并将对他人的肯定和赞美写成"能量小鱼"，贴在"能量鱼池"中。每天的"能量鱼池"都是最具吸引力的地方，因为所有人都可以在这里找到别人对自己的关注、支持、肯定和爱。每一条"能量小鱼"都是学员的资源，有了资源就有了力量，能跨越有期限的培训，在较长时间内对学员的成长产生持久的支持作用。

三、骨干班主任培训的课程设置

骨干班主任培训分为三个阶段。第一阶段为读懂学生，主要了解学生的身心发展规律和原生家庭对孩子的影响，帮助班主任树立现代教育观、学生观，形成积极正面的教育信念。第二阶段为沟通精进，帮助班主任认识学生行为产生的心理学原理、情绪情感发展特征，理解语言的影响力，掌握与学生和家长有效沟通的工具和技巧。第三阶段为团队带领，帮助班主任了解建立现代团队的基本原理，学习团队建设的策略和技巧，掌握班级管理的新方法。每个阶段之间均有近一个月的间隔实践，由助教组织学员开展制定书目的阅读活动，对前期的理论学习进行实践，并以小组为单位进行观摩、分享和交流。具体课程设置如表 8-11 所示。

表 8-11 骨干班主任培训的课程设置

阶段	课程内容	目的
第一阶段 读懂学生	①师德师风专题； ②教育改革发展方向专题； ③学生的身心发展规律专题； ④原生家庭对孩子的影响专题； ⑤案例分析专题	了解学生身心发展规律，树立现代教育观、学生观
小组实践	学生个案跟踪与分析	
第二阶段 沟通精进	①情绪管理专题； ②家庭教育指导专题； ③沟通的原理与技术专题； ④案例分析专题	掌握与学生、家长有效沟通的工具和技巧
小组实践	沟通案例分析	
第三阶段 现场学习	①班级活动策划与组织专题； ②班级创造力激发专题； ③案例分析专题； ④总结与展演	掌握团队建设的策略和技巧，班级管理的新方法

四、效果及反馈

（一）来自学员

这是一个能量源，踏进这个场域，迎来的将是每位学员灿烂的笑容和对学习知识的渴望，大家也由一开始对培训被动接受转变为主动接受。而每天的课程总是冲击着我们的思维，打破我们固有的观念，尽管之前我已经或多或少接触过此类课程，但是在不一样的场地再次学习，有着不一样的感受。

这是一个来了就不想离开的培训，在这里可以重新认识自己，觉察到自己的行为方式，审视自己过往的经验。可以发现，原来教育、生活中的许多做法的背后潜藏的是我们处理事情时的情绪，把重点放在"事"上而忽略了"情"。我们总是询问着过去而忘了导向未来；提问时给人以封闭式问题而少了开放式的空间;每一件事情背后都有一个正面动力;每一个问题背后至少有三种解决的方法;每一个教育信念都值得我们在教育中坚守并铭记……

培训中学到的理论知识,催生的觉醒就像浪潮一样,一波不平,一波来袭。在我们不能面对、不能接受、不能放下的时候,让我们学会接受与被接受,尊重与被尊重,与心灵对话,欣赏他人。当我们对他人进行分析时总是把握不住方向,理解层次的运用,让我们认识怎样去定位,怎样去引导学生。走出局限法,从能力、身份、价值信念方面更多地去表扬别人。这种方式的定位可以让学生学会思考,这种方式对我的启发远远大于所学的其他东西。我们可以将其运用在学生身上,也可以运用在我们成人身上,进行人生规划。这种启发更具条理性和视觉冲击性,能够瞬间让人明白自己所处的位置,需要进一步去做什么。

(二) 来自助教

"助教"只是一个统称,除了要支持由10人组成的学习小组外,我们8个助教还细分了各自的任务。经过9天的培训,我们8位助教都身兼数职,时刻明确自己的角色——当讲师在做具体培训时,我们既要认真学习,又要帮带负责的学习小组;在整个培训的过程中,要及时对具体情况做出反应,尽快处理问题。这对我来说,确实是一次全新的体验。怎样才能更好地切换这些角色呢?很快,我得到了答案——灵活性。我要把自己已有的"能力"展示出来,指导有效的"行为",这使我最终能应对不同的"环境"。在工作之前,我只有做好足够的预设,做到先知先觉,才能实现有效应对不同情况的目标。事实证明,我做到了"灵活性",并且比较成功地在不同的角色中切换,有效应对了各种预设或突发的状况。这次承担助教任务的经历,我不仅展示了已有的能力,还在此基础上进一步提升了自己的能力,使我对自己更有自信,还获得了成长!

成长不仅来自个人的不懈努力,更来自其他助教和学员们各自的才能和美德对我的感染,从他们身上得到的养分甚至远远多于我自己个人的努力。助教的身份能让我更好地观察自己以外的其他人,我看到了助教同伴们的热情主动、自信乐观、平和包容,看到了广大学员的勤奋好学、主动参与、积极分享。在这样的团队中,我学会了欣赏别人,发现别人的亮点,自己获得了更多的养分,从而获得了更鲜活的生命力。

(三)来自学校校长

某中学校长：我们的教师参加了骨干班主任培训之后，呈现出三方面的变化：第一，班主任更懂得如何爱学生，爱的能力有了很大的提高，爱的方法更多样；第二，班主任在工作中的研究意识有了很大的提升，研究能力正在不断提高；第三，成长起来的教师对学校中的其他教师起到了积极的示范作用。

某小学校长：骨干班主任对待自己的工作，更加充满活力和能量；对待生活，其内心更加平和，更加积极面对；对待学生，更懂得如何做才是真正的理解、宽容，能够从更多角度进行换位思考；对待事情，更多从效果的角度出发，有更多的方法来应对问题。

第三节　名班主任培训

一、名班主任培训的理念

名班主任通常是具有先进的教育教学理念和卓越的实践能力，在班主任岗位上做出诸多优秀的成绩，在一定范围内具有较高的知名度和影响力，得到了学校和学生家长的广泛认同的班主任。

名班主任的培训重在梳理教师自己的教育管理经验，提高用科学方法和手段破解教育热点难点问题的能力，形成个人管理风格，彰显粤派班主任"有自信的意志"，提升其在更高更广范围内的知名度和影响力。

（一）做好学员的价值引领

班主任是学生的精神引领者，越优秀的班主任，越能明确解决培养什么人的方向性问题。名班主任培训要将视角从具体管理理念和技能提升到践行立德树人根本任务的层面上，以党在新时期对教师队伍建设的新标准新方向为指导，以习近平总书记提出的"四有好老师"为依归，思考在有限的培养周期里，要着力培养怎样的学员？怎样培养学员，才能更好地落实立德树人根本任务？这些要求不仅强调专业学识的精进，更强调培养学员的理想信念、道德情操和仁爱之心，在培养人的过程当中实现教育教学的质量提升。

名班主任的培养不是一蹴而就的，培训者要引导学员通过学习教育政策文件精神,明晰教育改革发展对教师提出的新要求,树立自己崇高的教育理想。在厘清自己的成长目标时,要将个人目标融入组织,共同描绘育人蓝图,构筑同向而行的发展愿景;要强化价值引领,提升学员的精气神,杜绝因过度追求各种外部评价指标,将名班主任培养推向功利化的倾向,营造风清气正的学术氛围。

(二)提升学员的系统思维

这是学员深入了解自己、他人和当前形势的一面镜子,有助于拓宽视野、迁善心态、推动创新。要关注的系统包括三个层面。

第一,学员的个人系统。学员要有所成长,不是对前辈的盲目模仿,而是要在借鉴的基础上,成为更好的自己。要成就学员,培训者需要充分考虑,学员现在呈现出来的教育教学状态是怎么形成的?他过去经历了什么?他有什么基本特质?他擅长什么?

第二,班级的团队系统。好的班级是学生的精神家园和心灵加油站,班主任要思考,如何在班级中建立归属感?学生可以为班级的发展做哪些贡献?师生、生生之间如何实现共创、共享?

第三,班级以外更大的系统,如学校、家庭和社区。班级开展的活动能否与学校发展同向而行、同频共振?学员研究的主题能否与所在学校办学方向及教育教学特色相契合?学员的成果能否快速地扎根学校课改土壤,发挥应有的辐射作用?

培训者应对每位学员进行一对一的深入探访,聆听个人心声,观察课堂教学,了解班级管理,访谈学校领导,等等,多角度理解学员,共同探索适合学员的发展路径。在理解的基础上设计活动任务,通过双向选择的方式进行人事匹配,做到人人有事做,事事有商量,学员能够在团队共创中体验成长。系统思维可以帮助学员跳出自己固有的框架,避免过度从自己的经验、兴趣出发掌控班级的管理和活动,忽略学生的实际。当培训者变得更中立,给予学员的空间就越大,创新和超越就越有可能发生。

(三)成为学员的成长教练

教练(coach)的英文原意为马车,后来被体育界所运用,成为帮助运动员不断突破、获得胜利的重要角色。教练的竞技水平不一定比运动员更高,但教练能看到运动员面临的困难和障碍,并且可以通过技术性的手段激励运动员,帮助他们最大限度地发挥潜能、将障碍转化成超越自我的资源,① 使之从现有状态到达理想状态。20 世纪 70 年代,教练作为一种技术或培训方法被引入企业管理,后来用于完善员工心智模式和帮助员工成长进步,并逐步发展成为一种领导方式。美国的一项调查对仅采用培训的企业与采用培训加教练的企业进行了比较,发现前者的创造力只提高了 22.4%,而后者的创造力则增加了 88%(Richard,2003)。②

粤派教育注重通过激发学习者自身的现实能力和潜在能力,帮助其在面对各种情景中自为、创新。培训中,培训者要通过创设情景、设计流程,帮助学员将注意力放在团队共创,解决实际问题上。当学员出现困难时,培训者主要通过对话的方式在恰当的时候进行干预。

二、名班主任培训的策略

(一)在团队中培养领导力

领导力本身就是一种人际关系,是领导者建立和维持人际关系的能力。也是成为名班主任需要培养的能力。在培训中,我们将学员分成若干组,每组给予明确任务,并将其设计为任务链。学员围绕这一任务流程,在团队中进行互动,在研究解决方案的过程中不断完善个体的心智模式,提升领导力。

在培训中,我们将课堂设计成一个自由、开放的圆形空间,并罗列出班主任工作中若干个热点话题,也可由学员随时提出新话题。学员可围绕自己感兴趣的话题组成小组开展研讨,梳理问题的成因和应对策略。在这个场域里没有权位高低,也尽量减少规则,充分运用民主参与的方式自主管理和组织进程,发挥团队的灵感创意。话题小组讨论的每一步都有相应的记录和评估,参与者对讨论话题的内容、方法策略负有责任。圆形的空间创造没有头尾,没有身份高低,没有边际地面对面相处,创造沟通的良好氛围。在这样的团队中进行人际互动,学员能体验不同个体的心智模式,并学习与之合作,拿到成果,这是对学员进行多种能力培养的绝佳时机。

---

① 梁慧勤:《走进生命的教育——教练型班主任专业修炼》,华东师范大学出版社 2016 年版,第 10 页。

② 赵丹红等:《教练型领导、双元学习与团队创造力:团队学习目标导向的调节作用》,载《外国经济与管理》2018 年第 10 期,第 66-80 页。

开放空间有一项必须遵循的规则——双脚法则,即任何时候发现自己没有在学习或者没有做出贡献时,可以移动双脚到喜欢的地方去。可以选择加入另一个小组,甚至可以只是到外面晒晒太阳,但无论如何就是不要坐在那里无聊难过。双脚法则是一项非常有趣的规则,因为可以自由移动,参与者反而会清楚学习的责任在自己而不在培训者。它还可以化解冲突,当参与者情绪激动时,可以运用双脚法则离开现场,等冷静下来后再回来继续下去。走动可以让学员有放松的情绪和活跃的灵感,自然会与灵感不期而遇。

(二) 用对话引发思想顿悟

与骨干班主任培训相比,名班主任培训更注重学员的自悟与自修。当一个人困在自己的思想边框之内时,很难看到自己的不足,此时需要借助系统之外的力量看到自己的模式,引发顿悟,才会有认知边界的拓展。培训者要明确,自己不可能替代学员成长,每一个困难都需要学员自己去突破。在平等的氛围下,提出高质量的问题,引发学员的思考,帮助其突破原有的思想框架,看到新的可能,才是作为有推动力的培训者最有价值的地方。培训者不仅要会讲课,在重要的节点还要善于与学员对话,用有方向、有层次的问题引发学员的思考,允许学员找到适合自己的解决方案。

我们会在培训课程中安排若干论坛或研讨,让学员围绕热点问题进行讨论并与培训老师对话。在充分倾听的基础上,培训教师适时提出问题,给予方向性的引领。问题主要指向以下三个方面。

第一,学员言行背后的正面价值。在对话的过程中,培训教师要善于倾听和观察,带着深深的尊重和关心,而不是评判。关注学员的感受、情绪,听出他们的言外之意、弦外之音,从中寻找到深层的正面价值,并给予肯定。例如,有学员讲到农村学校班主任开展工作困难重重,自己感到力不从心。培训老师认真倾听后回应道:"原来你在工作中遇到了这么多困难,挺不容易啊。同时我还看到,即使这样,你仍然参加了名班主任的培训,并且很认真地学习,你是怎么想的呢?"学员思考了一下,回答道:"我就是很想来学习一下,更新自己的管理理念和方法,我想把孩子们教好。"培训老师马上给予肯定:"你这种开放积极的心态,为孩子负责的精神,值得我们大家敬佩。"通过一席对话帮助学员看到了自己原来没有看到的领域,同时提升了学员面对困难的信心。

第二,未来能够达到的效果。当学员沉浸在当下无法解决的困难当中时,培训老师要及时暂停,抛出导向性的问题,帮助学员构建效果蓝图。例如,谈到班级管理的话题时,学员们纷纷提出管理过程中的各种痛点、难点，对话的氛围变得焦灼。这时，培训老师问道："大家来描述一下，你理想中的班级是怎样的？"于是，学员们纷纷发言，构建出自己心目中的班级形象。方向比努力更重要，有了明确的方向，才能出发。

第三，更好地为自己负责。学习、提升成为更好的班主任，本身就是一件非常个性化的事情，应培养老师为自己负责的心态，他才有可能在专业发展的道路上走得更远。例如，围绕德育资源开发与利用的问题进行研讨，有学员表示，在小规模的学校，人、财、物等资源都很匮乏，虽然想做事，但很难做成。培训老师则会这样引导："确实如此，不过，德育资源来源丰富，有大有小，由远有近。先说说在你的能力范围内，有哪些可利用的德育资源呢？"

（三）在复盘中凝练风格

复盘最初来自围棋术语，后来被世界500强企业引入企业管理中，成为一种管理工具。复盘是一个不断学习、总结、反思、提炼和持续提高的过程，可以强化目标、避免失误、复制技巧、发现规律。复盘是一种反思意识，也是一种工作智慧。帮助学员梳理自己的工作方式，更好地凝练自己的管理风格。

很多一线教师习惯于埋头工作，将自己放进一个个任务、一件件事情中。区分优秀班主任与普通班主任的一个重要指标就是，优秀班主任懂得适时停下来，回顾目标、评估结果、分析原因、总结规律。在这个过程中，还可以邀请教学伙伴和学生参与，大家保持开放的心态，在良好的氛围中坦诚表达、集思广益。

在培训中，我们要求学员在两个层面进行复盘练习。一个层面是在完成了主题班会设计与实施的学习项目后，对自己开展的班会进行复盘。围绕目标的预设，评估学生的表现、预设的达成以及课堂的生成，找出活动中的亮点和不足，分析成功的关键因素，寻找规律性的经验。另一个层面是由学员组织学生对班级开展的某项活动进行复盘，活动中请孩子们分别从三个角度进行反思：第一，在这次活动中自己做得好的地方是什么？第二，在这次活动中某某同学做得好的地方是什么？第三，对照活动的目标，在下一次再开展这类活动的时候，我有什么建议？不同层面的复盘，能带给学员不同角度和深度的反思机会。多次反思获得的信息，不仅可以帮助学员获得能力的提升，还可以让学员逐步明晰自己在班主任工作中的优势、特点，逐步形成自己的工作风格。

三、名班主任培训的课程设置

名班主任培训安排为四个阶段。第一阶段为理论学习,主要使教师了解与班主任工作相关的前沿理论和工作策略。第二阶段为行动学习,针对工作中的热点、难点问题开展不同主题和流程的研讨。第三阶段为现场学习,到国内教育先进城市的优质学校观摩,进入当地名班主任工作室跟岗。第四阶段为自主学习,对前期的理论学习进行实践,开展复盘,凝练班级管理风格。具体如表8-12所示。

表8-12 名班主任培训的课程设置

阶段	课程内容	目的
第一阶段 理论学习	①师德师风专题; ②教科研方法专题; ③现代管理理念与方法专题; ④家庭教育指导专题; ⑤学生心理健康教育专题	了解与班主任工作相关的前沿理论和工作策略
第二阶段 行动学习	①班级文化建设专题; ②新时期师生关系专题; ③家校共育专题; ④主题班会设计与实施专题; ⑤问题情境应对专题	热点、难点问题的深入研讨
第三阶段 现场学习	①学校德育特色建设专题; ②校本班主任研训工作专题; ③班级发展规划与实施专题; ④班主任管理风格研究专题; ⑤个案研究实践专题	到国内教育先进城市的优质学校观摩,进入当地名班主任工作室跟岗
第四阶段 自主学习	①班级文化建设实践; ②主题班会实践; ③个案研究实践; ④班主任管理风格凝练	开展理论实践、复盘,凝练班级管理风格

四、效果及反馈

(一) 来自学员

这次培训为我打开了一扇门,给予了我更多的发展可能,让我重新审视自己,审视教育。

因为有了培训老师们的指引,在每次遇到困境时我懂得给自己微笑;因为有同伴们的支持与鼓励,我可以更快地走出一个个困境。我发现,班主任越当越幸福,越当越自信,越当越有趣!

接近什么样的人,就会走什么样的路。人最大的幸运,是有人可以鼓励你、指引你、帮助你。限制人发展的,往往不是智商和学历,而是所处的生活圈与工作圈。我很庆幸自己参加了这次培训,与这么多优秀的班主任一起成长。

之前一直觉得做班主任很难又没有成就感,上了这次培训课后,我觉得做班主任比单纯教书更能撼动学生的心灵、影响更多的学生,我从培训课中找到了解决问题的途径和方向,突然觉得豁然开朗了。

在培训班里,我认识了很多在成为优秀班主任路上和我一起摸索、成长的同行,原来成长路上并不是独行,而是共同进步,真好!

虽然现在只是在摸索阶段,不知道接下来会遇到什么困难和挫折,但是我觉得前路一定会是光明的。这种感觉很好!相信的我的同伴们肯定也能体会这种感觉,就像突然打开了另一扇门的感觉。

从骨干班主任培训开始到名班主任培训,充满能量的课堂引领我更深刻地认识班主任工作,更有兴趣地研读心理学、教育学。也是因为有了这样的学习,带领着我学习、实践、反思再学习,收获良多!

这个课堂是我见过的最有亲和力的课堂,最关爱我们班主任的能量课堂。

(二) 来自校长

陈老师参加了名班主任培训后,理论水平和科研能力都有了很大的提升,能够更细致地观察学生,平等地与学生和家长对话,成为学生和家长都很喜欢的老师。学习回来后,在她的带领下和指导,各班级都开展了班级文化建设，班风、学风都有了很大的改善。

以往我们对主题班会的认识有限，实践不多。李老师学习回来后，做了主题班会的展示和讲座，带给学校新的理念、新的方法。现在，不少年轻班主任都跟随李老师进行积极实践，班主任队伍的研究氛围越来越好。

第九章 校长培训

第一节 新任校长的培训

一、课程设计

为满足政府和社会对基础教育质量和学生培养提出的更高的要求,"粤派教育"在思想理论和实践模式创新中不断发展。要办好人民满意的教育,促进学校高质量发展,必须有一支高水平的校长队伍。

(一)时代政策背景

依据粤派教育对基础教育发展的目标定位,通过示范性、引领性的新任校长培养培训课程,加强全省校长队伍的梯队建设,不断提升校长的领导力和专业水平。

(二)现实需求分析

通过对全省以往参培校长的培训需求调研,结合全省相关文件分析,我们了解到全省校长专业水平比较高,发展后劲很足。但在新时代背景下也面临着很多新的问题和挑战,亟须专家的引领、指导和自身的学习提升。主要分析如下。

第一,"十四五"学校(园)发展规划制定与执行需要专业理论支持和引领。广东省教育事业跨越式发展和高质量目标定位、区域教育现代化的快速推进、家长对优质教育需求不断增加,使得校长比较困惑"十四五"时期学校要如何定位,实现什么样的发展和要往哪里去,在哪些方面进行突破,等等,这些都需要系统的、规范的学习和培训。

第二,校长办学的国际化、专业化意识需进一步强化。国际化、专业化办学是要解决的主要问题之一。校长在办学过程中运用专业的态度、理论和精神审视办学行为的意识和能力不足，对国内外教育改革前沿及发展趋势研究不够，从内涵发展的角度不知如何实现国际化，如建构国际化课堂、实施国际化项目等。

第三，校长文化领导力和学校品牌意识需要进一步提升。创建积极向上的育人文化以及进行价值引领是校长必须具备的专业素养。但是，如何凝练办学思想、建设学校品牌则是多数校长遇到的难题。他们急需寻求学校文化创新与校长教育理念的结合点，处理好文化继承与创新的关系，将学校特色项目建设成为学校品牌、将理念文化转化为教育教学实践。

第四，引领教师专业发展和深耕课堂教学是校长专业发展和学校办学质量提升的现实诉求。广东省中小学教师队伍人才济济，但流动性较大，优秀师资不断流失和新成员不断加入，使得教师队伍不稳定，容易影响学校正常工作的开展。如何提升课堂教学质量、处理好活动与教学的关系等，也是摆在校长面前的难题。因此，引领优秀青年教师专业成长、调动教师工作积极性、提升课堂教学质量、将人工智能与教育教学有效衔接等成为校长发展的重要内容。

第五，校长学校课程建设方面需要专业引领和指导。创新是广东发展的灵魂和原动力。要培养新一代青少年，学校需调整课程结构，建构基于学校文化和现代育人定位的学校课程体系。校长作为学校课程改革的第一责任人，其课程领导力对学生能力培养、实现教育现代化和国际化至关重要，包括课程设置要为学生提供多元化的支持性资源，引导学生合理规划学业目标和职业目标，等等。这都需要为校长提供专业的、系统的学校课程建构方面的学习和交流机会。

第六，校长的教育研究能力和创新能力需要提升。要解决学校教育教学中面临的问题，需要校长引领教师在校本研究中探索和提升，需要校长具有较强的研究力和创新力。同时，还需要提高校长的道德领导力。因此，培训要注重提升校长的教育教学研究力、学习力，增加情商管理、人格魅力塑造等方面的培训。

第七，校长现代学校管理能力需要提升。广东省中小学生来自全国各地，家长身份多元，家庭背景的差异使得教育需求更加多元，教育公平和家校合作问题尤为突出。同时，规范办学、依法治校、优化内部管理等方面的需求也很强烈。

基于以上时代背景和现实问题的分析，我们通过实地调研和文献分析，依据国家最新相关政策、校长专业标准、校长的实践困惑与成长需求，梳理了新任校长的培养培训大纲和课程开发。研发带有示范性、高端性和引领性的校长领导力培养培训大纲和任职资格培训课程，有助于进一步提升全省新任校长的专业水平、办学治校能力与教育创新能力，引领学校内生发展，扩大办学成果的影响力。

（三）培训的原则

培训要秉承"精准引领、实践导向、行动跟进、成果推动"的原则。

第一，精准引领。依据培养对象的发展需求和岗位要求，聘请知名高校特别是师范院校教育管理相关专业的专家担任理论导师，聘请与之相符合的优秀中小学校长担任实践导师；基于中小学校（园）长专业标准和深圳市教育发展规划设计培训课程，个性化指导与精准施培并行。

第二，实践导向。培养培训课程和活动以校（园）长后备干部问题解决、角色转型、实践能力与执行能力提升为核心，行知合一，学以致用，在日常管理工作的改进和创新中形成理性思维，提升治校能力和领导能力，实现"做事"与"成人"的双提升。

第三，行动跟进。以日常管理工作为主线，采取行动研究的模式，在问题诊断、行动设计、实施和反思中融入专家指导，促进后备干部的理论学习与深度反思，激发校（园）长后备干部的改革意识和创新实践。

第四，成果推动。要求培养培训对象在不同阶段将理论学习和实践研修的感悟、思考、行动、成效等转化为案例、报告、论文等有形的成果，以成果的不断凝练带动能力的不断提升。

（四）培养目标

通过一年的研修，引导校（园）长后备干部把握时代精神、现代学校的管理理念和方法，全面提升专业素养和领导力，培养一支具有赤诚教育之心、执行思维能力、创新实践能力、开阔教育视野和自觉责任担当的优秀校（园）长后备力量。

第一，赤诚教育之心。热爱教育事业，兢兢业业，具有坚定的教育理想信念和较强的事业心，志存高远，有仁爱之心，师德高尚，思想政治素质过硬。

第二，执行思维能力。具有大局观念和整体意识，追求卓越，重视基础管理工作和制度建设，依法治校，对待问题反应迅速，有较好的形势认知能力、协调沟通能力、决策反应能力、心理调适能力，团队合作意识和执行能力强。

第三，创新实践能力。能够创造性地完成本职工作，对教育问题和学校发展保持高度的敏锐,敢于超越自我,工作中可以不断提出新思路,尝试新做法,善于树立学习标杆与借鉴先进经验。

第四,开阔教育视野。关注国内外教育发展动态和优秀学校的做法,学习借鉴国内外先进经验,分析自己在思想上、视野上、工作上等方面的差距,具有参与跨区域、跨文化教育交流与合作的能力。

第五,自觉责任担当。熟知工作权限,具有强烈的教育责任感、使命感和主动主导精神,敢于面对挑战,尽职尽责,让权补位意识较强。

(五) 培养方式与路径

以广东省校(园)长后备干部的培养目标和发展需求为导向,采取基于问题解决的课题驱动式研修,制订个性化的培养培训方案,构建培养对象、理论与实践导师、培训课程专家一体化的成长共同体。

第一,培养方式。培训模式:理论学习—指导专家与学员结对—专家指导下的行动研究—总结提炼进行典型经验分享—共性问题分析与理性提升—再行动设计与跟进—典型经验分享—形成成果。培训方式主要采用"六个结合":一是理论学习与阅读写作相结合,二是导师指导与同伴互助相结合,三是案例分析与行动研究相结合,四是跟岗学习与国内游学相结合,五是现场指导与成果展示相结合,六是线上线下相结合。

第二,培养路径。按照"整体设计、个性指导、学以致用、连续培养"的思路,采用一体多段的研修模式,跨区域协同研训,细化培养路径。具体如下。

1. 整体设计

遵循一年研修周期的整体性、系统性和连贯性,分为以下阶段。(见表9-1)

表9-1 整体设计

序号	内容	时长	地点
1	调研需求,研制方案	10天	委托单位
2	通识教育,线上研训	60学时	线上平台
3	专业提升,问题聚焦	线下集中培训10天	委托单位
4	名著选读,在岗实践	返岗实践、网络指导	培训本地
5	影子培训,个性指导	20天	委托单位
6	行动研究,实践跟进	返岗实践、网络指导	线上平台

续表9-1

序号	内容	时长	地点
7	国内游学，拓宽视野	7天	北京、上海
8	现场指导，汇报展示	4天	深圳
9	成果凝练，论坛分享	网络指导	深圳、学术论坛

2. 个性指导

第一，导师协同。培训委托单位要聘请国内知名高校的专家为理论导师，深圳市教育局要为培养对象选择深圳市中小学名校（园）长作为实践导师，同时，培训委托单位在影子学习期间要为培养对象选择中小学名校（园）长为实践导师，成立理论与实践并重的"1+2"导师组，依托研究工作坊、跟岗学习、实践跟进、成果撰写等活动进行一对一指导。

第二，行动研究。每位培养对象在导师的指导下，结合学校实际和自身所承担的工作领域，围绕一个核心问题开展行动研究，在行动中反思、改进，不断提升学员的问题意识、创新意识、研究能力和行动能力。经典阅读、返岗实践、管理案例撰写等都围绕行动研究展开。研究成果在导师指导下转化成研究论文，在国内省级以上期刊发表。

第三，管理案例。培养对象结合自己的课题研究、行动创新、成功经验等，撰写案例；在研修阶段，向师范高校里的教育博士、硕士和本科生等进行宣讲、对话和交流。同时，案例也是出版成果中的一部分。

第四，阅读写作。导师根据培养对象的成长需求和研究问题，提出针对性阅读书目，培养对象撰写读书笔记，通过教育名著阅读工作坊交流读书心得；培养对象在集中学习、行动研究的基础上撰写研究案例和成果。

3. 学以致用

培训以培养对象校（园）长领导力和综合管理能力提升和实践改进为核心，凸显实践性课程，强化学以致用、行知合一。每个阶段的研修任务都是基于培养对象自身发展需求和所承担工作的改进；每次集中学习后都要围绕研究课题将学习收获付诸行动，促使集中学习和在岗实践与反思相结合，使学习和工作保持统一。

4. 连续培养

研修周期为一年，计划分为八个阶段，不同阶段培训重点不同，如第一阶段的线上培训重点是通识教育；第二阶段的集中培训重点是校（园）长专业理论素养提升，影子培训重点是名校长引领和实践创新。集中学习、

"1+2"导师引领、跟岗培训、名校考察、现场指导、返岗实践、汇报展示、论坛分享等交叉进行,且各阶段研修任务保持其连续性。

当培养对象回到工作岗位时,项目组和导师将通过微信、网络平台等途径,与培养对象保持密切联系,指导培养对象组建研究团队和制订行动方案。在导师指导下,引领培养对象在团队建设、制度机制建设以及常规工作等方面作出改进,实现自身素养的提升。

(六)课程架构

本课程设计的主要依据:一是我国近年来颁布实施的《幼儿园园长专业标准(试行)》《义务教育学校校长专业标准》《高中校长专业标准》等政策文件,二是深圳教育发展和校(园)长培养需求。本着选拔和培养一批高素质专业化创新型的校(园)长,引领广东教育向高质量、高品位的方向发展的目标,特开发了此课程。

依据研修目标,从"信念""能力""实践"三个领域来设计课程架构。(见图9-1)

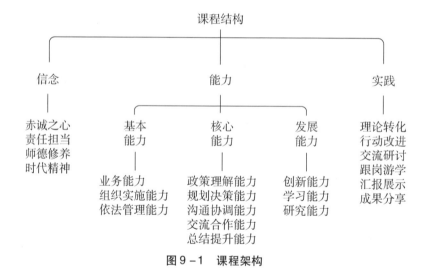

图9-1 课程架构

二、课程实施

本课程设计的主要依据是我国近年来颁布实施的《幼儿园园长专业标准(试行)》《义务教育学校校长专业标准》《高中校长专业标准》等政策

文件。课程设计的逻辑架构主要是依据上述标准进行安排，即按照校长三大角色（教育者、领导者和管理者）下的六大专业职责来确定，因此本课程在维度上包括规划学校（园）发展、营造育人文化、领导课程与教学、引领教师成长、优化内部管理、调适外部环境等。在具体模块的设计上，主要是基于"始于信""重于知"和"达于行"的思路来安排的，期许通过这些课程模块来解决校长在履行专业职责的过程中需要具备的必备素养，确保其在学校管理实践中能够用正确的信念、良好的专业知识和娴熟的专业能力来实现其对学校的价值领导、教学领导和组织领导。在专题安排上，基于对理论与实践、一般与具体等矛盾关系的考虑，精选了对校长深化教育理论知识理解、更新教育理念、拓展专业知识、提升领导与管理能力、丰富实践体验、解决学校管理中的突出问题等有促进作用的专题。在学时、学习要点、能力目标、发展要点和考核评价等方面，本课程也提出了具体要求，以确保这些课程取得实效。

课程的具体内容如表 9-2 至表 9-7 所示。

表9-2 维度1：规划学校（园）发展

模块	专题	学时	学习要点	能力目标	发展要点	考核评价
政治思想	"四史"专题学习的逻辑体系和原则方法	2	学习党史、新中国史、改革开放史、社会主义发展史等每个部分学习的重要观点和主要观点、逻辑体系和主要观点等	能深刻认识新中国红色政权、中国特色社会主义来之不易，能深刻认识中国特色社会主义对世界社会主义运动的重大贡献；能够深刻认识中华民族富起来强起来的重大意义；能够做到坚定理想信念，坚守人民立场和践行使命担当	自主阅读"四史"学习材料；在专家引领下深度学习、小组合作研讨	记住重要观点和金句，领会要义，理论联系实际，结合教育实践，学以致用，撰写心得体会
政治思想	习近平总书记关于教育的重要论述	4	从历史定位、核心要义与逻辑体系、教育观要旨、金句概览、科学学习方法等方面解读《习近平总书记教育重要论述讲义》	从政治高度、历史厚度、教育温度、哲学深度、实践力度等方面学习习近平总书记的教育思想，树立科学教育观	自主阅读《习近平总书记论述讲义》；在专家引领下深度学习和研讨	记住金句，领会思想，结合自身和办学实践撰写学习心得
教育改革政策	《中国教育现代化2035》专题学习	2	深入了解《中国教育现代化2035》的战略背景、总体思路、战略任务、实施路径和保障措施等主要内容	能够把握中国教育未来发展的方向、任务、路径等；能够以该政策为指导，规划学校（园）发展	自主阅读《中国教育现代化2035》；邀请专家对之进行解读；小组研讨	要求掌握该政策的内容要点；能够理论联系实际，以该政策为指导开展学校（园）发展规划

续表 9-2

模块	专题	学时	学习要点	能力目标	发展要点	考核评价
教育改革政策	教育"十四五"规划专题学习	4	深入学习中国教育"十四五"规划和地方教育"十四五"规划的背景、内容等	能够了解国家层面和地方层面"十四五"期间教育的发展规划的主要内容和任务；明晰学校未来发展的方向和任务及其实现路径	自主阅读国家和地方"十四五"规划政策文件；专家讲解和引领；小组研讨	掌握国家和地方"十四五"规划的主要内容，并能够将之应用到实际教学中
	"破五唯"与教育评价改革	4	学习《深化新时代教育评价改革总体方案》，理解"破五唯"改革意义，以及教育评价改革的新方向、新方法等	能够确立教育评价改革的坚定信念，把握教育评价改革的新方向；掌握话语和新方法、新知识，能够按照评价改革的要求来规划学校的新发展	自主阅读材料；专家引领和小组合作研讨	掌握新时代教育评价的背景、理念、内容和措施等；能够将之用于自己学校的教育教学评价改革
	基础教育：新理念、新设计、新作为	4	解读时代背景与教育改革政策，引领校（园）长把握社会发展趋势，人才培养需求和教育改革要求，明确专业角色定位与职责导向，科学定位学校（园）发展	理解社会发展与教育发展的内在联系，增强国家教育政策的理解力和执行力，以及办学实践的创新力	查阅教育政策；专题讲座；案例分析	理解和掌握教育政策的主要内容，制订践行政策要求的行动计划

续表 9-2

模块	专题	学时	学习要点	能力目标	发展要点	考核评价
学校(园)发展规划	国际视野下的校(园)长领导力与学校(园)发展	4	发达国家关于校(园)长领导力的最新研究观点，校(园)长领导力是如何影响和引领学校(园)发展的，学校(园)发展有哪些新的做法和成效，以及对我们的启示	开阔视野，拓展办学思路，能够高站位、低重心地提高自身业务水平和规划学校发展	文献阅读；专题讲座；案例分析；互动对话	运用所学知识分析自身实践不足，撰写对学校(园)规划发展的启示与思考文章
	校(园)长的战略思维与学校(园)发展规划制订	4	战略管理的内涵，校(园)长应有的战略思维，制订和落实学校发展规划的具体方法和策略	掌握诊断学校(园)发展现状的方法和技能，能组织多方力量参与学校(园)发展规划，并能指导相关人员制订具体行动方案	案例分析；专题讲座；参与式研讨；返岗实践	诊断学校(园)发展现状，分析问题与目标定位，制订学校发展规划
学校(园)特色建设	学校(园)特色发展与品牌建设的理念与方法	4	学校(园)特色与学校(园)品牌的内涵，特色发展与品牌建设二者之间的关系，有的理念和采取的行动，如何确立学校特色以及将学校特色发展为学校品牌的具体路径，等等	挖掘学校(园)发展资源，(园)特色，将优势发展成为学校(园)品牌，将特色品牌内化为学校(园)办学品质	案例分析；学员微课；参与式研讨；现场体验；返岗实践	诊断所在学校(园)办学特色的切入点，形成学校特色发展的行动方案

表 9-3 维度 2：营造育人文化

模块	专题	学时	学习要点	能力目标	发展要点	考核评价
文化强国战略	文化强国与教育使命	6	分析中国传统文化和社会主义核心价值观，探讨传统文化的教育价值，基于文化强国创新分析教育强国的传承使命	理解中国传统文化，增强文化强国意识，树立文化自信，丰富自身文化素养，增强自我学习与价值观和使命感	自主阅读；专题讲座；案例分析；对话交流	对传统文化的理解，传统文化与学校教育价值的挖掘与资源开发
	中国教育家的教育思想及其当代启示	6	掌握中国历史上著名教育家的教育思想，主要探索点与实践探索，结合时代背景，分析其当代价值和对学校发展的启示	理解中国著名教育家的教育思想，树立教育自信，并用于改进教育教学实践	自主阅读；系列讲座；交流研讨	准确理解著名教育家的教育思想，结合实践撰写学习心得
学校（园）文化建设	做有思想的校（园）长，办有灵魂的教育	4	校（园）长如何凝练自己的办学思想和学校观，校长的教育使命和道德责任是什么，如何办有灵魂的教育	主要提升校（园）长的思想引领力、道德领导力和价值领导力，会凝练和表达办学思想和价值体系	名校长对话；案例分析；实践体验	凝练和阐释自己的教育思想，处理好学校文化的关系
	学校（园）文化建设的理论思考与实践突破	4	阐述学校（园）文化内涵、学（园）校文化传承和创新的关系，分析实践中存在的误区，结合实例提出学校文化凝聚与建设的具体策略	能凝聚学校（园）各方力量，建构学校文化体系，包括精神文化、制度文化、行为文化、物质文化等，并落实在具体的教育教学实践中	自主阅读；专题讲座；案例分析；现场体验；返岗实践	诊断本校（园）学校文化，形成学校（园）文化改进行动方案

续表9-3

模块	专题	学时	学习要点	能力目标	发展要点	考核评价
学校（园）文化建设	人工智能与学校（园）教育	4	人工智能对学校（园）教育带来了哪些冲击，如何与教育深度融合；人工智能时代需要培养学生怎样的能力，学生应如何学习；等等	提升信息领导力，促进人工智能与学校教育的深度融合，改革学生培养模式和学习方式	专题讲座；案例分析；现场体验；返岗实践	研发人工智能与学校教育相融合的行动方案

表9-4 维度3：领导课程与教学

模块	专题	学时	学习要点	能力目标	发展要点	考核评价
学校课程领导	基于学校（园）文化的学校课程建构	4	围绕学生培养目标和素养结构，以学校文化为视角，用学校信念、价值观等思想体系引领学校课程体系整体建构和系统开发	课程建设统筹能力，课程理解能力，课程开发与实施能力，课程评价能力，等等	专题讲座；案例分析；现场体验；返岗实践	以所在学校文化为主线，梳理、建构学校课程体系，使之系统化
	校（园）本课程开发与实施的案例分析	4	校（园）本课程开发与学生发展的关系，校本课程开发的国际经验与成功案例及具体方法和策略	校（园）本课程开发与实施能力，国家课程校（园）本化能力以及课程整合能力	专题讲座；案例分析；学员微课；返岗实践	本校本课程开发与实施的行动方案

续表 9-4

模块	专题	学时	学习要点	能力目标	发展要点	考核评价
教学领导	基于学科核心素养的课堂教学变革	4	学科核心素养对课堂教学提出哪些新挑战，此背景下课堂教学和学生学习应发生哪些转向；如何改革，等等	把握并引领教师研究课程标准，按照课程标准和学校文化进行教学设计，教学诊断和改进教学	研修课标；专题讲座；案例分析；教学观摩	课标的把握和理解程度，基于核心素养诊断课堂与改进方案
	学校（园）教科研机制建设	4	学校教科研的内涵，教科研、学科教学、教师专业发展的关系，如何建构扎根学校（园）实地的教科研机制	增强校（园）长教育教学研究意识，提升自身研究能力和成果表达能力，引领教师进行研究	名校长对话；案例分析；研讨交流	制定或完善本校教科研制制度

表 9-5 维度 4：引领教师成长

模块	专题	学时	学习要点	能力目标	发展要点	考核评价
教师专业发展	教师的师德养成与师德建设策略	4	解读国家关于师德建设方面的相关政策和最新要求，分析师德现存问题，从教师职业追求与幸福追求视角提出师德养成策略，分析校长的人格魅力和道德影响力	增强落实教师职业道德和加强师德师风教育的意识与能力，提高自身崇高职业理想，提升树立自身影响力	专题讲座；案例分析；故事分享	把握师德建设的相关规定，诊断本校师德建设问题，形成自身提高师德养成和师德建设的计划

续表 9-5

模块	专题	学时	学习要点	能力目标	发展要点	考核评价
教师专业发展	教师阶梯化发展的理论与策略	4	介绍国外教师阶梯化发展理论的主要内容和具体案例，运用此理论提出教师团队建设和阶梯化培养的具体策略	诊断不同阶段教师专业发展需求和问题，建立教师团队建设制度，引导教师和阶梯化发展规划自身发展	专题讲座；案例分析研讨交流	掌握教师阶梯化发展理论，形成阶梯化发展计划
教师专业发展	基于"教师专业标准"的教师专业发展	4	分析教师专业标准和专业素养和校长角色，阐述教师专业成长的政策要求，提出促进教师专业发展的具体举措	关注每位教师，引领教师制订发展规划，发挥优秀教师领头雁作用，加强青年教师培养，形成黄金搭配的教师团队文化	研读政策；专题讲座；案例分析，交流研讨	诊断本校教师专业发展问题和需求，制订引领教师专业发展行动方案
教师专业发展	教师职业生涯规划理论与实务	4	阐明教师职业生涯规划的必要性、步骤和内容；用具体案例指导教师正确开展职业生涯规划；开发教师职业生涯规划书，并指导教师如何使用	理解教师职业生涯规划的重要性；掌握职业生涯规划的相关知识和技能；学会利用合适的工具来分析自己的优缺点，明确发展任务和选择合适的发展路径，并学会不断评估和调整	研读理论和政策；专题讲座；案例分析，交流研讨	掌握职业生涯规划的理论知识和实践能力；学会利用职业生涯规划书、教师发展档案袋等工具来开展职业生涯规划

续表 9-5

模块	专题	学时	学习要点	能力目标	发展要点	考核评价
教师队伍管理	教师压力管理与心理健康维护	4	分析当前教师压力和职业倦怠现状，阐述压力管理理论，通过案例分析教师压力管理和心理健康维护的具体策略	能科学诊断教师职业倦怠和心理健康情况，提高教师压力管理能力，激发教师的工作积极性	专题讲座；案例分析；交流研讨	掌握压力管理理论并能结合本校实际运用该理论管理教师
教师队伍管理	教师管理与评价	6	讨论教师管理和评价中存在的问题，呈现国内外教师管理与评价的最新理论和有效做法，提出改进策略，激发教师的工作积极性	掌握教师管理与评价的相关理论与方法，能采取有效策略激励教师积极工作和主动发展	专题讲座；案例分析；交流研讨；微课分享	运用所学理论完善本校教师管理与评价相关制度和举措

表 9-6 维度 5：优化内部管理

模块	专题	学时	学习要点	能力目标	发展要点	考核评价
现代学校（园）管理理论	现代学校（园）管理的特征与趋势	4	阐述国内外关于学校管理研究的前沿理论、现代学校管理的主要特征和发展趋势，分析对当前学校管理的实践启示及改进策略	把握现代学校管理理论的主要观点和变化趋势，运用先进理论完善规章制度，提高理论素养和行动力	专题讲座；案例分析；交流研讨	掌握现代管理理论，能运用所学理论完善制度和改进管理实践

续表 9-6

模块	专题	学时	学习要点	能力目标	发展要点	考核评价
现代学校(园)管理理论	扁平化:学校(园)内部管理变革	4	阐述扁平化管理的主要观点与学校扁平化管理的发展趋势;通过具体案例,分析实施扁平化管理的价值、影响和具体策略	提高管理理论素养,促进破解学校管理难题,创新学校管理实践能力的提升,创设民主管理文化和平台	名校长对话;专题讲座;案例分析;交流研讨	掌握扁平化管理理论,分析扁平化管理的可行性并制订计划
现代学校(园)管理理论	卓越教育领导者应具备的核心素养及执行力	4	结合国内外教育改革和教育领导力研究成果,结合新时代下校(园)长应具备哪些核心素养和执行力,以及实践中达成的路径	提高校(园)长的学习能力和反思能力和创新能力	专题讲座;政策分析;交流研讨	结合所学,分析自身领导素养方面的不足及修炼计划
现代学校(园)管理实务	校园安全法律风险防范与纠纷处理	4	阐述依法治校、规范办学的相关问题,结合具体案例,分析防范校园安全法律风险和纠纷处理的具体措施	提高(校)园长依法治校、依法办学的能力,学校安全事故预防和处理能力等	案例分析;交流研讨;故事分享	完善学校依法办学的相关规定和风险防范预案等
现代学校(园)管理实务	预算绩效管理与财务支出绩效评价	4	了解相关财务制度的最新要求,掌握预算绩效管理和财务支出绩效评价的知识和方法	提高经费预算能力,规范使用各项经费的能力,能对经费使用绩效进行科学评价	专题讲座;案例分析;互动答疑	掌握预算和支出绩效评价的知识和方法

第三部分 粤派教育培训的实践路径

表9-7 维度6：调适外部环境

模块	专题	学时	学习要点	能力目标	发展要点	考核评价
理论与理念	家校（园）社区合作中社区教育资源开发与整合	4	分析国内外家校（园）社合作的典型案例和成功经验，交流挖掘社区教育资源的方法和路径，为学校（园）办学创造良好的外部环境，形成教育合力	优化外部育人环境，争取社区的教育资源对学校教育的支持和对学校办学的参与监督，提高处理学校（园）公共关系的能力	专题讲座；案例分析；研讨交流；返岗实践	掌握家校（园）社合作的理论、方法和先进经验，分析本校问题与改进方法
做法与实操	家校共育的理念、实践与创新	4	阐述家校共育最新研究进展和国际经验；分析深圳市家校合作中的困境，基于先进理论成功的经验，探讨家校合作的有效路径	加强家长参与学校教育教学和管理的能力，以及对家庭教育的引领能力	专题讲座；案例分析；研讨交流；返岗实践	结合家校共育理论、方法和先进经验，形成家校共育新设想

· 153 ·

校长培养培训课程体系的科学有效，有助于形成校长教师大胆探索创新、倾心办学治校、潜心教书育人，努力办好人民满意教育的局面；有利于形成教育家脱颖而出的制度环境，使广大校长教师在岗位上有幸福感、专业上有成长感、事业上有成就感。

第二节　名校长的成长

一、粤派名校长的特质

关于名校长的特质，有诸多专家、学者进行了研究。天津提出了名校长区别于一般校长的六个共同特征：热爱教育、执着追求、乐于奉献；教育经验丰富，总结形成了系统、先进、独特的办学思想；勤于学习、善于学习、学以致用；锐意改革、勇于创新、不断进取；精于业务、善于管理、绩效卓越；办学成就突出，在社会上有一定的影响和声望。毛志秀等认为，名校长在职业道德、业务能力、学术水平、教育管理实践能力、研究能力、学校办学水平等方面应得到显著提高，在执行党和国家教育方针、规范办学行为、推进地方基础教育改革发展中能发挥典范和引领作用。

熊焰等人认为，岭南心学思想孕育的粤派教育理念，强调"自觉、自信""自尊、变通""自为、创新""务实、求是"。粤派教育名校长有别于一般校长的重要特征是自信、自得、力行。作为名校长，需要具有坚定的理想信念、强烈的使命感和责任感，以及积极向上的心态。善于学习领悟他人的思想史、改革史、实践史，通过自悟—自度—自得，解决教育实践与专业发展中的"困"与"迷"，获得专业专长。同时，在求真务实的前提下，敢于创新、勇于担当。善于结合实际，不断创新教育实践，做到"学思结合、知行统一"，通过大量的教育实践提升教育自信。

二、课程理念

基于对粤派教育的核心精神分析，以及新时期对创新型管理人才的需求，粤派名校长培养课程更加注重校长的专业发展和综合素养培养，课程着重体现多元融合和建构发展。课程通过跨年度的系统培养，依据教育家型校长成长规律，结合培训对象的实际，通过内容丰富、形式多样的研修活动，激发名校长培养对象正向的教育发展信念和自我发展的动力,培养其良好的教育发展规划能力,提高实践能力和反思能力,促进个人发展与学校发展双元目标同步实现,为他们成长为教育家型校长奠定了坚实的教育思想和行动基础。

(一) 多元融合

遵循粤派教育培训课程"实干、自信、自学"三条主线,粤派名校长培训课程设计成"实践—问题—反思—再实践"的闭环式提升路径。

本培训课程传承粤派教育"自信""自得""力行"的特质,在课程设计时着重于培养坚定的"教育理想信念",由"知"转化为"行"。培训成果定位为"双标同步",意在提升个人专业能力的同时促进学校的发展,生成学校发展规划、学校改进专题探究总结报告、规划实践反思总结三大成果。通过"三段推进"实施步骤,促使学校规划制订有方法,学校问题解决有路径,实践成果能应用。通过课程的实施,培养对象逐步形成自己独特的教育思想,并具有创新意识、创新能力和勇于实践的精神。(见图9-2)

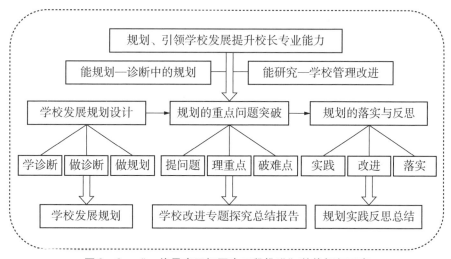

图9-2 "一能贯穿双标同步三段推进"整体框架示意

主线一:实干。以学校发展规划与学校管理改进为抓手,立足校长问题解决,帮助校长形成清晰的自我发展认知,提升校长核心专业能力。本项目通过两年周期性培养制订递进式研修思路,以"规划、引领学校发展提升校长专业能力"为研修主题,以"能够规划学校发展"为培养主线,着重提升名校长培养对象的管理能力和领导能力。以规划学校发展为培养目标,以所在学校管理改进为实践情境,把学员派出学校作为人才培育孵化基地,"养于斯益于斯",既培养了名校长,又在实践学习的过程中促进了本校的发展,使优秀人才培养与促进本校发展的双元目标同步实现。

主线二:自学。设置"基础型课程+发展型课程+研究型课程"三级课程,将"理论研修、合作研究、在岗实践、成果提升"四大环节有机整合,学员在理论导师与实践导师的指导下开展学习。

主线三:自信。通过"学校发展规划设计""规划的重点问题突破""规划的落实与反思"三大研修阶段,促进骨干校长向名校长成长,帮助其树立科学的教育理念,培养其强烈的终身学习意识,以及敢于挑战困难的毅力和勇气。

(二)建构发展

基于校长培养对象的发展特点,根据校长专业能力提高的一般规律"掌握先进理念—理念付诸实践—总结提炼实践经验—经验在实践中完善—完善后的经验升华",培训课程依照"学校发展规划设计""规划的重点问题突破""规划的落实与反思"三大研修阶段,每个阶段聚焦核心的目标,重点围绕校长"专业理解与认识、专业知识与方法、专业能力与行为"三个方面进行内容安排与整合,各个研修环节设置不同的研修任务,各个研修模块共同指向提升培养对象的学校规划能力和学校管理改进能力。

根据培训任务要求与校长专业发展需要解决问题,在课程内容设计上重点提供三级课程为知识支架(见图9-3)。三级课程包括基础型课程+发展型课程+研究型课程。其中,基础型课程主要为校长应知应会的知识,夯实校长专业基础,包括五个模块:校长角色认知与人文素养、政治理论与教育实践、教育法制基础、学校综合实务管理知识。发展型课程主要为校长领导力专项核心能力知识,增强校长角色的体验,使校长学会制订学校发展规划,提升管理实战能力,促进学校工作改进和学校发展,包括三个模块:学校发展理论链接、学校发展方法详解、特色学校建设案例优选。研究型课程主要为诊断与学校改进类内容,帮助校长诊断学校问题,以适应新形势、应对新局面、解决新问题,凝聚学校管理改进经验,包括三个模块:学校实践管理经验萃取、学校管理改进专题探索、学校管理改进实践成果凝练。

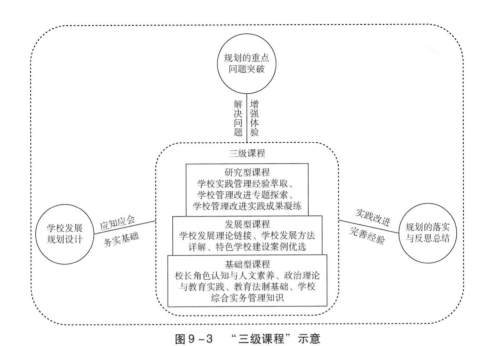

图 9-3 "三级课程"示意

三、课程目标

以两年为一个培养周期,通过集中研修与分散研修相结合的方式,以校长核心专业能力提升为目标,以专业理论素养提升为基础,以教育实践创新项目为载体,对校长进行个性化培养,指导和帮助他们开阔教育视野,拓展知识基础,优化知识结构,深化对教育规律的认识,提高领导管理学校的水平,增强教育实践创新能力。通过研修,学员应达到以下要求。

(1)系统了解中小学校长专业标准,明确校长专业发展方向,提高学校领导的管理能力。

(2)提高教育战略思维能力。深入领会党和国家现阶段的教育路线、方针、政策,了解经济社会发展趋势和国内外形势,能够从战略高度认识、把握基础教育的改革与发展方向,成为引领基础教育改革和发展的典范。

(3)增强教育实践创新能力。重点了解、掌握当代教育科学和领导管理科学的最新发展成果,拓展知识基础,优化知识结构,提高领导管理水平,增强教育改革创新能力。

(4)发展教育知识生成能力。系统总结办学经验,深刻反思实践,对基础教学和学校管理形成规律性认识，形成具有鲜明特色、能够有效指导学校教育发展的知识体系。

（5）发挥教育改革示范引领作用。自觉将其学习、研究和实践获得的新知识、新方法用于指导本校、本地区教育教学和学校管理工作，为本地区学校教育教学和管理改革提供示范，引领当地基础教育的改革和发展。

四、培训形式

（一）理论研修

主要帮助学员强化专业化意识与提升实践性思考问题的意识，本阶段在专家讲座、专业引领的基础上注重实践，采用学员论坛式的交流与分享、教育管理案例研讨、学校管理工作方案设计工作坊等培训形式，提升专业理论素养和解决实际问题的意识和能力。

（二）对话式研修

组织线上校长个人专业发展规划指导会，专家审阅校长个人专业发展规划文本，个性化跟进指导，线上直播答疑，学员根据专家指导意见完善个人专业发展规划。

（三）课题研究

学员拟定学校管理改进专题课题研究选题，撰写课题开题报告，分小组汇报报告内容，专家进行指导，学员根据专家意见修改并完善学校管理改进专题探究计划。

（四）跟岗学习

每位学员每学期到广东省（或江浙地区）名校长工作室跟岗学习，跟岗期间全程参与名校长工作室所在学校的行政管理、教学和教研活动。以"学校发展规划"与"学校管理改进行动计划"为研修任务，跟岗学员、带教学校形成学与教的合力，为学员提供一线经验支持。

（五）专题论坛（线上）

围绕学校建设与发展的关键问题，组织跨市与跨省的校长论坛，学员参与直播了解省内不同地市及省外同行的经验，突破时空局限，实现观点的交流与碰撞。

（六）校长学习会（线上）

通过定期组织不同主题的校长学习会，以学员自主策划为主，专家引领为辅，坚持问题导向，倡导对话分享，推广名校长品牌形象。

（七）学校诊断

围绕"一校一案"，专家组与学员形成研修共同体，以现场或远程形式进行问题诊断，同时，专家组还要对学员学习实践成果进行对比评价。

（八）教育考察

组织学员走进省内外优质教育区域进行教育考察，拓展思路，汲取知名学校的先进教育理念、办学思想和管理经验，启发其治校智慧。

（九）在岗实践

学员根据所学的新理念、新举措，结合本校（区域）实际完成办学能力（或特色）提升方案设计，在专家指导下以课题研究的形式开展教育教学改革实践，促进学校办学特色或教育教学水平提升。

（十）成果展示与专题研讨会

以"区域教育治理""学校改进与特色提升""优质学校建设"等为主题，进行项目成果展示，举办专题论坛，展示学员的学习成果和风采，促进学校优质发展与品牌提升。

五、课程实施

（一）第一年：能规划——诊断中的规划

内容定位：第一年研修内容聚焦理解校长角色，以制订学校规划为核心，每位校长掌握诊断技术，形成对规划的整体思考，围绕预设的"学校愿景规划、学生发展规划、课程教学规划、校本教研规划、教师队伍规划"五大拟解决的规划问题加深认识，并能基于本校实际与校长个人专业发展，形成个人发展与学校发展规划，并以课题的形式提出学校改进专题探究选题及开展研究与行动，激发校长任务驱动式学习，确保实效性与针对性。

成长脉络：清晰定位个人发展—学会整体诊断学校—了解学校规划内容—形成学校发展规划—提出管理专项选题—制订专项改进计划。

研修环节：省内集中＋学校诊断＋省内考察＋省内跟岗＋对话式研修＋课题研究＋专题论坛＋校长学习。

预期产出：个人发展规划、学校诊断报告、省内访学报告、小组跟岗案例、学校发展规划、校长演讲稿、学校管理改进专题（开题报告）。

核心成果：学校发展规划、学校管理改进专题（开题报告）。

（二）第二年：能研究——学校管理改进

内容定位：第二年研修内容以学校改进专题探究为核心，组织校长研习学校管理实务知识，提升学校管理能力，围绕预设的"学校管理实务、学校制度建设、德育工作管理、课程教学管理、教师队伍管理"五大拟解决的管理问题深度研习，基于本校实际与校长个人专业发展，以课题推动，组成同选题类别小组，以小组共研的方式探究专题，形成管理改进经验，同时完善规划实践反思总结。

成长脉络：夯实校长管理能力—实践管理改进行动—总结改进专题成果—优化学校发展规划。

研修环节：省外集中＋省外跟岗＋省外考察＋对话式研修＋课题研究＋专题论坛＋校长学习＋成果展示。

预期产出：省外访学报告、小组跟岗案例、校长演讲稿、学校管理改进专题中期报告、学校管理改进专题（结题报告）、规划实践反思总结。

核心成果：学校管理改进专题（结题报告）、规划实践反思总结、个人论文。

课程实施的具体内容如表9-8、图9-4所示。

表 9 – 8 课程实施的内容

年度	年度主题	维度	主要内容	关键行为	阶段产出	研修环节
第一年	能规划——诊断中的规划	学校愿景规划 学生发展规划 课程教学规划 校本教研规划 教师队伍规划	角色认知与校长视野	清晰定位个人发展 夯实校长专业基础	个人发展规划	理念研修
			学校诊断与规划思路	研习学校诊断技术 学会学校整体诊断	学校诊断报告	学校诊断
			特色建设与学校规划	观摩特色学校案例 汲取学校规划经验	省内访学报告 学校发展规划	学习交流
			案例下的规划实务	跟岗学习剖析自我 提出改进专题选题	小组跟岗案例 学校管理改进 专题探究计划	名校跟岗
			校长综合素养	自拟话题交流分享 实践参与成事成人	校长演讲稿	专题论坛 校长学习会
第二年	能研究——学校管理改进	学校管理实务 学校制度建设 德育工作管理 课程教学管理 教师队伍管理	领导知能与管理	聚焦校长专项能力 研习管理实务知识	省外访学报告	省外集中
			管理与实务实践	跟岗学习剖析自我 破解管理改进难点	小组跟岗案例 学校管理改进计划	省外跟岗
			学校信息化管理	观摩特色学校案例 总结管理改进成果 修订专题探究方向	省外访学报告 学校管理改进 专题中期成果	省外考察

续表 9-8

年度	年度主题	维度	主要内容	关键行为	阶段产出	研修环节
第二年			校长综合素养	自拟话题交流分享 实践参与成事成人	校长演讲稿	专题论坛 校长学习会
			经验梳理与凝练	优化学校发展规划	学校管理改进 专题探究总结 规划反思总结	成果展示

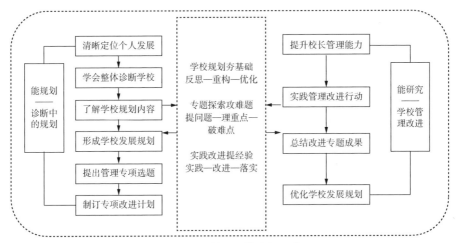

图 9-4 学员研修路径示意

六、考核评价

培训期间，项目组会为每一位学员建立电子版学习档案，对其每一次学习行为进行记录并进行可视化分析，同时汇集学习成果，生成作品集。

（一）学员研修成果

培训过程中，采取双维度发展性考评方式，从学员自身成长进步程度和学校发展进步程度两个方面进行考评。评价指标包括显性指标与隐性指标。

1. **显性指标**

（1）个人专业发展规划 1 份。

（2）学校发展规划 1 份。

（3）学校诊断报告 1 份。

（4）学校改进专题探究报告 3 份（含课题开题报告、中期报告、总结报告）。

（5）小组跟岗研修报告 2 份。

（6）省内外访学培训总结 2 份。

（7）规划实践反思总结 1 份。

（8）培养对象在培养周期内至少在教育类公开期刊（具有 CN、ISSN 刊号）上发表教育类论文 1 篇以上。

2. 隐性指标

(1)"学员成长状况"考评：采用项目组、专家组对学员的进步程度进行考核。

①参训学员对培训的参与态度及其时间精力的投入情况。

②参训学员对在培训中对知识掌握的情况。

③参训学员是否能够根据所学的内容，在实际工作中加以运用，对自己分管的工作进行诊断，写出诊断报告，制订改进计划，并得到领导班子和教师认可。

④参训学员分管工作的改进。

(2)"学校改进状况"考评：由专家组对学校的进步程度进行评定。

参训学员所在学校的学校整体或者某一领域改进前后的对比。

第三节 教育家型校长的修炼

一、何谓教育家型校长

建设高质量教育体系呼唤教育家型校长，教育家型校长办学是广东基础教育质量提升的重要途径，是打造南粤教育高地的关键手段。一所具有教育家精神的学校，未来必将通向高质量教育；一位粤派教育家型校长的诞生，必然是"自学、实学、意志"的粤派教育理念在校长培养培训工作与办学实践中取得重大实效的结果。

习近平总书记强调，"教育决定着人类的今天，也决定着人类的未来"，"教师是立教之本，兴教之源"。

2010年，中共中央、国务院印发的《国家中长期教育改革和发展规划纲要（2010—2020年）》提出，要创造有利条件，鼓励教师和校长在实践中大胆探索，创新教育思想、教育模式和教育方法，形成教学特色和办学风格，造就一批教育家，倡导教育家办学。2017年，国家施行《中小学校领导人员管理暂行办法》（中组发〔2017〕3号），提到注意育人的长效性与岗位的专业性，强调中小学校领导人员尤其是校长，要努力成为教育家型校长。2020年，《广东省教育厅 广东省财政厅关于印发〈广东省中小学"百千万人才培养工程"培养项目实施办法〉的通知》（粤教师〔2020〕6号）明确提出，为贯彻落实中共中央、国务院关于全面深化新时代教师队伍建设的有关部署要求,到 2035 年,省级培养项目培养数以千计师德师风高尚、教育理念先进和理论知识扎实、教育教学能力强和管理水平高,具有国际视野、创新精神、较大社会影响力和知名度的教育家型校长。

以上政策文件的陆续出台,说明对教育家型校长的培养已上升为国家战略,既是深化教育改革与发展的时代呼唤,也是校长与自身发展的现实需要。对粤派教育家型校长的培养,更是传承特色岭南文化、树立文化自信、提升区域教育质量、扩大粤派教育影响的价值追求。

(一) 概念界定

苏霍姆林斯基曾说:"一位好校长,就是一所好学校。"可见中小学校长在提升教育质量中起着关键的作用。在新时代教育家型校长呼之欲出之际,究竟何为教育家型校长,教育家型校长应具备什么特征、标准,需要针对此问题进行回答。

首先,在回答何谓教育家型校长之前,我们需要清晰何谓教育家,关于教育家概念的界定,学界暂未有正式的定义和标准。以下是影响较大且社会认可度较高的几种观点。

顾明远在其 1998 年主编的《教育大辞典》如此表述:"在教育理论或教育实践上有创见、有贡献、有影响的杰出人物。"[①] 这一概念的界定影响最大。他还在多篇论文中提道:"关于教育家,我现在还没有看到正式的定义或标准。我们不要把教育家看得太神秘,要求得太高,太严格。我想,一名教师或教育工作者,只要热爱教育事业,懂得教育规律和人才成长的规律,长期从事教育工作,做出了优异的成绩,并且对教育有研究,有自己的教育思想和先进理念,形成了自己的教育风格,在教育界有一定影响,就可以称为教育家。"[②]

孙孔懿在其 2006 年出版的《论教育家》一书中认为,教育家是指有创新、有贡献、有影响的教育实际工作者。他对教育家进行了谱系分析,指出凡是为教育做出贡献的,在社会上有影响的都可以称为教育家;按照教育的不同领域,教育家可划分为学校教育家、教育思想家、教育活动家、教育改革家等。

粤派校长在教育教学管理实践中也形成了自己对教育家的看法。吴颖民

[①] 顾明远:《教育大辞典》,上海教育出版社 1990 年版。
[②] 顾明远:《在教育家书院成立大会上的讲话》,载《中国教育学刊》2009 年第 3 期,卷首语。

认为:"教育家,简单地说,就是有较深的教育理论造诣且有较丰富的教育实践经验的专业人士。具体地说,一是有较为系统的、鲜明个性的教育主张;二是有长期的且较为成功的教育实践,经验丰富,成效显著;三是在一定区域内、行业内有相当影响力、知名度、美誉度。当然,他还应有深沉的教育情怀、较为丰硕的学术成果,以及对教育规律的把握等。"彭建平认为:"在岗位上勤奋实践—在实践中不断强化理论学习—在学习中创新理论实践探索—在探索中形成个人教育理论体系。"

其次,关于教育家型校长的概念,目前学界对之界定不下数十种,此处主要介绍有影响的几种。其一,教育家型校长是指经政府或有关部门依法定条件和程序任命或认可的,对一所学校负全面责任,对外全权代表学校,对教育和管理有着系统研究或实践并取得卓越成就,得到一定的社会公认,或对学校教育和管理产生较大影响的教育工作者。[①] 其二,教育家型校长是指具有先进的教育和管理理念,从事学校领导和管理工作并有较高的造诣,取得显著办学成效的学校领导者。[②] 其三,教育家型校长就是具有教育家基本模样的校长,是"准教育家"。[③] 其四,教育家型校长是指那些具有高远的追求,终生的教育热情,个性鲜明的教育思想,丰富的教育经历,富有成就的教育实践,广泛深刻的教育影响,其教育思想和教育成就为教育界和社会广泛认同,甚至在教育发展史上留下难以磨灭印记的校长。

以上众多教育研究学者对当代教育家型校长的著述,为粤派教育家型校长的成长与发展提供了重要的借鉴与启示。

二、教育家型校长培训概述

首先,教育家型校长作为校长专业发展的高级阶段,不是遴选出来的,更不是培训出来的。但是,不能由此否认教育家型校长的成长需要培训,专业化的校长培训是帮助其通向教育家型校长的重要手段,也是为教育家型校长的成长提供一个学习环境和加油站。

---

① 张玉堂:《在辨识中把握教育家型校长的特质》,载《四川教育》2004年第4期,第5页。

② 程振响、季春梅、孟明:《造就教育家型校长:中小学校长培训发展的时代命题》,载《江苏教育研究》2010年第10期,第7-10页。

③ 严华银:《推动创新型校长向教育家转型》,载《辽宁教育》2015年第11期,第39-41页。

其次，岭南心学中的"自度""自悟"与根治于粤派教育理念中"有主见地自学"，通过自学和自悟进行自度，自我管理和自我成长。岭南心学与粤派教育理念均强调教育家型校长，尤其是粤派教育家型校长更多的是在其持之以恒的实践与反思中成长起来的，是一种社会的公认，而不是谁任命的，也不是谁刻意培养或培训出来的。

最后，粤派教育家型校长的成长是一个长期的过程，也是校长按照粤派教育理念办学治校进行实践探索的长期过程，其受多种因素的影响。粤派教育家型校长成长的途径和方式也是多种多样的，在这个过程中，培训不是决定性的。我们在此提到的粤派教育家型校长培训，更多的是从培训作为教育家型校长成长的催化剂，作为其成长的一种可能的途径的角度来进行论述的。

（一）培训价值

1. 需求分析

（1）时代变革需要教育家型校长。党的十九大和十九届二中、三中、四中全会及习近平总书记出席全国教育大会并发表的重要讲话等一系列关于教育的重要论述、"十四五"时期建设高质量教育体系等均对教育领域的综合改革作出了重要部署，必须坚持全面贯彻党的教育方针，坚持优先发展教育事业，突出强调教育领域改革的整体性与协调性。广东作为教育领域改革的时代前沿，又是粤港澳大湾区与示范区建设的主要阵地，需要更多的教育家型校长成为打造南粤教育高地的支撑保障力量。

（2）教育家办学需要教育家型校长。教育质量提升需要实现教育家办学，要实现教育家办学，首先必须有教育家型校长。教育家型校长的出现，不仅需要各级组织的培养，其关键是校长自身成长的愿望和专业发展的内驱力，也需要专业的引领与培训。教育家办学是回归教育理性、实现教育科学发展的必然选择，要提高办学内涵和办学质量，教育家型校长是根本保证。

（3）岭南文化传承需要教育家型校长。岭南文化蕴含着丰富的思想内涵，是中华文化的璀璨明珠。学校作为文化延续的主要阵地，尤其是包含其中的岭南心学和孕育出的粤派教育理念，更需要教育家型校长作为实践者、继承者和发扬者。此外，广东省深厚的历史文化积淀，更为粤派教育家型校长提供了优质沃土。

（4）自身专业发展渴望成为教育家型校长。教育家型校长作为校长专业发展的高级阶段，不少校长以此作为自身发展的终极目标，也是作为自身教育理想的最终归宿，每一位校长都在遵循着教育家之路在不断前行。强烈的信念与专业意识使他们不断追求自身教育素质的卓越化，他们渴望成为教育家，渴望成为教育家型校长。

2. 教育家型校长的基本特征

（1）坚定的教育信仰。教育信仰是在一定的价值引导下形成的，是指在对教育进行理性认识的基础上所形成的观念体系，其凝结着以教育为手段促进人的发展的精神追求与价值性关怀，反映了教师对整个教育活动及自身职业的认知程度，在培养人的过程中体现出强烈的认同感和和持奉感。[①] 教育家型校长的教育信仰主要体现在对教育事业的倾注与对教育理想的追求两大方面。坚定的教育信仰培育了教育家型校长高尚的道德品行、高超的教育智慧、自信的性格品质与执着的教育追求。梁启超就曾提出："盖凡为教育家，必终身以教育为职志，教育之外，无论任何事，均非所计，又须头脑明净，识见卓越，然后就能负此重任。"[②]

（2）渊博的学识素养。中国古代的孔子、孟子、朱熹，近代的康有为、梁启超、陶行知、张伯苓、蔡元培，在他们的成长与发展过程中，无一例外都对多个领域的文化知识进行过系统深入的学习研究。孔子精通六艺，在德行、言语、文学、政事等方面均有很深造诣；蔡元培6岁入私塾，熟读经史，考取秀才之后博览群书，后留学欧洲，更是广泛涉猎多种学科领域，对革命、教育、政治、历史颇有研究；甚至像亚里士多德、柏拉图、杜威等国外大家也均对教育、心理、政治、历史等多领域进行系统的研究学习。对多个领域与学科的广泛学习与研究，能够为教育家型校长的成长与发展提供看待问题的不同视角与方法，进而促进其教育思想的创新。

（3）卓越的办学实践。教育家型校长首先是一名卓越的教育实践家。古往今来，像杜威的芝加哥实验学校、苏霍姆林斯基的帕夫雷什中学、陶行知的晓庄师范学校、张伯苓的南开系列学校，都是卓越的育人殿堂。他们饱含对教育事业的热爱，勇于探索和革新育人方式，并取得了卓著的办学实践成就，为后世积累了宝贵的办学实践经验。真正的教育家型校长，总是能够针对社会变革中的具体问题，着力依托教育改革，以先进的办学思想为指导，通过不断的办学实践，逐步凝练出有着自己独特风格而又富有成效的办学实践模式。

（4）成型的教育理论。教育家型校长内涵的一个核心要义就是要形成

---

① 张晓娟：《教师的教育信仰及其养成》，载《现代教育管理》2013年第2期，第96-99页。

② 陈学恂：《中国近代教育文选》，人民教育出版社1983年版，第142页。

自己独特的、符合教育规律的并经得起实践检验的成型教育理论体系。这其中包括了主张的教育思想、教学观、课程观、师生观、教育管理与教育评价等,这是教育家型校长办学与普通校长办学的本质区别之一。一名校长要想成为教育家型校长,不仅要有技术层面的因素,更重要的是要在思想与理念层面,善于研究,著书立说,用先进独到的教育思想理论指导办学实践,培养出优秀人才,甚至产生积极的社会影响,使之能够带动更多人投入教育改革实践,那些在办学过程中只会惯于执行上级行政命令的校长,是不可能成为教育家型校长的。如同陈玉琨教授所指出的,具有独到而鲜明的教育思想,是教育家型校长最显著的特征。①

(5) 显著的教育影响。教育家型校长应该在教育界具有显著的教育影响,而显著的教育影响又是一名教育家型校长成长发展的必然结果。具有坚定的教育信仰、渊博的文化知识,并在长期办学过程中形成系统的教育理论,进而取得卓越的办学实践成就,那么校长们得到社会的认可并对教育事业产生深远的影响便是水到渠成的事情。从这方面来讲,显著的教育影响应该是一名校长成长为教育家型校长的必然结果,而不是刻意地追求。陶行知被誉为中国现代杰出的人民教育家,一个重要的原因就在于其实践成就穿越了时空,一直影响后世,长久不衰。

3. 粤派教育家型校长的能力要求

粤派教育家型校长的主要特征和粤派教育内涵密不可分,粤派教育的核心精神包括"自觉、自信""自为、创新""务实、求是",这些内容不仅引领了粤派教育家型校长的成长方向,也涵盖了粤派教育家型校长所需要的特质。

首先,一个好的校长要有自觉心和自信心,找准自身的定位,在长期的学习和实践过程中,通过不断批判、构建和反思,逐渐形成个性鲜明的教育理念和教学风格,建立起一套系统的、成熟的教育理论和教学方法,并坚定个人信念,把研究的成果付诸教育教学和工作管理实践中。

其次,粤派教育家型的校长还应拥有静修和创新的能力,在不断变化的时空中,持续关注国内外教育的发展动态,集众家之长,不断更新自身的理念;在方向把握、校风建设、教师团队带领等方面,保持好奇心,提高创造能力和自我修养水平,做到与时俱进,在万变中坚守一颗恒常之心。

最后,粤派教育家型的校长应具备务实和求是的精神。

---

① 大家说法:《教育家办学不是一句空话》,载《中国教育报》2012年3月6日,第6版。

（二）培训目标

《广东省教育厅 广东省财政厅关于印发〈广东省中小学"百千万人才培养工程"培养项目实施办法〉的通知》（粤教师〔2020〕6号）明确指出："到2035年，省级培养项目培养数以千计师德师风高尚、教育理念先进和理论知识扎实、教育教学能力强和管理水平高，具有国际视野、创新精神、较大社会影响力和知名度的教育家型校长。"

"百千万人才培养"工程以习近平总书记关于教育重要论述为指导，以教师继续教育和专业发展为客观规律统领教育家型校长培训的各项工作，通过该项目的实施，培养一批爱教育、懂教育、做教育的教育家型校长，为广东省教育优质均衡发展、办好人民满意教育提供有力的人才支撑。

总之，这是一个动态化、差异化的目标，粤派教育家型校长培训目标的确立，要兼顾其自身特征，每一位培养培训对象都是个性鲜明的人，培养目标的确定要根据培养对象的自身情况而定，如果我们扼杀了校长的个性，也就扼杀了其成长为教育家型校长的可能性。同时，遵从校长的成长规律与教育改革发展的时代需求，杜绝整齐划一与不切实际的目标。

（三）培训原则

培训原则如图9-5所示。

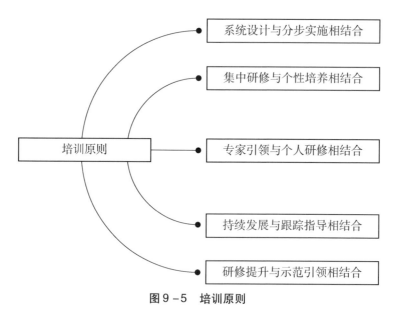

图9-5 培训原则

系统设计围绕培训目标形成实施方案,分步实施对应培养对象不同的成长阶段;集中研修关注培养对象通识性、基础性的发展需求,个性培养贴合培养对象自身倾向特点;专家引领为培养对象提供专业发展的深入指导,自主研修可激发培养对象的内驱力;持续发展促进培养对象坚定走在教育家型校长的路上,跟踪指导为其在沿途中可能出现的疑惑及困难提供指导与帮扶;研修提升重在持续的自我积累与成长,示范引领注重发挥区域辐射作用,带动教师队伍水平的整体提升,引领广东省教育事业改革与发展。

(四)培训流程与阶段

培训流程与阶段如图9-6所示。

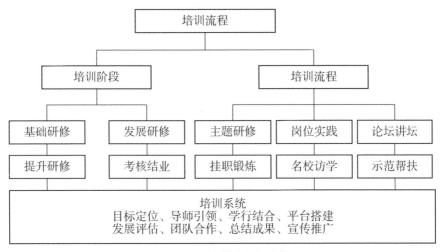

图9-6 培训流程与阶段

目标定位确认培养对象自身专业发展的目标与规划,发展评估追踪考量培养对象成长进步的情况。导师引领实现理论与实践结合的双导师指导制度,团队合作围绕课题研究开展交流研讨,学行结合实现理论研修与境内外基地交流实践,总结成果围绕专业成长领域与特长归纳成效,平台搭建为教育家型校长交流辐射提供条件,宣传推广帮助培养对象出版论文专著与传播培训成果。

根据广东省"百千万人才培养工程",教育家型校长培养周期为3年;而作为培训,可贯穿整个培养周期进行,也可针对其中一个培养阶段进行。关于教育家型校长的培训,此处可分为四个阶段进行,旨在将培养对象引领到教育家型校长的发展之路上。

第一,基础研修阶段。重点开展系统的教育教学理论学习、师德师风、职业理想、教育科研方法提升等主题研修活动,也可根据培养对象需求,开展急需提高的主题研修;通过专题讲座、书籍阅读、学术沙龙等形式,增强培养对象的责任感与使命感,提升培养对象的综合素养和教育科研能力;在总结、反思、凝练的基础上,做好培养对象的专业发展规划。

第二,发展研修阶段。在完成基础研修阶段的基础上,确定年度发展目标与路径。通过主题研修、课题研究、岗位实践、论坛讲坛等形式,引导培训对象进一步明确个人专业成长定位、定型,逐步构建个人的教育思想体系。

第三,提升研修阶段。培养对象扎根自己的发展领域,通过国内外名校访学、挂职锻炼、示范帮扶等方式,在实践中不断丰富和完善个人教育思想体系;并通过成果交流、成果推介、宣传报道等方式,宣传其系统化的教育思想,扩大知名度,逐步迈上成名成家的台阶。

第四,考核结业阶段。通过专项课题结题、结业答辩、综合考核,确定培养对象周期性结业与肄业;根据研修成果价值,结集出版培养对象的研究报告、学术论文、教育故事和个人教育思想专著等。

(五)培训内容

根据岭南心学传统形成粤派教育的核心精神,运用中国的心学(积极心理学)并关联大五人格所追求的方向,立足未来教育家校长的社会需求,精心设计培训课程内容并建构新的课程结构体系,突出培训工作的针对性与时效性,其目的是使校长"知、情、意、行"逐步上升、整合并最终走向教育家型校长。

培训的主要内容包括六大方面:以立德树人为核心的师德提升,以通识教育为核心的综合素养提升,以科研能力为核心的科研提升,以信息技术应用能力为核心的信息素养提升,以教育理论为核心的理论素养提升,以实践探索为核心的教育实践提升。同时,围绕培养对象群体的共性需求和个体的个性需求,采用集中研修和个性研修相结合的培养模式进行,促进培养对象总结提炼教育教学实践经验,基本形成自身独特的粤派教育教学思想或教育教学模式。

三、教育家型校长的课程设计范例

教育家型校长的课程设计范例如表9-9所示。

表9-9 教育家型校长的课程设计范例

阶段	目标	方式	内容列举
基础研修阶段（第一年）	1. 增强责任感与使命感，提升综合素养和教育科研能力；2. 在总结、反思、凝练的基础上做好专业发展规划	1. 理论学习；2. 主题研修；3. 书籍阅读	1. 教育热点前沿；2. 教育理论与实践；3. 政治与经济；4. 文化与管理；5. 哲学与艺术；6. 读书研修
发展研修阶段（第二年）	1. 进一步明确个人专业成长定位、定型；2. 逐步构建个人的教育思想体系	1. 岗位实践；2. 课题研究；3. 论坛讲坛；4. 书籍阅读	1. 教育教学与管理实践的教育实验；2. 专业发展指导，教育实践经验与积淀总结提炼；3. 专业发展定位定型，个人发展规划与年度研修计划指导；4. 研修成果研讨与展示；5. 课题研究：围绕专业发展定位，明确个人教育思想研究方向，开展专项课题研究；6. 巡讲与交流：全国教育学术论坛、粤派教育家型校长讲堂、省外教育家型校长交流、边远地区巡教示范等；7. 读书汇报交流
提升研修阶段（第三年）	1. 丰富和完善个人教育思想体系；2. 成果交流与推介，扩大知名度	1. 名校访学；2. 挂职锻炼；3. 示范帮扶	1. 教育教学思想提炼指导；2. 科研论文、研究报告、教育教学思想专著指导；3. 国内外教育教学、教研与管理实践；4. 个人教育教学思想体系构建指导；5. 学位进修指导

续表9-9

阶段	目标	方式	内容列举
考核结业阶段（第四年）	1. 综合考核培养对象是否达标； 2. 研修成果梳理，结集出版	1. 结业答辩； 2. 综合考核； 3. 专著出版	1. 成果推介会； 2. 媒体宣传

四、教育家型校长的培训管理与评价

教育家型校长培训工作是一个庞大的工程，要求严格，不拘一格，责任重大。因此，牢固树立服务意识，提供实施培训的各项保障条件，推行有效的培训保障措施，才能使教育家型校长的培训工作落到实处。

（一）培训管理

1. 成立三级管理机构

为提高培训的质量，保障培训的顺利开展，成立三级管理机构。由主办单位与承办单位联合成立领导小组，负责项目的统筹管理、经费保障、质量评估、出席重要仪式与活动等。领导小组下设专家团队和管理团队，其中，专家团队含高校理论导师、中小学名校实践导师及课题导师，主要负责训前调研、课程设计、专题讲座、课题指导、实践指导及成果评估等工作；管理团队则起到助学和促学的作用，负责开展活动策划、后勤保障、资源调配及过程管理等工作。学员组建班级、选派班委，开展自我激励、自我管理、自我服务；根据课题研究方向，将学员分成若干个学习小组，同时也是课题组，组成学习共同体开展学习研究活动，方便管理。

2. 建立立体管理机制

建立阶段性成果分享机制，激励学员积极进行成果展示，促进思想交流、碰撞智慧。建立学习过程管理机制，管理任务落实到各小组组长，定期组织小组成员开展问题研讨、课题研究、成果梳理等活动，定期上报学习记录及成果。完善安全保障机制，从食宿、交通、外出等方面加强安全管理，为参训学员办理保险，加强培训纪律要求，以预防为主，确保不出现任何安全事故。完善后勤管理机制，为培训学习创设良好的学习条件，配备完善的设施设备、学习资源等，提高后勤工作人员服务质量，为学员提供安全、事宜的后勤保障。建立跟踪指导机制，一是为学员各阶段的跟岗实践指派实践导师跟进指导学员的实践；二是为各课题组指派特定的课题导师指导学员开展课题研究活动、梳理成果；三是通过线上线下等多种渠道对学员的学习进行跟踪，及时督促学员学习和提交学习成果。强化监督评估机制，通过线上线下、定期或不定期、请进来派出去、点对点或以点带面、自评互评第三方评价等多种方式及技术手段，监管培训过程、评估培训成果。完善信息化管理机制，培训全程管理信息化，利用公众号实现培训通知发布、培训考勤、培训简讯发布等；利用培训平台构建粤派教育家名校长工作坊、课题工作室等，实现线上线下、随时随地的跟踪指导、学习交流等服务。

（二）培训评价

培训评价结合形成性评价和总结性评价，营造外紧内松的管理氛围，注重评价结果的运用，注重实效，建立粤派教育家型校长成长档案。

1. 主要评价内容

对出勤率和学习态度的评价。出勤情况能反映学员的思想作风、组织纪律观念和学习态度，只有保证出勤，才能进行正常的授课，保证听课效率。对任务完成情况的评价，即结合每一个阶段完成的学习任务（学校发展方案、学习体会报告、实地考察报告、发表论文、著书立说等），对学习的成果进行评价。对学习过程的评价：讨论是学员进行自我提高、相互学习、相互启发、相互促进的一种有效形式，在培训期间组织的各种研讨中，记录每一位校长的表现，给予相应的形成性评价成绩。对实践活动的评价：通过校长参与岗位实践、挂职锻炼等行动方案的实施效果，给予相应的评价。

2. 主要培训成果

（1）形成具有影响力的粤派教育家型校长与品牌学校。

（2）编辑出版《粤派教育家型校长培训纪实》和《粤派教育家型校长成长规律研究》。

（3）学员发表作品（每人至少发表1篇论文或出版1部关于办学思想的专著）。

（4）提炼办学思想研讨会成果，编辑出版《走近粤派教育家型校长·办学思想文集》。

第十章 专项/专题培训

第一节 师德师风培训

一、师德师风概述

教师是教育之本,师德是教师之魂。打造高质量教育体系,落实立德树人的根本任务,关键是建立高素质、专业化、创新型的教师队伍,在基础教育课程改革新时期,如何办好让党和人民满意的教育、如何加强师德师风建设是当前所面临的艰巨任务。

(一) 何谓师德师风

立足于当前广东省教育实际,科学合理地界定师德师风内涵,是师德师风建设最基础也是最核心的问题;同时,作为一种道德规范,其内涵的确立是形成规范意识并遵守规范的前提。

习近平总书记要求全国广大教师做"四有"好教师,是对师德师风赋予了新的时代内涵。首先要有理想信念,成为"经师"和"人师"的统一,既要精于"授业""解惑",又要以"传道"为责任和使命,由此成为中国特色社会主义共同理想和中华民族伟大复兴中国梦的积极传播者,帮助学生筑梦、追梦、圆梦。其次要有道德情操,成为以德施教、以德立身的楷模。教师的人格力量和人格魅力是成功教育的重要条件。"师也者,教之以事而喻诸德者也。"教师要有奉献精神,自觉坚守精神家园、坚守人格底线,带头弘扬社会主义道德和中华传统美德,以自己的模范行为影响和带动学生,并对所从事的职业报以忠诚和热爱。当然,教师还要有扎实的学识、过硬的教学能力、勤勉的教学态度、科学的教学方法,这些都是教师的基本素质。在信息时代,教师要拥有胜任教学的专业知识、广博的通用知识和宽阔的胸怀视野,成为具备学习、处世、生活、育人能力的智慧型老师。最后,教师对学生的教育和引导应该是充满爱心和信任的，在严爱相济的前提下晓之以理、动之以情，让学生"亲其师""信其道"。因此，加强师德师风建设、强化师德培训是打造一支令人民满意的教师队伍的首要之义。

（二）加强师德师风培训的重要性与紧迫性

如今，"师德失范"现象频生，新时期教师形象的维护已不容忽视。中华民族自古有尊师重教的情怀，一年一度的教师节和孔子诞辰纪念日，师德楷模的故事常被传颂。同时，自媒体飞速发展加快了传播的速度，一些具有个案性质的教师违法违纪行为也在曝光，更有甚者出现偏离事实网友盲目跟风、随意上纲上线的现象。作为"办人民满意教育"具体实施者——教师，应比以往更重视自身师德师风建设，守住职业底线，完成天底下最为光辉的事业。然而，自身要求不严格，制度不够健全，各级管理缺位等也常常出现不让"人民满意"行为。近年来，教育部持续对违反教师职业行为十项准则的典型问题进行公开曝光，以下列举的个案值得分析现象以挖掘背后的成因，把师德师风培训作为各类教师专业培训的必修课。

> 2015年以来，广东省深圳市龙岗区如意小学教师胡某某多次抄袭他人作品用于自己出版书籍、发布微信公众号推文以及主编教材等，并获得多项荣誉称号。
>
> 2018年，刘某开办"金冠艺术培训中心"，之后一直利用晚上和周末为本校及校外学生进行有偿补课。
>
> 2018年至2019年期间，广西壮族自治区来宾市兴宾区大湾镇中心小学教师肖某，利用教导主任和教师身份便利，猥亵多名未成年女学生。
>
> 2020年5月，江苏省宿迁市沭阳县翰林学校教师耿某在上课时间带领学生为娱乐明星应援，并录制视频在网络传播，造成不良影响。
>
> 2021年3月5日，陕西省宝鸡市扶风县第三小学教师赵某某，因某学生作业中一道数学题未带计量单位，欲用卷成筒状的书本打手训诫，在该生闪躲后，将书筒从讲台扔向该生，导致该生右侧面软组织挫伤，右眼及面颊部挫伤。
>
> …………

这些例子都反映出极个别教师理想信念缺失、育人意识淡漠、法纪观念淡薄，同时也说明部地方教育部门和学校在师德师风建设上还存在短板，思想认识不深刻、教育引导不深入、监督管理不到位、违规惩处不坚决，以致养痈遗患，对学生造成严重伤害，对教师队伍形象造成严重损害。因此，加强教师队伍师德师风培训工作，是当前一项紧迫且重要的任务。

（三）党对新时代师德师风建设的要求与指导

党和国家历来都把提高教师思想政治素质和职业道德水平摆在教师队伍建设的首位。尤其是党的十八大以来，党和国家多次强调师德师风建设的问题，师德师风直接影响到"为谁培养人""培养什么样的人"的根本目标。

在教育发展的新形势下，中央、国家层面对教师队伍的建设提出了更高的要求，并出台了一系列重要文件（先后印发了《关于全面深化教师队伍建设改革的意见》《教育现代化2035》《关于深化教育教学改革全面提高义务教育质量的意见》《关于新时代推进普通高中育人方式改革的指导意见》等政策文件）。广东省委、省政府也先后印发了《关于全面深化新时代教师队伍建设改革的实施意见》《关于推动基础教育深化改革高质量发展的意见》；2020年5月，广东省教育厅在全省教师工作会议上明确了广东省基础教育高质量发展和教师队伍建设改革的新要求。

《关于加强和改进新时代师德师风建设的意见》提出了加强师德师风建设的总体要求。一是要以习近平新时代中国特色社会主义思想为指导，深入学习贯彻习近平总书记关于教育的重要论述和全国教育大会精神，把立德树人的成效作为检验学校一切工作的根本标准，把师德师风作为评价教师队伍素质的第一标准，将社会主义核心价值观贯穿师德师风建设全过程，严格制度规定，强化日常教育督导，加大教师权益保护力度，倡导全社会尊师重教，激励广大教师努力成为"四有"好老师，着力培养德智体美劳全面发展的社会主义建设者和接班人。二是要坚守基本原则，即坚持正确方向，坚持尊重规律，遵循教育规律、教师成长发展规律和师德师风建设规律，坚持聚焦重点，坚持继承创新。三是要确定总体目标。经过5年左右的努力，基本建立起完备的师德师风建设制度体系和有效的师德师风建设长效机制；教师思想政治素质和职业道德水平全面提升，教师敬业立学、崇德尚美呈现新风貌；教师权益保障体系基本建立，教师安心、热心、舒心、静心从教的良好环境基本形成，师道尊严进一步提振；全社会对教师职业认同度加深，教师政治地位、社会地位、职业地位显著提高，尊师重教蔚然成风。

因此，做好师德师风培训工作，是全面落实党对师德师风建设要求的重要措施。

（四）粤派教育理念下的师德师风

岭南心学是在岭南地域产生和发展起来的心学文化形态。陈白沙"自然""自得""由我"的心学观点确立了其主体哲学的主要思想，也拉开了岭南心学研究的序幕。湛若水创造性地提出了"随处体认天理"的观点，认为人人都可通过主体自身的努力，在日常生活实践中达到境界的升华。在心学观上，梁启超特别强调"真我"和"自由"，正是因为这种主体意识，使其成为中国近代启蒙思潮的领袖和现代新文化运动的先驱。孙中山先生毅然打破"知之非艰，行之惟艰"的迷信，从认识上树立"行易知难"的信念。从积极心理学的角度上说，个体层面的积极的人格特性包括爱与召唤能力、勇气、灵性、人际交往技巧、审美观、韧性、宽容心、创造性、对未来的憧憬、洞察力、天才和智慧。

粤派教育理念中的师德师风聚焦了当今世界对教师个体心智、人格、行为的具体行为，因此，在对师德师风建设进行培训时，要注重从政策理论和实践活动两方面设置课程。第一类课程是政策文件类学习课程，此类课程主要明确方向和目标，培养底线思维，养成"行易知难"的信念；第二类课程是实践类学习课程，此类课程主要培养教师在实践中观察、感悟的能力和审美能力，借助参与分析，不断完善教师个体世界观的构建。

二、粤派师德师风培训体系

结合当前广东省师德师风建设实践经验，吸收国内外中小学师德师风培训成果，立足粤派教育中师德师风文化传统，开展分层分类师德师风培训，将师德师风培训纳入新教师、骨干教师、名教师等各项培训；同时，将师德师风培训纳入教师专业发展的全过程。

（一）培训理念

对于师德培训的基本理念，《教育部办公厅关于印发〈中小学教师培训课程指导标准（师德修养）〉等3个文件的通知》对其作出了全面科学的阐释。因此，该部分培训理念主要引自此文件并结合粤派教育理念内容进行阐释。

1. 价值引领，确保方向

粤派师德师风的培训，不仅要提升参训教师的思想政治素质，而且要将教育技能纳入培训体系；不仅要深化社会主义核心价值认同，而且要提高教师的育人能力。以此引领教师坚定"四个自信",增强"四个意识",锤炼师德品格,做好"四个引路人"。

2. 遵循规律,知行合一

粤派师德培训不仅要遵循师德认知、情感、意志、行为相统一的发展规律以及教师在课堂教学与班级管理中感悟、践行与升华的实践规律,还要结合岭南心学中自许、自尊、自为、自爱的特点;既要提升教师的师德意识,激发教师的师德情感,又要使其养成师德行为。从而启发教师既要"学出来、悟出来",更要"做出来、传下去",做到师德的知行合一。

3. 学生为本,立德树人

师德发展的根本目的是以德育德促进学生全面发展和健康成长,落实立德树人根本任务,培养德智体美劳全面发展的社会主义建设者和接班人。确立高尚师德是教师育人能力发展的关键,提升教师育德能力是促进师德发展的内在引擎,也是教师专业能力全面发展的内在要求。师德培训要帮助全体教师深刻认识、科学把握学校各项工作的育人功能和育德价值,通过课堂教学与班级管理践行师德,促进学生全面发展。学科教学是教师对学生产生影响的重要途径。师德培训应引导教师以学科本体知识为突破口,通过课堂教学、实验操作、家庭教育指导等方面的内容,合理挖掘教学内容和载体所蕴含的德育元素,实现学科教学中的德智融合。

4. 系统设计,分类实施

师德培训的对象为全体在职中小学教师。不仅要做到学科教学全覆盖、岗位全覆盖,形成一个师德全员培训体系,还要根据教师群体的整体特性,分层分类实施师德培训,系统规划和设计线上线下相融合的以满足不同层次教师群体的师德培训课程。

(二)培训目标

粤派师德师风培训目标,主要在于激发参训教师的道德自觉,提升师德修养,以自身践行新时期师德师风建设内涵。

1. 新教师的师德师风培训

新教师的师德师风培训的重点在于引导其树立立德树人理念,坚定职业信仰,培养自觉遵守职业规范意识,修炼职业形象,为立德树人奠定基础,帮助其建立职业使命感、责任感和敬畏感,培育师德教育情怀,激发专业发展热情,"扣好职业生涯的第一粒扣子"。

2. 骨干教师的师德师风培训

骨干教师的师德师风培训的重点在于提升师德境界,深化对师德内涵的理解，强化做"四有"好老师的使命与担当，做到以德施教、以德育德，锤炼师德品格，提高师德践行能力。

3. 名教师的师德师风培训

名教师的师德师风培训的重点在于提升其师德师风引领力，提炼师德典型经验，掌握实施渗透师德教育的方法，践行高尚师德，树立师德楷模。

（三）培训课程列举

培训课程设计遵循师德养成与师德培训规律，以培育和造就新时代"四有"好老师为主要目标，同时设置具有粤派教育特色的师德师风培训课程体系。（见表10-1、表10-2、表10-3）

表10-1 新教师师德师风专项培训示例（第一类）

主题	主要内容	课时	要求
国家在、省、市、区教育改革类文件	师德师风专项；重大教育改革要求	4课时	1. 授课专家：大学教授及区域教师发展中心教师为主； 2. 授课形式：以解读文件和案例分析为主
教育技能	备课技能	4课时	1. 授课专家：教研机构学科专家及一线教师； 2. 授课形式：以课堂实录分析和参与式为主
教育技能	授课技能	12课时	1. 授课专家：教研机构学科专家及一线教师； 2. 授课形式：以课堂实录分析和参与式为主
教育技能	班主任技能	8课时	1. 授课专家：以学校行政人员及一线教师为主； 2. 授课形式：课堂实录和某些理念指导下的班主任技能操作，如"正面管教"
评价	写一份教学设计； 写一份个人三年规划； 讲一个身边的好老师一周的故事		

粤派教育理念主张教师通过自身努力实现自我理想。培训课程重点关注没有教学经验的新教师原有的学习经历，他们刚离开学校，依然保存良好的听课状态，因此安排了较多的听课学习。培训中提供的案例便于青年教师观摩学习，使他们在借鉴和模仿中不断构建自我成长的模型，在反思中成长。

表 10-2　骨干教师师德师风专项培训示例（第二类）

主题	主要内容	课时	要求
国家、省、市、区教育改革类文件	师德师风专项	4课时	1. 授课专家：以一线名师主讲为主； 2. 授课形式：以解读文件和案例分析为主
	重大教育改革要求	8课时	1. 授课专家：大学教授及区域教师发展中心教师为主； 2. 授课形式：①以解读文件和案例分析为主；②名师、名校长自身在时代潮流中的成长分享
教育技能	以学生为中心的教学实施策略	8课时	1. 授课专家：教研机构学科专家及一线教师； 2. 授课形式：以课堂实录分析和参与式为主
	基于实证的课堂分析	8课时	1. 授课专家：教研机构学科专家及一线教师； 2. 授课形式：以课堂实录分析和参与式为主
	学校教研组建设策略	4课时	1. 授课专家：学校行政人员及一线教师； 2. 授课形式：课堂实录和某科学理念指导下的教研方式变革操作，如"华东师范大学课程所的学历案教学"
评价	完成一份"学历案"； 实录一次教研组活动； 拍摄自己一天的工作历程，并进行自我点评和邀请名师点评		

积极情绪是积极心理学研究的一个主要方面，它主张研究个体对待过

去、现在和将来的积极体验。本示例通过一线教师讲好自己的教育故事，以好故事感染人、鼓舞人、启发人、引领人来引导和促进同行坚定理想信念，做"四有"好老师，为落实"立德树人"根本任务、办好人民满意的教育做出新的贡献。这个核心任务在本培训系列中显得尤为重要。此外，骨干教师在工作中遇到的更大的问题就是如何让更多学生学会（课堂效率问题），因此他们期盼教研组助推自我成长，也希望自我发展在自己的教研组中得到认同并组建发展团队，迎接职业发展的更高平台。此设计契合教师经过工作实践后有所做、有所思并实现有所悟，促进自我不断提升的粤派理念。

表10-3 名教师培训师德师风专项培训示例（第三类）

主题	主要内容	课时	要求
国家、省、市、区教育改革类文件	师德师风专项	4课时	1. 授课专家：以一线名师主讲为主； 2. 授课形式：以解读文件和案例分析为主
	重大教育改革要求	8课时	1. 授课专家：大学教授及区域教师发展中心教师为主； 2. 授课形式：①以解读文件和案例分析为主；②名师、名校长自身在时代潮流中的成长分享
教育技能	凝练教学风格	8课时	1. 授课专家：大学教授及教育名家； 2. 授课形式：讲授及案例分析，自我撰写及修改
	组建工作室	8课时（不包括实践课时）	1. 授课专家：省、市、区工作室主持人； 2. 授课形式：建设工作室并开展工作
	核心素养理念下的课堂教学方式变革	4课时	1. 授课专家：高校专家及教研机构专家； 2. 授课形式：课堂实录和某科学理念指导下的课堂教学方式变革操作，如"华东师范大学课程所的学历案教学"
评价	教骨干教师写一份学历案； 给一位前辈写1万字的教学故事； 邀请三位同伴对自己的教学风格做点评		

想知道为什么有人比其他人更容易感到快乐，就必须了解保持和提高长期快乐以及个体感情产生的认知过程和动机水平。因此，经过长期实践得到学生、家长、同事和学校的认同，并走向名师的行列，如何保持源动力是教师持续发展的一个重要因素。本培训注重引发优秀教师在人性角度的内涵思考，主要让教师在团队中以任务带动更大的认同，以获得自身幸福的滋养，从而激发更大的动力。

四、师德师风培训管理与实施

根据国家对中小学师德培训的导向和要求，培训的实施是师德培训工作顶层设计的达成，是提升培训工作的专业性、时效性、针对性的关键环节。

（一）培训管理

1. 成立三级管理机构

为提高师德师风培训质量，保障培训顺利开展，成立三级管理机构。由主办单位、承办单位联合成立师德师风培训领导小组，负责项目的统筹管理、经费保障、质量评估、出席重要仪式与活动等。领导小组下设专家团队和管理团队，其中，专家团队含高校教师、中小学及幼儿园名教师、一线教研员、名校园长等，主要负责训前调研、课程设计、专题讲座、实践指导及成果评估等工作；管理团队则起到助学和促学的目的，负责开展师德活动策划、后勤保障、资源调配及过程管理，并将参训教师分成若干个学习小组，组成学习共同体开展学习研究活动，方便管理。

2. 建立立体管理机制

建立阶段性培训成果分享机制，激励参训教师积极进行培训成果展示，促进交流、碰撞智慧。建立师德培训学习过程管理机制，管理任务落实到各小组组长，定期组织小组成员开展师德问题研讨、课题研究、成果梳理等活动，定期上报师德学习记录及成果。完善安全保障机制，从食宿、交通等方面加强培训安全管理，为参训教师办理保险，加强培训纪律要求，以预防为主，确保不出现培训安全事故。完善后勤管理机制，为师德培训学习创设良好的学习条件，配备完善的设施设备、学习资源等，提高后勤工作人员服务质量，为参训教师提供安全、适宜的后勤保障。强化监督评估机制，通过线上线下、定期或不定期、请进来派出去、点对点或以点带面、自评互评第三方评价等多种方式及技术手段，监管师德培训过程、评估师德培训成果。完善信息化管理机制，努力将师德培训全程管理信息化，利用网络实现培训通知发布、培训考勤、培训简讯发布等，实现线上线下、随时随地的跟踪指导、学习交流等服务。

（二）培训实施

1. 领导小组统筹

成立师德师风培训项目专门领导小组，负责各方面人员和资源组织协调，以及设备利用、实施计划制订、过程落实、实施指导、检查管理等工作的统筹安排，形成科学合理的服务管理指导思想。

2. 专家团队跟踪

根据师德师风培训项目要求，组建以高校教育专家、学科专家、一线教师、教研员为主的高水平师资团队，为参训教师在培训期间、培训结束后的交流、作业提供专业的指导，并做好参训教师的考核工作，保证参训教师的学习质量。

3. 管理团队协助

为师德师风培训项目配备专业的管理团队。在培训开始前对管理团队进行培训，以了解培训具体安排及学习应急事件处理办法。从训前筹备工作到训中参训教师学习管理，再到训后持续跟踪服务，管理人员将全程融入并记录参训教师的生活、学习，全面协助参训教师，及时应对处理各种突发状况，保证参训教师的学习热情。

4. 客服团队跟进

组建专业客服团队，接收参训教师的反馈、投诉、咨询等，保障参训教师的合法权益。根据参训教师的反馈提供相应的帮助，主动回访参训教师调查满意度，并根据满意度进行下一个阶段师德培训的改进。

5. 建立参训教师的师德师风成长档案

建立并记录参训教师的个人师德成长档案，汇总参训教师参与的师德培训学习资料和作业，完成师德作业汇编工作，建立学习共同体，共享学习资料，制作回顾视频，帮助参训教师反思、总结，做好资料存档共享。

6. 构建师德培训评价机制

以符合参训教师的心理特点及师德养成与培训规律为前提，评价的重点是通过培训，让教师得到成长，并促进学生发展。

对参训教师的评价，不仅要关注对师德理念认识的提升，还要关注具体践行师德行为。对于评价方式的选用，采用定性评价与定量评价相结合、及时评价与后续评价相结合、阶段性评价与整体性评价相结合、自评与他评相结合的多元评价方式，对参训教师进行全面有效的评价。

第二节 学前教育培训

一、粤派教育理念下的学前教育培训的基本原则

（一）师德为先

将社会主义核心价值观和职业道德规范融入幼儿园园长/教师/保育员培训课程，注重幼儿园园长/教师/保育员的职业理想、敬业精神和奉献精神教育，引导幼儿园园长/教师/保育员将立德树人根本任务落实到保教工作的全过程，热心保育、依法保育、为人师表、关爱幼儿、团结协作，培养具有健全人格、丰富学识和保教智慧的幼儿园园长/教师/保育员，为幼儿健康的全面和谐发展做贡献。

（二）能力为重

提高幼儿园园长/教师/保育员的实践能力和专业水平是学前教育培训的重点内容。通过系统、分层、有针对性的培训，促进幼儿园园长/教师/保育员加深对保教工作的专业理解、加强解决实际问题的能力、提升自身经验，增长实践智慧，全面提升幼儿园园长/教师/保育员的保教能力和教育管理能力。

（三）幼儿为本

学前教育培训的根本目的是促进幼儿健康和谐发展。幼儿园园长/教师/保育员应遵循幼儿身心发展特点和保教规律，在研究和理解幼儿的基础上，促进幼儿健康、全面、和谐而有个性地发展。幼儿园园长/教师/保育员培训目标及培训课程应反映幼儿健康发展的要求，引导幼儿园园长/教师/保育员丰富专业体验、完善必备的保教知识与能力。通过不断提升保教专业水平，更好地促进幼儿健康和谐发展。

（四）实践导向

幼儿园园长/教师/保育员的实践能力是幼儿园教育工作具体落实的关键环节。因此，保育员培训既要提高保育员的理论水平，也要培养保育员的实践能力，重视保育员培训课程的实践取向。学前教育培训课程的设计依据幼

儿园园长/教师/保育员的工作内容和任务，划分幼儿园园长/教师/保育员的素养和能力，强调实践性和综合性，从而服务于幼儿园工作实践。

（五）分层培训

学前教育培训以幼儿园园长/教师/保育员发展阶段为基础，以能力诊断为依据，根据幼儿园园长/教师/保育员年度发展和周期性发展需求，设计递进式的学前教育培训。强化培训内容的针对性和系统性，强调基于能力诊断，对幼儿园园长/教师/保育员的专业能力划分层次，以此设计能满足不同层次需求的课程，增强培训的针对性，促进幼儿园园长/教师/保育员专业能力持续发展。

（六）粤派特色

结合广东省的学前教育发展特点和幼儿园园长/教师/保育员的实际情况，根据广东独特的地域文化、气候条件、饮食和风俗习惯等，力图在培训目标、分层分类和课程设置等方面体现粤派教育特色。

二、粤派教育理念下的学前教育"行动导向"培训实践逻辑

粤派教育"务实""自学""自信"的价值追求与行为导向法中自主学习、自我完善、自我教育的核心理念相一致，"行动导向"应用于幼儿园教师培训中的实践逻辑体现在培训理念、培训课程、培训模式、培训主体、培训评估等全过程。

（一）行动导向培训理念，激活行动力，实现"知行合一"

观念决定行为，行为决定结果。培训理念是培训项目策划和执行过程的基本思想，培训理念的选择将决定培训将带领教师走向何方。行动导向培训理念需要思考幼儿园初任教师究竟需要什么样的培训、用什么来培训、如何来培训等问题。传统幼儿教师培训中主要是以集中面授和幼儿园跟岗两种形式进行，在集中面授中，以专家系统的理论知识传授为主，学员边"听"边"记"，来获得间接经验和"高深"的理论知识。"学"与"做"相分离，学员主要是被动学习和记忆；而在跟岗阶段，一般以"观摩"为主，均属于视听学习方式，缺少真正的参与式和体验式的行动学习。显性知识内化和隐性知识外化都需要在返岗实践中再去反思和摸索，而返岗实践常常被

忽略或缺少严格的考核评估，原本在培训中遇到的疑惑并不能得到及时的解决，面对现实教育问题还是"老办法"，也常常让学员产生"培训无用论"的观点。行动导向下的培训不能简单追求知识传授的完整性与系统性，概念性知识可以通过网络课程或教材进行学习，行动导向的培训目标更强调以实践问题的解决来带动理论知识的理解和应用。基于行动导向的培训要求学员在培训中每一个环节都是"行动的学习者"和"学习的行动者"，"学"与"做"相统一，达到"知行合一"。

（二）行动导向培训内容，提高岗位胜任力，实现"人岗合一"

1973 年，美国哈佛大学的戴维·麦克兰德（David McClelland）提出了"胜任力"（competency）的概念，他认为胜任力是驱动员工产生优秀工作绩效的各种个性特征的集合。"其中较容易通过培训、教育来发展的知识和技能是对任职者的基本要求，被称为基准性胜任力。"行动导向培训以关键性岗位任务为培训内容，提高幼儿园初任教师岗位胜任力，进而提升岗位工作绩效，促进幼儿成长和组织发展。行动导向下的培训内容将培训内化的知识转化为外在的行动，表现出"所训即所学，所学即所用，所用即有用"的真实而有效的胜任岗位典型行为，实现理论与实践的对应，培训对象、培训内容和培训岗位之间的统一。

学前教育为儿童一生发展奠定基石，幼儿教师每日的一言一行都将对儿童产生深远影响，幼儿教师必须完全具备岗位胜任能力，而不能把儿童作为"小白鼠"、把课堂作为"试验田"，更不能把儿童成长作为幼儿教师专业发展的"垫脚石"。因此，幼儿初任教师培训必须跳出"先知后行"的障碍，避免"回去慢慢消化"的风险，保障幼儿园初任教师培训内容的有效性和针对性。在基于行动导向的培训课程设置中，不论是"现场教学"还是"模拟教学"，都强调学习任务的真实性，在"真实情境"中解决"真实问题"，帮助幼儿园初任教师在宝贵而有限的培训体验中获得最强的岗位胜任力。

（三）行动导向培训模式，自主反思，唤醒幼儿教师的内生力

培训模式是培训者组织、引导幼儿园初任教师从起点到达"目的地"之间的行动路径。传统的培训模式将学员作为"客体"在"学"和"看"，学员没有真正成为学习的"主体"，知识较难"活学活用"。行动导向下的培训模式将在教练式、师徒制、影子跟岗、园本研修等学习中以"参与""体验""模拟""浸润"等实战型的培训策略为组织形态和进阶路径。同时，行动导向法包含的一系列教学方法也将在培训模式各个环节充分应用。

在培训目标选择上，一方面，要从教师当前面临的实际困难和问题出发，提高幼儿园初任教师组织一日生活的能力、环境创设能力、游戏教学能力、沟通能力等，即短期目标是要帮助初任教师提高幼儿园工作适应性和岗位胜任力；另一方面，通过有效培训提高幼儿教师的职业效能感，激发幼儿教师的内在发展动力，在职业发展的初期坚定对学前教育事业的热爱和信念，形成自我发展主观意愿和内生力。教师内生力是"指教师自我发展的能力，是一种脱离外部行政命令驱使，自主的，自发的丰富自我、完善自我以实现教师生命蜕变的能力"。行动导向下的培训模式要求打破"培训场室"与"工作场域"之间的心理界限，唤醒幼儿园初任教师的内生力，形成自主学习、自我完善、自我教育的成长型思维模式，促进幼儿园初任教师自主走向专业发展的成熟轨道，形成终身学习的习惯。

（四）行动导向培训主体，重心下移，形成幼儿教师行动共同体

2016年，习近平主席在印度果阿举行的金砖国家领导人第八次会晤大范围会议上首次提出"行动共同体"。因此，幼儿园初任教师不仅要构建"学习共同体"，也要形成可持续发展的"行动共同体"。幼儿教师专业发展水平不仅关系个人职业发展和幼儿园办园质量，而且是区域学前教育质量的关键软实力。我国在学前教育管理体制改革中，"'以县为主'推进学前教育管理体制改革已成为大势所趋"。因此，提高幼儿园初任教师培训的实效性必须坚持"重心下移""精准培训"，在幼儿教师所在县域落地生根，"由省级规划和指导，地级统筹和协调，县级管理和落实，充分发挥县级教育部门在教师培训中的主体作用"。行动导向培训将促进县级教育部门在幼儿教师培训中的资源连接与整合作用，以"整县推进"的方式整合区域内外专家资源，包括区域内优秀园长、骨干教师、教研员、高校专家等，形成行动联盟，以行动共同体提高区域内整体行业素养。以县本研修涵养县本专家团队，以县本研修带动园本研修并助力园本专家团队，形成扎根本土的高质量教师培训团队。行动共同体要求打破幼儿教育理论专家与一线教师之间难以跨越的"鸿沟"，转变以高校教授专家为主导的培训场域，改变幼儿一线教师被动和"沉默"的立场。帮助幼儿园初任教师实现从孤立的"个体"行动到与专家同行"行动共同体"的转变，充分发挥区域教师的教育主体地位。

（五）行动导向培训评估，慎终如始，推进教师专业持续发展

美国威斯康星大学唐纳德·L. 柯克帕特里克（Donald L. Kirkpatrick）

教授于1959年提出的"柯氏评估模型"是世界上应用最广泛的培训评估工具，同样可适用于幼儿教师培训。该模型包括反应评估、学习评估、行为评估及成果评估四个层次。然而，已有研究发现，柯氏二级评价和三级评价之间没有明显的正相关关系，即参训者的学习成效好并不一定带来显著的行为改变。幼儿教师培训的实践效果在时间上具有滞后性，幼儿教师的学习不是简单的"囫囵吞枣"，知识的内化和外显都需要在实践工作中反复消化、逐渐实现。传统的幼儿教师培训主要通过考勤、学员满意度、课堂观察、笔试、心得体会、作业提交等形式来完成学员学习的评估。对于行动层面应用能力的考核由于存在着执行难度大等原因，大多数培训对柯氏评估模型的使用都只是进行到了学员反应层和学习成果层，很少能够真正推进到工作行为层，且工作结果层的评价在短期培训中也较难追踪。

行动导向法应用于幼儿园初任教师培训是指向岗位能力的评估。一是培训前的评估，了解幼儿园初任教师的"最近发展区"，设置科学合理的目标与课程。二是培训过程中评估。行动导向的幼儿教师培训是关注参训者对知识终端应用能力的培训，是直接指向行动层的学习。因此，研修过程既是一种高效的行动学习方式，也是培训者对学员行动层的评价路径。三是培训终结性评估。对于短期培训，可以在仿真幼儿园工作场景中进行职业态度、专业技能的全方位演练与评估，采用角色扮演、模拟课堂、情景设置等行动导向评估。对于周期较长的跨年度培训，可以进入教师所在幼儿园进行教育行为诊断，对其行为对象包括所在班幼儿、同事、园长、家长等相关利益方进行调研，跟踪评估幼儿初任教师后续的工作业绩和社会价值，以评估促发展，螺旋式地推动幼儿园初任教师长远发展。

三、粤派教育理念下的幼儿园任职资格培训实施案例

（一）政策背景

为贯彻落实《国家中长期教育改革和发展规划纲要》的精神，根据《教育部关于进一步加强中小校长培训工作的意见》（教师〔2013〕11号）、《教育部关于印发〈普通高中校长专业标准〉〈中等职业幼儿园校长专业标准〉〈幼儿园园长专业标准〉的通知》（教师〔2015〕2号）和《广东省教育厅关于进一步做好中校长、幼儿园园长任职资格培训工作的通知》（粤教继函〔2016〕36号），结合岭南独特的地域文化和广东教育发展实际，开展幼儿园园长任职资格培训。

（二）培训对象

未取得园长任职资格证书的幼儿园在任（拟任）正、副园长。

（三）培训目标

帮助学员挖掘岭南文化之根，探寻滋养教育的动力源泉，树立正确的办学思想，使其具备履行职责必备的思想政治素质、品德修养、知识结构和管理能力。具体要求如下。

（1）掌握中国特色社会主义理论体系的主要内容和思想内涵，能够自觉地用中国特色社会主义理论体系来指导幼儿园的教育教学改革；熟悉国家和地方的教育法规和政策，具有依法治校的意识和能力。

（2）了解当代社会发展形势和国内外教育改革与发展动态，了解教育研究的新进展，掌握素质教育基本理论和教育科研的基本知识、方法，提高组织实施素质教育的能力和水平。

（3）了解现代管理科学知识，掌握现代幼儿园管理理论和方法，掌握现代教育技术发展情况，提高科学管理幼儿园的水平，形成粤派教育管理思想。

（4）立足岭南文化和地域特色，树立开放性的终身学习观，增强自我学习能力和自我发展能力，不断优化知识结构，提高人文和科学素养，走向教育自信。

（四）培训时间与培训内容

根据《广东省教育厅关于进一步做好中小幼儿园园长、幼儿园园长任职资格培训工作的通知》（粤教继函〔2016〕36号），培训共计300学时，其中270学时（45天）为集中研修，30学时为网络研修。

理论学习（150学时）：系统学习"岭南文化与粤派教育""积极心理学""教育哲学启蒙""教育领导与幼儿园管理""中外教育思想史与现代教育理论""教育政策法规""幼儿园教育与管理心理学""幼儿园教育科学研究"和"应用信息技术推进教学改革和管理创新"等课程。

跟岗实践（90学时）：赴省内外园长培训实践基地和优质幼儿园考察、跟岗实践。

自主研修（30学时）：理论课程和实践课程相关内容的拓展学习。

案例研究（30学时）：通过园长论坛、答辩、总结交流等形式，开展管理案例研究和培训成果展示。

(五) 培训形式

基于粤派教育"务实""自学""自信"的核心理念,关注幼儿园园长"知""情""意""行",借鉴现代幼儿园园长培训的最新理念,强调培训过程中学员的积极参与、交流互动、学习共同体建设,重视培训活动的实践导向与问题解决。培训方式的设计遵循国家对幼儿园园长的胜任要求,充分调动幼儿园园长的内生学习主动性,以教练式(集中)、师徒制(基地)、园本式(返岗)、工作坊、分享会等行动性、实战型的培训策略为组织形态和进阶路径。围绕幼儿园园长的关键岗位任务,经由集中体验培训、基地浸润培训和返岗实践培训的"三步曲",帮助幼儿园园长加深专业理解、解决实际问题和提升自身经验,并突出解决实际问题和提升自身经验,切实支持幼儿园园长的自主学习过程并提升其关键岗位胜任力。具体培训形式如下。

1. 案例教学

案例教学贯穿培训全过程。一是要求每一位参训幼儿园园长学会撰写粤派教育管理案例。从开班起,分小组布置案例任务,每个小组合作调研研讨,同时撰写一篇规范的幼儿园管理案例,并参加答辩。二是专题讲授大量采用案例的形式。

2. 考试考核

培训第一天对学员的教育教学、幼儿园管理和教育政策法规等素养进行摸底考试,并根据考试结果对学员进行有针对性的培训。培训结束后,"教育领导和幼儿园管理""中外教育思想史和现代教育理论""教育政策法规""3~6岁儿童发展指南"4门主要学科要进行结业考试。

3. 专题报告

按照"以标准定内容、以领域定主题、以主题定专家"的原则,邀请相关研究在全国产生重大影响的知名专家以及本园优秀教师围绕研修主题做学术报告。学员与专家教授互动,启迪思维,开阔视野。

4. 自主研修

学员结合个人兴趣及自身实际工作需要,进入网络研修社区,选择相关的学习专题,完成规定课时的学习任务,进一步开阔视野,提升依法治园和实施素质教育的能力。

5. 跟岗学习

学员分组到省内优质幼儿园深度跟岗,全身心、零距离感受优秀幼儿园的领导方法、幼儿园文化、幼儿园管理过程,多角度汲取跟岗幼儿园的先进经验。

(六) 培训课程

培训课程如表 10-4 所示。

表 10-4 培训课程

专题	学时	内容要点	授课教师人数	授课教师天数
现代幼儿园专业理念	12	以游戏为基本活动的理论与实践，幼儿园发展规划与管理，幼儿园课程开发与实践，从哲学层面反思当前学前教育问题，幼儿园园长工作礼仪，幼儿园家园共育策略，幼儿园教师心理健康，幼儿园教师师德养成，幼儿教师信息素养提升，有别于小学的幼儿园教育，幼儿园课程价值取向，幼儿情感与社会性发展幼儿园教师的科学素养，一日生活中的随机教育	6	3
现代幼儿园经营与管理	60	幼儿园规划，幼儿园环境创设与管理，品牌幼儿园创设与管理，幼儿园人力资源管理，幼儿园教师胜任力评估，幼儿园膳食管理与后勤管理、规划，课程建设，执行力提升，幼儿园园长领导力提升，幼儿园文化建设，幼儿园管理体系架构，园长管理技能训练，谈判与沟通技巧教师专业发展与职业生涯规划，教师压力管理，5S管理知识培训，时间管理与工作统筹技巧，幼儿园教师激励与精神管理，等等	41	28
学前教育法规	6	教师法，教育法，教师职业道德规范，幼儿园园长标准，等级幼儿标准，《中华人民共和国未成年人保护法》，《幼儿园管理条例》（国家教育委员会令第 4 号），《中小学幼儿园安全管理办法》（中华人民共和国教育部令 第 23 号），《幼儿园收费管理暂行办法》（发改价格〔2011〕3207 号）		
跟岗研修	90	办园理念，管理方式，专业示范课，科学讨论教学技能及手段，活动实施，环境创设		

续表 10-4

专题	学时	内容要点	授课教师人数	授课教师天数
学前教育研究方法	6	小课题研修，课题选题技巧与来源，文献综述撰写规范与方法，观察法，访谈法，问卷调查法，实验法，案例分析法运用与使用		
幼儿教育改革与发展	6	基本理念、教育前沿、内容特点，国家教育改革政策《国务院关于当前发展学前教育的若干意见》，教育部《幼儿园工作规程》《幼儿园教育指导纲要（试行）》和《3～6岁儿童学习与发展指南》，《广东省幼儿园一日活动指引》，《国家中长期教育改革和发展规划纲要（2010—2020年）》，《教育部关于规范幼儿园保育教育工作防止和纠正"小学化"现象的通知》，《托儿所、幼儿园卫生保健管理办法》，广东省学前教育新三年计划，《广东省中长期教育改革和发展规划纲要（2010—2020年）》，新时期师德现状、问题及应对，等等	30	20
自主研修	30	幼儿园园长任职资格模块自选课程		
案例研究	30	双导师制，交流总结，小组作业，考试考察，论坛研讨，等等		

（七）评价与考核

1. 评价

幼儿园园长任职资格培训的评价是指运用科学方式对培训的实施成效进行价值评定，旨在帮助参训园长自主了解自身水平和培训成效，便于参训园长有针对性地选择培训内容，也便于培训者客观了解参训园长的水平，从而及时调整自身和培训进程，建构更加适宜的培训体系。幼儿园园长任职资格培训评价不是单一的结果评价，而是综合过程性的表现评价，是为了更好地发挥培训价值并提升园长岗位胜任力的自主评价体系。

（1）评价内容。幼儿园园长任职资格培训的评价指向新园长的岗位胜任力,涉及四个层次的评价维度,分别是参训园长的反应层、学习层、行为层与成果层的评价,适当加大行为层考量和成果层考量的权重。反应层考量培训团队和园长对培训的基本态度,学习层考量培训团队和园长对培训知识的掌握,行为层考量培训团队和园长培训后的教育行为改变,成果层考量园长培训后特别是在返岗实践中对幼儿园的积极影响。

(2)评价形式。幼儿园园长任职资格培训结束后,培训学校或培训基地对新园长培训工作进行评价与考核。通过直接观察、谈话咨询、问卷调查、任务单(纸质教案)、个人汇报、第三方报告等途径从反应层、学习层、行为层与成果层四个维度对规范化培训工作进行表现性评价。

2. 考核

幼儿园园长任职资格培训的评价注重参训园长的考核工作,使用立足于实践的"循环进阶式"考核系统进行发展性考核,考核用于新园长自身水平的定位,便于后续培训内容的设计和选取。

每个培训内容模块后,对应一次循环进阶式考核,三阶考核通过则进入下一模块学习;如未通过,则需要再次培训和考核。

循环进阶1:通过任务单的形式考查园长对知识认知和收获,园长在学习后进行任务单的填写,由此考查园长学习层对知识的掌握情况,考试科目有"教育领导与幼儿园管理""中外教育思想史与现代教育理论""教育政策法规""3~6岁儿童发展指南"等,如考核通过则进入下一环节。

循环进阶2:通过实操观察表的形式考查园长的实践操作能力,分别由园长所在园原领导和培训团队进行双重观察考评,由此确切考查园长的知识是否较好地应用于实践。此外,学员学习期间,需完成两篇作业:1篇为所在幼儿园的粤派教育管理案例,1篇为跟岗幼儿园粤派教育管理案例(小组完成)并答辩,如考核通过则进入下一环节。

循环进阶3:通过个人汇报展示的形式考查园长的综合经验提升力,由园长进行培训后的经验梳理报告,分别由培训团队、培训者个人、其他受训学员进行考评,如考核通过则进入下一环节的培训与循环进阶式考核。

第三节 国家义务教育质量监测数据运用的培训

2021年7月1日,习近平总书记在庆祝中国共产党成立100周年大会上庄严宣告:"我国实现了第一个百年奋斗目标,正在向着全面建成社会主义现代化强国的第二个百年奋斗目标迈进。在新的征程上，我们必须紧紧依靠人民创造历史……维护社会公平正义，着力解决发展不平衡不充分问题和人民群众急难愁盼问题，推动人的全面发展、全体人民共同富裕取得更为明显的实质性进展。"① 由此可知，社会发展不平衡、不充分是当前国家建设社会主义现代化强国必须解决的问题。

在教育现代化建设中，国家也一直强调要着力建设"公平而有质量的教育"，力求促进教育公平，提高教育质量，让教育实现从"有质量"到"高质量"的发展转型。习近平总书记在党的十九大报告中指出："必须把教育事业放在优先位置，深化教育改革，加快教育现代化，办好人民满意的教育……努力让每个孩子都能享有公平而有质量的教育。"② 而后，中共中央、国务院印发了《中国教育现代化2035》，提出要着力提高教育质量，促进教育公平，优化教育结构，为决胜全面建成小康社会、实现新时代中国特色社会主义发展的奋斗目标提供有力支撑。③ 2021年是"十四五"的开局之年，中国共产党第十九届中央委员会第五次全体会议审议通过了《中共中央关于制定国民经济和社会发展第十四个五年规划和二〇三五年远景目标的建议》，更是强调要建设高质量教育体系。④

处于整个国民教育体系基础地位的义务教育的质量是国家教育的生命线，在这样的时代背景下，更应该得到充分保障。⑤ 我国义务教育发展具有起步晚、人口基数大、学龄人口分布结构不均衡等突出特征，为了提升义务教育质量，国务院教育督导委员会办公室印发了《国家义务教育质量监测方案》（以下简称《方案》），⑥ 标志着我国义务教育质量监测制度的建立。

---

① 习近平：《在庆祝中国共产党成立100周年大会上的讲话》（2021年7月1日），http：//paper.people.com.cn/rmrb/html/2021-07/02/nw.D110000renmrb_20210702_1-02.htm。

② 习近平：《决胜全面建成小康社会 夺取新时代中国特色社会主义伟大胜利——在中国共产党第十九次全国代表大会上的报告》，http：//www.gov.cn/zhuanti/2017-10/27/content_5234876.htm。

③ 中共中央、国务院：《中国教育现代化2035》，http：//www.moe.gov.cn/jyb_xwfb/s6052/moe_838/201902/t20190223_370857.html。

④ 《中共中央关于制定国民经济和社会发展第十四个五年规划和二〇三五年远景目标的建议》，http：//www.gov.cn/zhengce/2020-11/03/content_5556991.htm。

⑤ 崔允漷：《试论建立国家义务教育质量监测体系的价值》，载《教育发展研究》2006年第5期，第1-4页。

⑥ 教育部：《国家义务教育质量监测方案》，http：//www.moe.gov.cn/jyb_xwfb/xw_fbh/moe_2069/xwfbh_2015n/201504/t20150415_187144.html。

自 2015 年起，教育部基础教育质量监测中心正式在全国 31 个省、自治区、直辖市及新疆生产建设兵团范围内周期性地开展了义务教育质量监测工作。目前，2015—2017 年第一周期和 2018—2020 年第二周期的监测工作已完成，新一轮（2021—2023 年）义务教育质量监测工作正在进行中。

广东省高度重视义务教育质量监测工作，自国家义务教育质量监测制度建立后，就连续实现全覆盖——全省 123 个县（市、区）和东莞市、中山市均参加义务教育质量监测。并在新一轮监测（2021—2023 年）工作开始前，及时召开了义务教育质量监测工作视频培训会，会议强调，各地一是要高度重视，二是要加强学习，三是要加强监测的结果运用。① 基于此，笔者在本节"专题培训"中介绍国家义务教育质量监测的目的、意义、实施情况、数据揭示的现状与问题、数据运用的优秀案例，以及广东省义务教育质量监测的实施与数据运用情况。希望基础教育培训者、中小学校长和教师能够基于文化自信的思想和本土化发展理念，通过"有主见地自学"，加深对国家及广东义务教育质量监测内涵与特征的理解；通过"有行动的实学"，践行监测结果的应用，推动粤派教育高质量发展，从而树立"自信的意志"，走向教育现代化未来。

一、国家义务教育质量监测的目的与意义

义务教育质量监测的实施，是国家办好"公平而有质量的教育""建设高质量教育体系"的重要保障。纵观当前国际教育发展趋势，无论是发达国家，如美国、英国、德国、日本等，还是发展中国家，如巴西、越南、柬埔寨等，都在积极推进学生学业成就调查、开展基础教育质量监测，建立独立的测评体系，并积极利用监测结果对基础教育改革和宏观管理进行指导，为促进本国基础教育质量的提高发挥了独特的作用。② 由此可知，义务教育质量监测具有可行性，开展义务教育质量监测有助于深化本国基础教育改革、提升教育质量。

具体而言，开展义务教育质量监测在国家深化教育改革中发挥着"指

---

① 《全省义务教育质量监测工作视频培训会召开》，https：//mp. weixin. qq. com/s/1ubnZeT4SO8GSf0RjoSCaQ。

② 《建立国家监测制度 促进义务教育质量提高》，http：//www. moe. gov. cn/jyb_xwfb/xw_fbh/moe_2069/xwfbh_2015n/xwfb_150415/150415_sfcl/201504/t20150415_187149. html。

挥棒"和"体检仪"的双重作用。长期以来,由于缺乏科学的教育质量监测与评价制度,考试分数是学校、家长和教育部门评价学校、教师和学生最重要的指标,基础教育实践领域存在着以中考、高考成绩衡量地方"教育政绩"的倾向,既阻碍了素质教育的推行,也影响了学生的身心健康。① 国家义务教育质量监测不以甄别和选拔学生为目的,与中考、高考有根本区别,监测结果主要服务于教育决策、教育教学改进,不与升学挂钩,不对学校和学生进行排队。所以,在科学开展义务教育质量监测的情况下,一方面,可以对学生德智体美劳等全面发展状况进行监测,有利于扭转部分地区以升学率作为评价学校和学生主要标准的做法,在义务教育应当"培养什么人"和"如何培养人"方面发挥积极导向作用;另一方面,通过收集学生发展及其影响因素的客观数据,能对国家和地方义务教育质量发展状况进行全面"体检",为诊断问题、分析原因、调整政策提供科学依据,从而推动义务教育质量的不断提升。

此外,有学者提出建立国家义务教育质量监测体系有助于改善教师的教学和学生的学习,也有助于国家、各级地方政府改进自己的教育决策。它是推进课程改革、实施素质教育的关键环节,是规范教育行为、引领正确社会舆论的迫切需求,也是国民获得优质教育和公平的受教育权利的重要保障。② 还有学者认为,国家义务教育质量监测的结果主要是服务于教育决策,教育教学改进,不与升学挂钩,不对学校和学生进行排队,可引导社会形成正确的教育质量观,促进学校素质教育的有效实施,对教育教学改革实践有重要的积极导向作用。③

总而言之,义务教育质量监测发挥着引领教育发展和监控教育发展的作用,能够科学评估全国义务教育质量总体水平,客观反映义务教育质量相关因素基本状况,系统监测国家课程标准和相关政策规定执行情况,为改进学校教育教学、完善教育政策提供依据和参考。

---

① 董奇:《基础教育质量监测体系体现中国特色和创新》,见《光明日报》2012年10月15日第13版。
② 崔允漷:《试论建立国家义务教育质量监测体系的价值》,载《教育发展研究》2006年第5期,第1-4页。
③ 陈俊:《国家义务教育质量监测结果有效应用的可行模式研究——以西宁市为例》,载《青藏高原论坛》2021年第1期,第53-56页。

二、义务教育质量监测的实施

(一) 国家义务教育质量监测的实施情况

《方案》指导着国家义务教育质量监测活动的具体开展,其做法与安排如表 10-5 所示①。

表 10-5 义务教育质量监测的实施与开展

监测学科	语文、数学、科学、体育、艺术、德育
监测对象	义务教育阶段四年级和八年级学生
监测周期	每个监测周期为三年,每年监测两个学科领域,第一年度监测数学和体育,第二年度监测语文和艺术,第三年度监测科学和德育
监测时间	每年测试时间选择在 6 月中旬,具体时间在当年测试方案中确定
监测工具	1. 纸笔测试工具:分为学科测试卷和调查问卷。学科测试卷主要测查学生的学业水平,题型分为选择题、填空题以及开放式问答题等三种;调查问卷主要调查影响学生学业水平的相关因素,分为学生问卷、教师问卷、校长问卷三种; 2. 现场测试工具:主要用于体育、科学、艺术等学科领域,通过学生的现场演示和项目参与,考查其运动、操作、创作能力
监测样本	1. 抽取县(市、区)。根据人口总量、经济发展水平和教育发展状况,在全国 31 省(区、市)及新疆生产建设兵团抽取样本县(市、区),样本数量为全国总县数 1/10 左右。每个省(区、市)不少于 6 个样本县(市、区); 2. 抽取学校。根据地理位置、城乡分布、学校类型等因素,采用按规模成比例概率抽样(PSS)方法,在样本县(市、区)抽取样本学校,每个样本县(市、区)抽取的小学不少于 12 所,初中不少于 8 所; 3. 抽取学生。在每所样本学校的四年级和八年级随机抽取不少于 30 名学生,每个省(区、市)抽取学生总数不少于 3600 名

---

① 国务院教育督导委员会办公室《关于印发〈国家义务教育质量监测方案〉的通知》,http://www.kmsx.com.cn/news_show.aspx? id = 547.

续表10-5

监测学科	语文、数学、科学、体育、艺术、德育
统一测试	为了保证测试操作规范，全国所有样本县（市、区）、样本校按照统一要求，在规定时间开展统一测试。测试安排在本校，严格按照规定程序进行
水平划定	参照我国教育教学中常用的"优、良、中、差"四个等级，借鉴国际通行方法，将学生学业表现划分为水平Ⅰ、水平Ⅱ、水平Ⅲ和水平Ⅳ四个水平段
监测报告	1. 基础数据报告。主要呈现以县为单位的原始数据汇总，供监测评价机构内部分析使用，不对外公开发布； 2. 分省监测报告。分省（区、市）呈现学生在学科领域的表现水平、影响该省（区、市）学生学业水平的主要因素，以及相关分析。该报告供各地政府和教育部门参考，不对外公开发布； 3. 国家监测报告。主要呈现全国学生学业水平总体状况、影响学生学业水平的主要因素，以及相关分析。该报告向社会公开发布

在此方案的指导下，2015—2017年，教育部基础教育质量监测中心组织实施了第一周期国家义务教育质量监测，监测以四年级、八年级学生为对象，分年度开展德育、语文、数学、科学、体育与健康、艺术6个学科监测工作，并对各学科的课程开设、条件保障、教师配备、学科教学以及学校管理等相关因素进行测查。监测时抽取了全国31个省（自治区、直辖市）和新疆生产建设兵团的973个县（市、区）的572314名学生参加监测。同时，监测还对19346名中小学校长、147610名学科教师及班主任教师进行了问卷调查。2018年，教育部基础教育质量监测中心根据监测数据，发布了我国首份《中国义务教育质量监测报告》。

2018—2020年，教育部基础教育质量监测中心组织实施了第二周期国家义务教育质量监测。2018年监测学科是数学、体育与健康；在全国31个省（区、市）及新疆生产建设兵团抽取了331个样本县（市、区）、6680所中小学，对近20万名四年级、八年级学生进行了现场测试，对6000余名中小学校长，3万余名数学老师、体育教师开展了问卷调查；并于2019年11月发布《2018年国家义务教育质量监测——数学学习质量监测结果报告》和《2018年国家义务教育质量监测——体育与健康监测结果报告》，这是我国首次发布分学科的义务教育质量监测结果。

2019 年监测学科是语文、艺术；在全国 31 个省（区、市）及新疆生产建设兵团抽取了 331 个样本县（市、区）、4097 所小学和 2522 所初中，对 116578 名四年级学生和 79086 名八年级学生进行了现场测试，对 6611 名中小学校长，47334 名语文教师、艺术教师开展了问卷调查；并于 2020 年 8 月发布《2019 年国家义务教育质量监测——语文学习质量监测结果报告》和《2019 年国家义务教育质量监测——艺术学习质量监测结果报告》。

2020 年监测的学科是科学、德育。监测内容包括学生科学学习质量、德育状况以及课程开设、条件保障、教师配备、学科教学和学校管理等相关影响因素。全国共抽取 331 个样本县（市、区）6535 所中小学，近 20 万名五年级、九年级学生参加了测试；6400 余名中小学校长，7 万余名班主任、科学、道德与法治、心理健康教育教师通过"国家义务教育质量监测问卷调查系统"接受了问卷调查。① 关于科学和德育学科的质量监测结果报告，目前暂未公开发布。②

当前，新一轮监测（2021—2023 年）已经开始，在以往开展数学、语文、科学、德育、艺术、体育 6 个学科监测的基础上，新一轮监测将增设劳动教育、心理健康和英语 3 个学科，共监测 9 个学科。其中，2021 年监测数学、体育和心理健康等学科。2021 年 5 月 27—28 日，全国抽取了 334 个样本县（市、区）6734 所中小学的 20 万名四年级、八年级学生参加测试，6000 余名中小学校长，8 万余名班主任、数学、体育、心理健康教育教师通过"国家义务教育质量监测问卷调查系统"接受了问卷调查。③ 这意味着 2021 年国家义务教育质量监测现场测试工作已顺利完成。

（二）广东省义务教育质量监测的实施情况

广东省在实施义务教育质量监测的过程中，形成了专家指导、多方合作，共同推进质量监测的格局。首先，由教育部基础教育质量监测中心专家解读了市县人民政府履行教育职责考核中涉及义务教育质量监测的有关指标，讲解了义务教育质量监测抽样技术。其次，由分管领导挂帅、督导部门牵头、多部门协作联动的实施工作领导小组，制订本地的实施工作方

---

① 《2020 年全国义务教育阶段学生科学学习质量、德育状况监测现场测试顺利完成》，http://www.pingdu.gov.cn/n2/n653/n655/n667/201013155233974712.html。
② 注：当前检索时间为 2021 年 7 月。
③ 中国基础教育质量监测协同创新中心：《2021 年国家义务教育质量监测现场测试工作顺利完成》，http://cicabeq.bnu.edu.cn/shtml/2/news/202106/1453.shtml。

案和工作应急预案,组建了视导员队伍,实施质量监测。具体实施情况如下。

在国家实施义务教育质量监测第一周期期间,广东省人民政府教育督导室在2015—2017年组织实施了第一周期义务教育质量监测。监测以四年级、八年级学生为对象,对德育、语文、数学、科学、体育与健康、艺术6个学科实施监测,并对各学科的课程开设、条件保障、教师配备、学科教学以及学校管理等相关因素进行测查。第一周期的监测具体分三次进行:2015年,全省18个样本县参加了数学、体育与健康及其影响因素的监测;2016年,全省121个县(市、区)全部参加了语文、艺术的监测;2017年,全省121个县(市、区)全部参加了科学、德育的监测。[1] 并于2019年5月发布《广东省首份义务教育质量监测报告》。

在国家义务教育质量监测第二周期期间,2018年,广东省按照《国家义务教育质量监测方案》和《国务院督导委员会办公室关于开展2018年全国义务教育阶段学生数学学习质量和体育与健康状况监测的通知》的部署要求,完成义务教育质量监测工作,实现全覆盖,全省所有县(市、区)均参加义务教育质量监测。据统计,广东省共2454所中小学,72008名四年级、八年级学生参加了测试,2454名中小学校长,近25000名数学、体育及班主任教师接受了问卷调查。[2] 2019年,广东省监测了语文和艺术学科,具体数据在广东省教育厅官网上暂未公开,但在广东部分县(市、区)教育局网站上有所提及。例如,广东省惠州市在监测学科为语文和艺术期间,该市7个县(区)共101所样本校2993名学生参加了国家义务教育质量监测。[3] 2020年,广东省义务教育质量监测继续全覆盖,全省123个县(市、区)和东莞市、中山市均参加义务教育质量监测。据统计,全省共2740所中小学,97701名五年级、九年级学生参加了测试,2740名中小学校长,39267名科学、德育、心理健康及班主任教师接受了问卷调查,23355名语文、数学、体育教师和80966名五年级、九年级学生参加了首次

---

[1] 广东省教育厅:《广东省首份义务教育质量监测报告发布》,http://edu.gd.gov.cn/zxzx/xwfb/content/post_2383915.html。

[2] 广东省教育厅:《2018年我省义务教育质量监测工作顺利完成》,http://edu.gd.gov.cn/gtgz/jydd/content/post_1593638.html。

[3] 惠州市教育局:《我市圆满完成2019年国家义务教育质量监测工作》,http://jyj.huizhou.gov.cn/zwgk/gzdt/content/post_145655.html。

广东问卷调查。①

在国家新一轮监测（2021—2023年）期间，广东省于2021年5月27—28日进行现场测试，监测内容包括义务教育阶段学生数学学习质量、体育与健康状况、心理健康状况，以及课程开设、条件保障、教师配备、学科教学和学校管理等相关影响因素。全省所有县（市、区）和东莞市、中山市共2608所样本学校、3万多名学生和8万多名教师参与了现场测试和调查。②

在义务教育质量监测中，广东省形成了鲜明特色——"三全+本土化"：①全覆盖。自2016年以来，义务教育质量监测连续4年覆盖到全省所有市县区。②全程性。全省各级教育行政和督导部门高度重视，协作联动全程参与监测，在监测中做到了人员到位、经费到位、培训到位、设备设施到位，顺利完成了监测工作，这也从侧面凸显了广东省实施监测的"自觉"。③全面性。在每一周期的监测中，监测学科都包含了德育、语文、数学、科学、体育与健康、艺术6个学科；新一轮监测还将增加劳动教育、心理健康和英语。④本土性。2020年首次采用了广东问卷调查，在国家监测的基础上，更有助于精准地找到北部生态发展区、沿海经济带、珠三角核心区义务教育发展的差异与短板，从而创新完善监测内容、方式方法、结果运用，逐步打造具有广东特色的监测体系，呈现出粤派教育在质量监测上的"自为"特质。

三、义务教育质量监测数据揭示的现状与问题

（一）国家义务教育质量监测数据揭示的现状与问题

根据国家义务教育质量监测实施情况可知，质量监测分为三个周期，即2015—2017年、2018—2020年、2021—2023年；形成了《中国义务教育质量监测报告》《2018年国家义务教育质量监测——数学学习质量监测结果报告》《2018年国家义务教育质量监测——体育与健康监测结果报告》《2019年国家义务教育质量监测——语文学习质量监测结果报告》和《2019年国

---

① 广东省教育厅：《2020年我省义务教育质量监测及首次广东问卷调查工作顺利完成》，http：//edu.gd.gov.cn/gtgz/jydd/content/post_3151678.html。

② 广东省教育厅：《广东省2021年义务教育质量监测现场测试顺利完成》，http：//edu.gd.gov.cn/zxzx/xwfb/content/post_3302107.html。

家义务教育质量监测——艺术学习质量监测结果报告》5 份报告。为了方便对前两个周期的相关结果进行对比，特对前两个周期中的监测指标进行匹配（表 10-6）

表 10-6 前两个周期中的监测指标对比与归类

第一周期（德育、语文、数学、科学、体育与健康艺术）	第二周期（数学、体育与健康、语文、艺术）	归类
学生德育 学生学业 学生体育与健康 学生艺术	数学：学业表现、学习情感态度 语文：学业表现、学习态度、阅读习惯 体育：学生的体质健康状况、学生的兴趣态度与健康习惯 艺术：学生音乐表现、学生美术表现、学生态度与活动参与	学生德智体美发展
学校课程教学 教师队伍 学校氛围 学校资源配备和使用	数学：教育教学状况 体育：学校体育实施情况 语文：语文教育教学状况 艺术：学校艺术教育实施情况	学校德智体美教学
学生课业负担 家庭教育	语文：学生课业负担 艺术：学生家庭艺术氛围	家庭教育与课业负担

1. 学生德智体美发展现状与问题

一是德育方面，第一周期监测的相关数据显示，学生人生价值取向积极，有较好的国际视野，行为规范日常表现良好。科学学业能力上，学生科学理解能力相对较强，但科学探究能力和科学思维能力有待提高。

二是数学与语文监测方面，学生学业表现总体良好，两次监测数据稳定。主要存在的问题为高年级学生的数学学习兴趣与自信心有待提升，对有更深的学习焦虑；虽然学生的语文阅读习惯有所改进，但语文学习的自信心有待提高，学习习惯有待改进。（如表 10-7 所示）

表 10-7　数学与语文的学业与学习情感态度监测情况

学科		周期	
		第一周期	第二周期
数学	优点	大部分学生的数学学业表现达到中等及以上水平	学业表现上，学生数学学业总体表现良好，与 2015 年相比基本稳定
	缺点	在学生数学学业五项能力上，数据分析能力相对较弱	1. 学习兴趣与自信心方面，四年级学生数学学习兴趣与自信心较高，八年级学生有所下降； 2. 学习焦虑方面，四年级学生数学学习焦虑程度较低，八年级学生有所上升
语文	优点	大部分学生的语文学业表现达到中等及以上水平	全国四年级、八年级学生语文学业表现良好，与 2016 年相比总体保持稳定
	缺点	1. 学生语文学业各项能力总体发展较为均衡，古诗文诵读能力相对较弱； 2. 学生养成了基本的阅读习惯，但阅读时间和阅读量总体偏低	1. 学习态度方面，学生语文学习兴趣较高，但语文学习自信心有待提高，语文学习习惯有待改进； 2. 阅读习惯方面，学生具有较好的课外阅读习惯，相比于上一周期监测报告的数据，学生的阅读习惯有了较大改善

三是艺术方面的两次监测显示，学生的演唱能力、美术绘画创作与表达能力达中等及以上水平，其他能力则保持稳定；体育与健康方面，学生的身体机能达标率高，但学生肥胖、视力不良、睡眠时间不足等问题尤为突出，且越来越严重。（如表 10-8 所示）

表10-8 艺术、体育与健康监测情况

学科		周期	
		第一周期	第二周期
艺术	优点	学生具备较好的演唱能力,基本能够完整、流畅、速度稳定地演唱歌曲	七成以上学生的演唱能力达到中等及以上水平,九成以上的四年级学生,六成以上的八年级学生的美术绘画创作与表达能力达到中等及以上水平
艺术	缺点	1. 学生的音乐听辨能力和音乐赏析能力有待提高。 2. 四年级、八年级学生的美术基础知识和四年级学生的美术赏析能力有待加强	1. 学生的音乐听辨能力、音乐作品赏析能力和音乐基础编创能力与2016年相比总体保持稳定。 2. 学生的美术基础能力、美术作品赏析能力、美术知识生活运用能力与2016年相比总体保持稳定。 3. 学生对中国画、民间手工艺、书法等中华优秀传统艺术形式的喜欢程度较高,但学生对部分民歌、民族乐器、传统美术作品的辨识和鉴赏能力较弱
体育与健康	优点	1. 学生的心肺功能达标率较高、速度素质达标率较高、力量素质达标率较高	1. 在身体机能方面,四年级和八年级学生的肺活量达标率较高,较2015年略有提升;体能达标率较高,体能总分较2015年有所提升。 2. 学生对体育的兴趣较高、态度较为积极,八年级整体比例较四年级偏低;在自主体育锻炼方面,近三成的四年级学生和近两成的八年级学生有锻炼习惯,较2015年有所提高

续表 10-8

学科		周期	
		第一周期	第二周期
体育与健康	缺点	2. 学生身体形态发育整体良好，但学生中肥胖人数的占比偏高。 3. 学生视力不良的问题突出。 4. 学生的睡眠时间总体不足	2. 学生发育整体较好，但身体形态正常比例较 2015 年略有下降，肥胖率上升。 3. 四年级和八年级学生的视力不良检出率分别为 38.5% 和 68.8%，较 2015 年有所上升。 4. 在睡眠方面，学生睡眠不足问题依然存在；与 2015 年相比，四年级学生睡眠时间达标率有所下降，八年级学生有所上升

2. 学校德智体美教学情况

关于学校德智体美教学情况，虽然两次监测数据不是一一对应的关系，但也能看出一定的变化。例如，课程内容与课时安排从"欠合理"到体育课程开设达标，教师探究教学能力和专业素养从有待提升到语文教师教育教学行为改善明显，可见一些学校针对第一周期的监测结果采取了一定的补救措施。然而，问题依旧存在，如学校资源配备足但使用依旧不充分、班主任负担重、艺术教研员对学校活动指导不足、农村艺术教师缺口大等。（如表 10-9 所示）

表 10-9 学校德智体美教学情况

周期	监测结果
第一周期	1. 学校课程教学方面，学生对课程的喜欢程度高，但部分课程的课时设置和内容安排欠合理。 2. 教师队伍方面，教师受学生喜欢程度高，但部分教师探究教学能力和专业素养有待提升。其中，音乐、美术、小学科学等学科的兼任教师接受相关专业培训的比例偏低。 3. 学校氛围方面，学校普遍使用社会主义核心价值观和校训、办学理念创设德育环境，重视校园艺术环境建设，开展形式多样的文体活动。 4. 学校资源配备和使用方面，配备较为充足，但使用率还有待提高

续表 10-9

周期	监测结果
第二周期	1. 数学教育教学上，学生普遍喜爱自己的数学教师，教师学历达标率高且基本稳定，九成以上的数学教师参加过培训。其中，97%以上的教师认为培训有帮助；教师互联网使用情况较好，图书资源使用情况有待改善；学校资源配备和使用方面，中小学多媒体教学设备配备率较高，且逐年上升，但没有数据指明教学设备的具体使用情况。 2. 学校体育实施方面，69.2%的学校四年级和51.9%的学校八年级体育课程开设情况能够达到教育部要求（每周3节），分别比2015年上升了13.5个百分点和12.7个百分点。 3. 语文教育教学方面，语文教师教学行为改善明显，能做到以学生为中心，开展探究性教学，并在日常教学中经常使用多媒体教学设备（计算机、投影仪、电子白板等）；但班主任工作负担方面，班主任工作时间长、教学任务重、非教育教学性事务干扰大，减负愿望强烈。 4. 艺术教育实施状况，八成以上的学生喜欢艺术课和艺术教师，约五成的四年级学生和两成的八年级学生每周参加校内艺术兴趣学习，艺术教学资源配备情况有明显改善，但部分资源的使用率仍有待提高；艺术专职教师比例有所提高，但农村小学艺术教师缺口较大；艺术教研员配备率较高，但对学校教学活动的指导不足

3. 家庭教育与课业负担情况

家庭教育与课业负担方面，第一周期监测反馈，在课业负担方面，学生完成家庭作业的时间过长，参加校外学业类辅导班比例较高，学习压力较大；家庭教育方面，家长普遍关注孩子的学习情况，在亲子沟通、教育方式上有待改进。第二周期监测反馈未对家庭教育方式等进行呈现，但学生课业负担依旧很重，数据显示，学生完成作业严重超时，41.2%的四年级学生和54.9%的八年级学生周一至周五平均每天完成学校老师布置的全部家庭作业时间超标。另外，20.6%的四年级学生和7.0%的八年级学生周一至周五仅完成学校老师布置的语文作业的时间就超过了国家规定的家庭作业总时间。由此可知，课业负担依旧是亟待解决的难题。

（二）广东省义务教育质量监测数据揭示的现状与问题

1. 学生德智体美发展情况

2019年5月，广东省教育厅发布了《首份义务教育质量监测报告》，数据显示，德育方面，学生人生价值取向积极，具有较好的国际视野，行为规范日常表现良好;科学方面,学生科学学业表现总体偏低,科学学习习惯有待改进,中小学科学教学工作亟待加强,与国家监测结果相比,问题具有一致性。

语文和数学方面,《首份义务教育质量监测报告》显示学生学业表现一般,学习兴趣与自信心有待提高,综合应用能力相对薄弱。其中,四年级学生古诗文诵读能力、识字写字能力,以及四年级和八年级学生的文学类文本阅读能力、实用类文本阅读能力均有待进一步提高,相比国家监测结果"学生语文学业各项能力总体发展较为均衡,古诗文诵读能力相对较弱"来说,广东省四年级和八年级学生的语文各项能力还有很大进步空间。在数学学科上,学生灵活运用数学知识和数学思想解决问题的能力和数据分析能力都有待提高,而国家监测结果中仅数据分析能力相对较弱。课外阅读方面,学生课外阅读时间少、阅读量不足,科学创新意识亟须提高,这也是全国学生阅读普遍存在的问题。由此可知,广东省语文与数学学业水平有待提升,与国家监测结果对比来看,其数据呈现出的问题甚至更多。

2017—2019年第二周期监测中,也同样反映广东省语文与数学学业质量有待提升。关于学生学业水平,依据《数学课程标准》的要求,采用国际通用的程序和技术方法,将学生数学学业成绩划分为四个水平等级,从高到低分别为水平Ⅳ(优秀)、水平Ⅲ(良好)、水平Ⅱ(中等)和水平Ⅰ(待提高)。其中,水平Ⅰ(待提高)比例高低直接反映出地方教育的质量。对广东省2017—2019年语文和数学学业表现数据进行对比可知(如表10-10所示),广东省四年级语文和数学处于水平Ⅰ的整体人数比例均高于全国,其中,珠三角核心区的基础教育质量水平表现较为理想,沿海经济带和北部生态发展区的基础教育质量水平仍有很大的提升空间,这在一定程度上也反映了广东省地区教育质量发展的不均衡性。

表 10-10 广东省 2017—2019 年学生语文和数学水平Ⅰ比例

单位:%

地区	年级、学科			
	四年级数学	八年级数学	四年级语文	八年级语文
全国	15.2	21.2	18.3	20.7
广东省	21.2	29.6	22.0	25.7
北部生态发展区	29.5	37.1	32.2	33.3
沿海经济带	28.3	38.85	28.0	35.2
珠三角核心区	16.5	24.9	14.9	20.5

以广东省某县 2019 年语文监测中四年级的情况为例,该县四年级学业表现达到中等及以上水平的比例为 75.1%,高于市 15.3 个百分点,低于省 2.9 个百分点,低于全国 6.6 个百分点;达到良好和优秀水平的比例之和为 47.0%,高于市 19.1 个百分点,低于省 4.5 个百分点,低于全国 8.0 个百分点。可见,该县四年级语文在市区表现属于良好,但与全省、全国相比,情况不容乐观。(如图 10-1 所示)

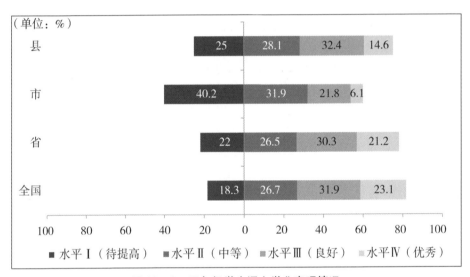

图 10-1 四年级学生语文学业表现情况

从表 10-11 的具体指标可知,该县四年级学生的古诗文诵读能力最弱,达中等及以上人数为 55.5%,高于该市 20.4 个百分点,低于全省 7.7 个百分点,低于全国 14.5 个百分点。由此可知,虽然四年级学生古诗文阅读能力达中等及以上比例在本市来说相对乐观,但与全省乃至全国相比,差距仍十分明显。

表 10-11 语文五个分指标中达到中等及以上水平人数比例

单位:%

指标	县	市	省	全国
识字写字能力	79.3	62.6	80.5	83.7
古诗文诵读能力	55.5	35.1	63.2	70.0
文学类文本阅读能力	76.9	61.0	77.0	80.6
实用类文本阅读能力	77.0	63.6	78.2	80.6
书面表达能力	81.7	64.9	78.9	82.2

体育与健康方面,《首份义务教育质量监测报告》中的数据显示,学生表现良好的有两个方面:①学生身体形态发育整体良好;②学生体能状况良好,基本与全国均值持平。表现不佳之处则体现在视力和睡眠时间上:①学生存在较为严重的视力不良问题;②睡眠时间不足。与国家监测结果相比,广东省学生肥胖情况不严重,但视力不良、睡眠不足则比较严重。(如表10-12所示)

表10-12 学生体育与健康监测情况

情况	国家	广东省
表现良好	1. 学生心肺功能达标率较高; 2. 学生的速度素质达标率较高; 3. 学生力量素质达标率较高	1. 全省四年级和八年级学生身体形态正常比例分别为76.3%、82.6%,但城市学生此比例较大程度低于农村学生; 2. 四年级男生体能总分为73.0分,女生为72.5分;八年级男生体能总分为74.2分,女生为68.8分
表现不佳	1. 学生身体形态发育整体良好,但学生肥胖比例偏高; 2. 学生视力不良问题突出; 3. 学生睡眠时间总体不足	1. 四年级和八年级学生视力不良检出率分别为39.0%、64.4%,且八年级学生视力不良程度较四年级大幅上升,城市学生视力不良程度大大高于农村学生; 2. 四年级学生达到规定的10小时睡眠时间比例为15.7%,八年级学生达到规定的9小时睡眠时间比例为14.6%

艺术方面,学生对艺术课程喜欢程度高,但艺术素养有待提高。学生对艺术课程学习充满兴趣,音乐、美术教师受学生喜爱程度高。但在全国学生艺术能力有待提升的情况下,广东省四年级和八年级学生的音乐听辨能力、音乐作品赏析能力,四年级学生音乐基础编创能力和八年级学生演唱能力平均分均低于全国均值;四年级和八年级学生的美术基础能力、美术作品赏析能力、美术知识生活运用能力以及四年级学生绘画创作与表达能力平均分均低于全国均值。可见,学生的音乐素养和美术素养均有待提高。

2. 学校教育教学情况

广东省《首份义务教育质量监测报告》显示:①学校课程教学方面,大部分学校课程开设基本规范,但数学、语文课时超标率高,全省四年级和八年级体育周课时达到规定课时(每周3课时)的比例分别为59.6%、

40.0%；部分学校四年级和八年级学生的课外体育活动时间明显不足,四年级和八年级学生每周锻炼 3 次及以上且每次超过 30 分钟的比例分别为 19.6%、17.2%。音体美课程教学亟待加强,学生校内外艺术活动的参与度不高。②教师队伍方面,教师受学生喜爱程度较高,但部分教师的探究教学能力和专业素养有待提升。数据显示,70.2% 的四年级科学教师、71.3% 的八年级物理教师、85.2% 的八年级生物教师和 87.9% 的八年级地理教师的探究教学处于低或较低的水平。③学校资源配备和使用方面,教师教学行为不断改进,但各学科教学资源有待丰富,资源利用率有待提高。数据显示,四年级和八年级语文教师经常使用多媒体教学设备(计算机、投影仪或电子白板等)的比例分别为 77.8%、82.6%；四年级科学实验室和实验仪器的使用比例分别为 46.8%、47.7%；八年级物理实验室、实验仪器的使用比例分别为 54.7%、71.9%,生物实验室、实验仪器的使用比例分别为 20.6%、24.6%。

与国家监测结果相比,广东省未对学校氛围的相关情况进行说明,而其他诸如课程设置不合理、教师专业素养待提升、资源设备使用不足的问题基本与国家监测结果一致。

3. 课业负担情况

广东省《首份义务教育质量监测报告》提示,学生完成家庭作业的平均用时较长,四年级学生完成语文作业和数学作业在 60 分钟以上的比例分别为 14.8%、23.9%,在 120 分钟以上完成的比例分别为 4.4%、9.7%；而八年级学生在 60 分钟以上完成的比例分别为 11.8%、12.0%,在 120 分钟以上完成的比例分别为 2.3%、2.2%。与国家监测结果相比,广东省四年级学生完成语文和数学作业超时现象(≥60 min)更严重,八年级学生完成语文和数学作业超时现象(≥60 min)相对较轻。(如表 10-13 所示)

表 10-13　四年级和八年级学生完成语文和数学作业的平均用时对比

单位:%

时间	国家监测				广东省监测			
	四年级		八年级		四年级		八年级	
	数学	语文	数学	语文	数学	语文	数学	语文
≥30 min	33.6	40.4	50.2	45.5	30.9	43.8	37.4	39.3
≥60 min	14.7	21.5	19.2	15.1	14.8	23.9	11.8	12.0
≥120 min	4.4	8.7	4.6	3.4	4.4	9.7	2.3	2.2

此外，四年级学生参加数学和语文校外辅导班的比例分别为 39.6%、34.5%，八年级学生参加数学和语文校外辅导班的比例分别为 19.8%、13.7%，三成以上学生感到很有学习压力。这也表明学生除了完成作业外，还要上校外辅导班进行学习，用于休闲的时间少、课业负担繁重。

四、义务教育质量监测的改革发展建议

（一）定向立标：科学监测，健全监测指标

进行义务教育质量监测，要基于已有的监测报告，进一步理解各学科特性，把握学科特质，确保监测理念、理论和技术随时代发展而创新。健全监测指标，是开展科学监测的前提，国家义务教育监测汇聚了多学科、多领域的高水平人才参与，具有一定的保障性。

广东省在参与国家义务教育质量监测时，采用了广东问卷；同时，若要监测其他学科，也需要更加明确监测指标。有研究认为，广东省监测指标的优化，[①] 最核心的是要解决监测什么、用什么监测、怎么监测等问题。这就需要在研究广东省义务教育质量监测体系的监测内容时，依据监测内容提交各级各类监测方案、指标体系，并在探索基于学生核心素养的整体监测方案和指标体系框架的基础上，进一步细化评价指标、考查要点和评价标准的内容要求，构建涵盖品德与社会化水平、学业发展水平、身心发展水平、兴趣特长潜能、学业负担状况等的义务教育质量监测指标体系。

在健全监测指标体系时，不管是国家还是省级区域，都应该与时俱进。例如，当前监测立足中国国情，依据课程标准研发指标和工具，那就意味随着教材、课程标准的变革，监测指标也需要更细化。此外，2021 年 3 月，《教育部等六部门关于印发〈义务教育质量评价指南〉的通知》（以下简称《通知》）也为国家义务教育质量监测提供了依据。[②]《通知》强调，要以促进学生全面发展为目标，构成完整的义务教育质量评价体系。在评价方式上，注重结果评价与增值评价相结合，注重综合评价与特色评价相结合，注重自我评价与外部评价相结合，注重线上评价与线下评价相结合。其评价维度如表 10 - 14 所示。

---

① 汤贞敏、黄崴、谢绍熺：《建立广东义务教育质量监测体系研究成果公报》，载《广东教育（综合版）》2019 年第 2 期，第 34 - 36 页。
② 教育部等六部门：《关于印发〈义务教育质量评价指南〉的通知》。

表 10-14 义务教育质量评价指南指标

重点内容	学生发展质量评价关键指标
品德发展	理想信念、社会责任、行为习惯
学业发展	学习习惯、创新精神、学业水平
身心发展	健康生活、身心素质
审美素养	美育实践、感受表达
劳动与社会实践	劳动习惯、社会体验

（二）优化举措：构建监测队伍，创新监测手段，形成精准反馈

1. 搭建多学科、多领域的监测队伍

国家义务教育质量监测是判断义务教育发展是否优质、均衡，是否能让人民群众满意的标尺，是促进义务教育质量提升的关键。因此，在进行监测时，有学者指出，要建立科学化的监测方式，构建协同合作的工作机制，开展全面监测，逐步实现有质量的教育公平。① 搭建多学科、多领域的监测队伍是保障监测的科学性、高效性的关键，也是帮助各省进一步明确"谁来监测"，让监测工作责任到人、落到实处。正如有研究所说，要加强监测队伍建设，教育行政人员、监测机构专门人员、教学研究专家、学校管理人员、教师都是质量监测队伍的重要组成部分，也是推动监测结果从理论走向实践的最主要力量。要实现监测结果的有效运用，队伍的建设必不可少。②

在搭建监测队伍时，需要通过培训等措施进一步提高对质量监测工作的认识。强化义务教育质量监测，加强对监测工作的统筹规划和政策指导，加大监测技术人员培训，保障监测基本条件和运行经费，在人力、物力、财力上给予充分支持，加快监测能力建设，从而保障监测工作正常开展。切实加强国家义务教育质量监测管理，完善具体监测的流程和实施，优化样本抽取的方案，提高样本的科学性和代表性，提高监测工具的可操作性和组织实施

---

① 檀慧玲、刘艳：《国家义务教育质量监测：实现有质量的教育公平的有效途径》，载《中国教育学刊》2016年第1期，第50-53页。

② 庞春敏：《义务教育质量监测结果运用需求分析及建议——以广东省为调查对象》，载《教育测量与评价》2017年第10期，第15-19页。

的可行性。① 在进行监测时，也有学者表示要避免过度监测，重视"留白设计"，教育以人的成长为主体，而人的发展过程也有很多无法具体、量化评估的方面，如果想要借助"监测"的量化评估"虎皮"而行"过度评估"之实，无疑会将监测带上不归之路。② 这都从侧面反映出对监测队伍建设的高要求。

2. 利用信息化手段，让监测"智慧化"

"如何监测"是实施监测的重要环节。有学者表示，在监测中充分运用云计算、大数据技术和移动互联网等信息技术创新成果，使监测全过程建立在先进的测量技术方法和信息手段上，更加准确和客观地了解学生学习质量和身心健康状况，深入探究影响学生发展的因素。③

对广东省而言，有研究认为，要确立义务教育质量监测数据模型和技术应用，在心理与教育测量数据误差的统计控制、基于概化理论的误差分析研究及其估计方法、基于项目反应理论的被试能力测试的误差分析及其改进方法等方面开展研究工作。以 IRT 理论、现代认知模型、SOLO 分类等专业理论，利用大数据采集、云计算方法等专业技术和互联网平台等专业途径，采集丰富有效的数据，与教育部义务教育质量监测数据平台、省教育信息平台、省考试院数据库等现有资源库有效融合，建立普通高中教育质量监测数据库与系统。根据第三部分研究确定的监测内容、监测方案和监测指标，确定广东省进行义务教育质量监测的实施原则，建立广东省义务教育质量监测机构和网络，进行监测制度建设，形成省、市、县（市、区）、学校四级联动的监测机制，建立健全监测网络系统。④

3. 构建以省为主的质量监测反馈模式

我国教育发展具有不均衡性，国家义务教育质量监测能反馈整体情况，但不能直接从中看出省级、市级、县级，甚至是学校的具体情况。在这种情况下，有学者表示，随着质量监测工作的常态化，可推进构建以省为主的质量监测反馈模式，由省级根据需要向市、县、校等多级反馈监测结果，从反

---

① 何秀超：《推进实施国家质量监测 着力提升义务教育质量》，载《人民教育》2018 年第 19 期，第 34-36 页。

② 李凌艳、陈慧娟：《推进我国基础教育质量监测制度建设的基本战略与体系保障》，载《中国教育学刊》2020 年第 3 期，第 68-73 页。

③ 何秀超：《推进实施国家质量监测 着力提升义务教育质量》，载《人民教育》2018 年第 19 期，第 34-36 页。

④ 汤贞敏、黄崴、谢绍熺：《建立广东义务教育质量监测体系研究成果公报》，载《广东教育（综合版）》2019 年第 2 期，第 34-36 页。

馈的主要形式来看，应当以一对一深度反馈逐渐取代群体反馈，这将有利于结果反馈方及受反馈方深度研读监测结果。① 这也是基础数据报告、分省份监测报告、国家监测报告的具体呈现。

（三）自评完善：客观解读监测数据，探索教育变革

"一分监测，九分应用"。监测结果的运用是开展教育质量监测的驱动力和价值指向。而监测结果的应用离不开行政、督导、教研、学校等多方位的自评完善。

1. 省级层面——解读主要问题，科学制定决策

一个完整的监测过程不应终止于单一的结果报告，还应在全市区域内尽快制定完善国家义务教育质量监测报告解读制度。推进监测报告的逐级解读工作，是国家义务教育质量监测结果落实、落细、落精的重要保障。因此，在政府层面，要举办全省义务教育质量监测结果解读会议，组织相关培训活动，介绍质量监测基础知识和相关图表解读办法，帮助基层教育行政部门、督导部门更好地掌握分析报告，找出区域教育教学存在的不足与问题，加深领导干部和基层同志对义务教育质量监测重要性、科学性的理解。

针对监测中反映出的主要问题，各教育部门应再综合考虑中小学教育教学工作的实际情况和义务教育质量监测结果等相关信息，科学制定相关决策，提升教育质量。例如，针对学生课业负担重这一问题，湖南省发布了《关于进一步规范办学行为减轻中小学生过重课业负担的若干规定》；针对城乡教育不均衡问题，浏阳市出台了《校长教师交流轮岗工作方案》，推动教师从城镇往乡村、强校向弱校合理流动，推行辖区走教制度，选派专业教师走教支援偏远学校的音乐、美术及英语等学科教学，以此推动义务教育均衡发展；广东省则针对体育与艺术教育中的若干问题，印发了《广东省加强学校体育美育劳动教育行动计划》，进一步为促进学生德智体美劳全面发展提供政策保障。

2. 督导层面——发挥监督、宣传的作用

教育督导是我国教育法规定的一项基本教育制度。加强教育督导，切实发挥好教育督导的作用，是完善现代教育治理体系的重要内容。2020年2月，中共中央办公厅、国务院办公厅正式印发《关于深化新时代教育督导体制机制改革的意见》，表明在运行机制方面，要建立健全"督政、督学、

---

① 庞春敏：《义务教育质量监测结果运用需求分析及建议——以广东省为调查对象》，载《教育测量与评价》2017年第10期，第15-19页。

评估监测"三位一体的中国特色社会主义科学教育督导体系,进一步加强对地方政府履行教育职责的督导,加强对各级各类学校的督导,加强和改进教育评估监测,改进教育督导方式方法。

基于此,结合义务教育质量监测工作,各级督导部门应精准反馈监测报告数据,结合数据,通过整改、复查、激励、约谈、通报、问责等方式促进各级各类学校进行教学变革。同时,应注意在评估监测工作中构建教育生态健康监测体系,遵循"低利害、轻问责、重改进"和"从考分排序走向多维评价"的原则,对监测数据"不公开、不排名、不与考评挂钩",充分发挥监测数据的解释、诊断和预警作用,建立基于监测数据的预警机制体系。

此外,各级督导部门可挖掘典型经验、做好宣传推广。基于监测结果,深入调研教育质量好、均衡程度高、改革成效明显的地区,总结提炼成典型经验,通过多种方式持续宣传推广,供全国其他地区学习借鉴,进一步发挥其引领、示范作用。

3. 学校层面——多维度进行教育改革

一是学校应树立新时代的"教育质量观",努力建立"五育融合"育人体系,全面发展素质教育。在义务教育质量监测中,前两个周期监测的学科为语文、数学、科学、体育与健康、艺术、德育,新一轮监测将在此基础上增加劳动教育、心理健康和英语3个学科,这充分说明了国家对学生德智体美劳全面发展的重视。因此,学校教育要突出德育实效,提高智育水平,强化体育锻炼,增强美育熏陶,加强劳动教育,促进学生全面发展。反之,学校如果没有对教育现代化需求的"自悟",没有树立新时代的"教育质量观",就难以收获国家监测数据改进后的"自得",主观愿望的价值目标则会在软弱乏力或事倍功半的前行中望而不得。

二是学校应树立学生全面发展的"课程观"。监测数据显示,学校体育、艺术教育课程开设不足,课业负担严重,学生睡眠不足、近视严重、肥胖比例偏高,艺术素养有待提升等问题,值得各学校进行深入反思。具体来说,学校可联合教研室、督导室等职能部门,归纳与分析本校学生在德智体美劳方面的发展情况,诊断学校教学情况、课业负担等多方面具体存在的问题,以核心问题为抓手,制定教学干预措施。在课程设置上,学校不能只关注智育相关课程而忽视其他各育,更不能以牺牲学生体育锻炼、社会实践、课外阅读的时间为代价,采用题海战术、死记硬背等方式来获得所谓的质量。

三是学校可开展校本研修、名师工作室活动、课题研究等方式,着力建设高质量的教师队伍。监测数据显示,教师探究教学能力和专业素养有待提升,学校可通过"问题聚焦(problem)—理论学习(theory)—案例分析(case)—实践应用(practice)"的校本研修方式,组织全校教师进行学习与实践,助力教师更新个人教育理念。此外,学校还可以通过课题引用,支持教师开展行动研究,提升教学质量。例如,苏州某学校在结果应用过程中,针对教师队伍建设,形成以《范贤学堂:教师定制学习的校本行动研究》为引领,打造"教师发展共同体"。具体则通过"好教师团队"研修活动、"范贤学堂·教学论坛"、校内名师工作室、"范贤学堂·双导师"、"教之道"等系列活动来提升教师队伍的整体水平。

4. 教师层面——自学、实学,提升专业素养

教师针对质量监测进行自评完善,是提升义务教育质量的关键。一方面,粤派教育鼓励教师通过一系列"有主见地自学",形成自学、自悟,凝练自身的教育智慧。在义务教育质量监测结果应用上,教师可以通过主动阅读书籍、阅读报告,主动参加质量监测相关报告的解读会议,理解什么是义务教育质量监测,树立科学的教育质量观。同时,教师也需要反思个人教育教学是否存在质量监测中提到的问题,诸如"学习兴趣与自信心有待提高""学生课外阅读不足""学科资源利用有待提高"等,进而调整修正。

值得教师深刻反思的是,数学监测以《义务教育数学课程标准(2011年版)》为依据;语文以《义务教育语文课程标准(2011年版)》为依据,体育以《义务教育体育与健康课程标准(2011年版)》为依据,艺术以《义务教育音乐课程标准(2011年版)》《义务教育美术课程标准(2011年版)》为依据,均突出以素质教育导向来制定监测指标。那么,教师在日常教学中是否认真把握课程标准要求,参照课程标准对教学实施的建议,展开教育教学实践?是否积极参与校本教研、名师工作室活动加深对课程标准的解读?当前,一线教师存在对课程标准的认识不到位,甚至不用课程标准而仍然在"教"课本,还有部分中小学教研员、培训者也存在视课程标准而不见、指导教师简单"教"课本的行为,这些都是导致教育质量低的因素所在。

另一方面,粤派教育强调"行动""实学",鼓励教师进行"有行动的实学"。教师可以结合监测中个人教学存在的问题展开行动研究,把握学科素养要义,实施素质教育,促进学生全面发展。在"互联网+教育"时代,教师应充分认识到,科学合理运用信息技术、利用多媒体设备实施教育教学活动,能在一定程度上提高教学效率,促进教育质量的提升。但从监测结果可知,各学科教学资源有待丰富,资源利用率有待提高,设备利用不足。在此情况下,教师进行"有行动的实学"即可科学利用信息技术,在课程标

准的指引下，践行"以学为中心"的教育理念，融合技术手段，形成适合的教学模式，从而实现学科教育"公平而有质量"的最大化。

五、全国各地义务教育质量监测结果运用的优秀案例

监测报告是否"好用、管用"，主要看监测结果是否能得到良好应用，形成"解读报告—制定措施—督导评估—持续推进"的教育教学改革局面。近年来，教育部积极推动监测结果应用，建立了国家监测结果报告编制发布制度，定期向国务院领导、教育部领导呈报监测结果，发布国家监测结果报告；建立了省级人民政府监测结果反馈制度，从2019年起以国务院教育督导委员会办公室名义，向31个省（区、市）人民政府办公厅和新疆生产建设兵团办公厅反馈监测结果，督促整改，同时每年向样本区县反馈监测结果报告，召开监测结果反馈与解读会议，指导各地监测结果运用。2018年启动的国家义务教育质量监测结果应用试验区工作，通过提供专业技术服务、培训专业人才、交流推广成果等方式，助力有效应用监测结果、提升教育质量。在教育部的积极推动下，一些区域形成了可推广的结果应用经验，笔者将列举一些地区及广东省个别地区运用监测数据结果的具体做法，希望可为区域、学校解读监测结果，改进教育教学提供启发。

（一）各省案例

1. 贵州省——重视体育教育力度

在全国两次监测数据中，学生肥胖、视力不良、睡眠时间不足等方面问题尤为突出，且有所加重。贵州省通过开足体育课、提高体育教学水平、改革体育课程考核机制（体育纳入中考，满分为50分）、加强课外体育锻炼（形成具有民族特色的大课间体育活动）、改善竞赛选拔机制、加强体育质量监测六个维度来强化学校体育教学水平，以促进学生身心健康全面发展。

在提升体育教学水平方面，贵州省依托贵州师范大学等高校设立贵州省学校体育研究中心，开展理论和实践研究，提高学校体育科学化水平。鼓励开设体育教育专业的高校建立体育教学专业联盟，探索校地合作机制，帮助中小学提升体育教学水平。大力推动足球、篮球、排球等集体项目，积极推进少数民族传统体育项目和户外体育运动项目，广泛开展田径、游泳、乒乓球、羽毛球、武术等项目，逐步形成"一校一品""一校多品"，做到人人

有项目、班班有特色、校校有品牌。①

除此之外，贵州省教育厅联合多部门齐抓共管，全方位推进综合防控儿童青少年近视，形成了以发展校园足球为突破口、实现学校体育质量整体提升的格局。

2. 福建省——福建教育，必强体艺

2019年，福建省被列为国家义务教育质量监测中"学生具有较高的艺术素养"典型地区经验案例征集对象。此成绩的获得，离不开福建省对艺术教育教学质量提升的具体举措。②

（1）基于政策，保障艺术教育教学发展。其一，福建省中小学校严格按照《福建省教育厅关于调整义务教育课程设置及比例的通知》规定，开齐开足音乐课、美术课。其二，加大中小学美育教师补充力度，各地每年公开招聘的新任教师中，有15%以上比例用于招聘美育教师；加强农村美育教师队伍建设，将乡村学校新任美育教师列入农村紧缺师资代偿学费计划的实施范围。其三，设立美育专项经费，完善美育教学设施设备。其四，加强艺术教育督导评估及保障机制，2016年福建省教育厅出台了《福建省义务教育质量监测实施方案》，首次将艺术（音乐、美术）学科纳入监测范畴，建立了在国家质量监测统筹与引领下的省级质量监测制度。

（2）通过深度教研，促进学生艺术素养提升。一是建立立体多维教研机制，完善省、市、县、校四级教研工作体系，补齐音乐、美术专职教研员队伍，关注美育教师队伍专业成长；二是深化内涵、拓展外延，激发教研活力；三是建立教学评一体的评价体系，为课堂教学质量提升奠定坚实基础。

3. 山西省——初中数学考试命题改革

山西省在2018年国家义务教育质量监测中的结果显示，八年级学生数学学业表现达到中等及以上水平的比例为89.9%，高于全国11.1个百分点；达到良好和优秀水平的比例之和为72.2%，高于全国15.6个百分点。在学生数学学习情感态度方面，八年级学生数学学习兴趣高和较高的比例之和为74.1%，高于全国6.2个百分点。监测结果还显示，山西省八年级数学教师课堂管理好和较好的比例之和为92.2%，高于全国7.3个百分点，教学质量的提升在一定程度上得益于该省采取的"初中考试命题改革"

---

① 《以校园体育促学生身心健康全面发展》，http://www.moe.gov.cn/jyb_xwfb/moe_2082/2021/2021_zl35/dudao2/202104/t20210428_528961.html。

② 《教研促升素养 艺术点亮人生》，http://www.moe.gov.cn/jyb_xwfb/moe_2082/2021/2021_zl35/dudao3/202104/t20210428_528980.html。

措施。

山西省教育科学研究院在山西省教育厅的领导下,提出"考改促课改,课改推考改"的工作思路,不断探索和实践中考命题改革,极大地推进了山西省初中课堂教学改革。经过多年的探索和总结,形成了山西中考命题"一核·六维·四手段"的理论体系。其中,"一核"是指山西中考命题的核心思想:立德树人、素养立意、导向教学。通过确立这一核心思想,说明"为什么考"。"六维"指山西中考命题的"六个维度",即立足学科素养,加大开放探究,注重阅读能力,关注表达、交流、共享,借鉴 PISA 测试理念,落实课程标准中的活动建议。通过确立这一考查目标,说明"考什么"。"四手段"指山西中考命题中核心素养落地的"四大手段",包括跨学科整合、不确定性结构、真实任务情境、理性思维和批判质疑。通过确立这一命题手段,说明"怎么考"。

4. 江苏省、湖北省——提高学生阅读素养

培养良好的阅读习惯、提升学生的阅读能力,不仅是语文教学的重要任务,也是让学生终身受益的长效策略,在国家义务教育质量监测典型地区经验案例中显示,① 江苏省、湖北省在提升学生阅读素养方面展开了行动。

江苏省泰州市姜堰区以语文学科为核心,从阅读资源配置、文化环境营造、阅读课程建设、评价方式变革、家校阅读引领等方面系统推进区域"大阅读"工程建设。全区投入学校图书馆建设经费累计超过 1 亿元,每校每年用于购置新书的经费不少于 10 万元;全区推进"每天集中读书一小时"行动,倡导师生过"晨诵、午读、暮省"的"书式"生活,开展各种各样的阅读活动;区内学校借助课程整合推进"大阅读"工程,在课程内容上实施"区域+校本(师本)"计划,每学期及寒暑假向学生推荐阅读书目,将课外阅读与课堂教学有机整合,每周有固定的课外阅读专用课时,推动课外阅读课程化。

湖北省教育科学研究院则从课程建设入手,促进学生阅读能力的提升。2013—2019 年,先后研发了"综合阅读""经典诵读"等地方课程。使用统编三科教材以来,湖北省开发了"跟名师一起读名著"系列名著导读丛书,开展"小学生经典诵读""群读类学"等课题研究,以课题研究带动阅读课程及阅读教学,将学生阅读视野从教材引向丰富的书籍世界和现实生活,从而全面提升学生的语文素养。

---

① 《立足学生全面发展推进教学改革——国家义务教育质量监测典型地区经验案例综述》,http://www.moe.gov.cn/jyb_xwfb/s5147/202106/t20210622_539489.html。

5. 湖南省、上海市——减负增效，作业改革行动

两个周期内的监测数据显示学生课业负担重。中共中央、国务院于 2019 年 6 月发布的《关于深化教育教学改革全面提高义务教育质量的意见》进一步提出要统筹调控不同年级、不同学科的作业数量和作业时间，促进学生完成好基础性作业，强化实践性作业，探索弹性作业和跨学科作业，不断提高作业设计质量。

湖南省教育厅借助监测结果科学制定决策，针对学生课业负担过重的问题，发布了《关于进一步规范办学行为减轻中小学生过重课业负担的若干规定》，对课程开设、教学工作、作业练习、考试评价、学生体育锻炼时间和睡眠时间等方面提出了明确要求。

上海市教委牵头出台了《本市落实义务教育阶段学生减负增效工作实施意见》（以下简称《实施意见》）和《上海市加强义务教育学校作业管理措施》，进一步解决学生课业负担过重的问题。其中，《实施意见》强调减负工作要从优化课程、提高教学质量、规范校外培训机构、科学评价考试、家庭社会协同五个方面进行综合减负。其中，作业管理的目标是规范教学行为、统筹作业总量、提升作业效能、落实新时代育人要求、促进学生全面发展，具体通过加强作业统筹管理、加强作业科学指导、加强作业能力建设、加强家庭教育指导四个层面实施作业管理措施。

6. 云南省昆明市盘龙区——以教育评价改革为牵引促进教师专业发展

云南省昆明市盘龙区以"国家义务教育质量监测结果应用实验区"建设为契机，加强教师队伍建设，通过改革教育评价推进教师专业发展，促进教师专业素养的提升。其做法包括：①多维度构建教师评价体系，搭建智能化教师评价系统，依托盘龙区局域网，建立教师成长发展评价系统，智能采集教师成长发展相关数据信息，对全区教师成长发展进行动态评价。②实施"教研内涵发展行动"，针对教师教学能力不平衡、科研工作效果不佳、教学指导不深入等问题，先后建立 37 个教研空间，由 1620 名骨干教师组成教研共同体，自主开展问题研讨、听课评课、课例评议、网络教研等活动，形成常态化学习机制。③实施"教学成果推广行动"，着力推动解决教育质量发展不均衡问题。打造优质教学资源库，以管理、团队、活动、方式、资源为主要方向，打造具有引领性的管理模式、具有实效性的教研团队、具有示范性的教研活动、具有创新性的学习方式、具有较好支撑作用的教育教学资源，构建"先行试点""合作试验""示范辐射"等优质资源共享机制。①

（二）广东省案例

1. 深圳市龙岗区——儿童阅读推广战略

深圳市龙岗区以"儿童阅读推广战略实施"和"小学生语文专项素质检测"为突破口，致力于推进龙岗区小学语文教育教学高质量发展。在实施儿童阅读推广战略时，主要采取的措施如下。

（1）培养儿童阅读推广人才。首先，通过"请进来，走出去"的方式组织全区小学语文教师进行全体研训。龙岗区多次引进专家开展小学语文教师培训活动，并组织全区小学语文教师"走出去"学习，每年至少一次。其次，重视鼓励特级教师、省区市三级名师开设工作室，大力提升名师工作室示范引领辐射作用。例如，平湖凤凰小学省名师工作室主持人带领工作室成员开设"绘本阅读教学""整本书阅读教学""主题阅读教学""童诗童谣教学""古诗词教学"等一系列培训课程，定期面向全区小学语文教师开展观摩学习活动。最后，鼓励教师开展课题研究。龙岗区大力倡导一线语文教师积极开展儿童阅读推广方面的课题研究工作。据不完全统计，近5年内，龙岗区关于儿童阅读推广的课题累计40多个。

（2）建设儿童阅读推广基地。一方面，龙岗区借广东省开展"书香校园"创建活动的东风，发动各学校积极开展"书香校园"创建工作。目前，已创建省、市"书香校园"及省"朝阳读书"先进单位、全国阅读基地校等累计21所，其中全国阅读基地学校3所，广东省"书香校园"11所，广东省"朝阳读书先进单位"1所，深圳市"书香校园"6所。另一方面，龙岗区通过搭建平台提升基地示范辐射能效，儿童阅读推广基地学校，如福安学校、平湖凤凰山小学等，发展速度快、质量好。

（3）提升儿童阅读活动覆盖面。一是开展各项儿童阅读推广赛事活动，活动规则上强调"人人参与"，在规则设置上都尽可能强调学校学生人人参与、层层推荐；二是活动项目尽可能涉及"人人"，全区性的读书活动已成为年年开展的常规性活动。

2. 深圳市福田区——测以致用，助力发展

2018年，深圳市福田区被教育部基础教育质量监测中心确定为首批国家义务教育质量监测结果应用实验县。在义务教育质量监测过程中，福田区

---

① 《云南省昆明市盘龙区以教育评价改革为牵引促进教师专业发展》，http：//www.moe.gov.cn/jyb_xwfb/s6192/s222/moe_1757/202105/t20210513_531174.html.

经历了从"简单决策"到"系统架构"、从"感性比对"到"理性测评"、从"经验判断"到"科学实证"、从"关注结果"到"兼顾过程"的持续演进的发展之路，探寻出了"测以致用，助力发展"的义务教育质量监测工作理念。

监测结果显示，福田区部分小学差异系数较大。① 于是，福田区打响了"城中村"学校精准扶贫"攻坚战"，积极探索"联合体+""联盟+"等集团化办学新模式，营造美美与共的教育生态。此外，福田区扩大监测样本量，为每所参测学校出具学校监测报告。监测结果显示，福田区小学四年级学生在勤劳节约、团结友善两个方面表现欠佳。所以，福田区坚持德育为先，设计志愿实践、社团活动等多彩活动。学生在月月有活动、人人都参与的德育生态中，打好勤劳节约、团结友善的人生底色。福田区部分学校图书馆使用率不高。原因是部分学校图书馆所处位置较高、较偏，书目难以查找，缺乏阅读激励机制。福田区奔着问题去，着力抓好"阅读进行曲"的硬件、软件建设。福田区教科院附小等学校把图书馆搬到低楼层，创建开放式书吧，开展寓教于乐的阅读活动。现在，全区学校图书馆使用率大幅提高。

3. 东莞市——学校体育工作评价改革

东莞市高度重视评价结果的应用，为指导镇街和学校做好系列监测与评价数据的应用，印发了《东莞市2019年教育质量监测与评价数据应用的"六个一"专项行动方案》，分别组建了"市—镇"两级评测队伍，自主开展三期评测骨干队伍培训，力争从命题研究、数据分析方法和监测报告解读技巧等方面打造一支信息素养高、专业能力强、适应新时代评价要求的基础教育评测队伍。在探索学校体育工作评价改革、推动学校体育工作品质化提升的行动中，东莞市的主要做法如下。

（1）政策保障，有据可依。东莞市先后制定印发了《东莞市人民政府办公室关于强化学校体育促进学生身心健康全面发展的实施意见》《东莞市中小学校园足球推进计划（2015—2017年）》和《东莞市教育局提升学生体质健康水平行动实施方案（2018—2020年）》等文件，为党委和政府履行教育职责评价提供依据。

（2）全面改革学校评价工作。东莞市通过"加强体育与健康课程管理、开足开齐开好体育与健康课、改进课外体育活动、健全学校体育竞赛体系、

---

① 《义务教育质量监测结果应用的福田经验》，https：//baijiahao.baidu.com/s? id = 1653425072882895186&wfr = spider&for = pc。

强化国家学生体质健康检测、推进体育与健康质量监测、教师队伍建设、保障经费投入和设施设备建设"八个方面对学校体育工作进行全面评价。在教师评价方面，从评价标准、教师履职评价内容、教育教学实绩评价等方面完善体育教师评价内容和标准。在学生评价方面，构建学生体育与健康学业质量评价体系，推动初中体育与健康学业水平考试改革，推动高中体育与健康学业水平考试改革。通过系列改革举措构建了东莞市学生综合评价体系，开辟了可持续健康发展的学校体育发展格局。

4. 佛山市顺德区——"壮腰"工程

国家义务教育质量监测数据显示，佛山市顺德区已达到"国家义务教育优质均衡创建区"的水平。[①] 近年来，顺德区委、区政府坚定不移把教育作为"一把手"工程，2018年起实施初中"壮腰"工程，深入推进教育领域综合改革，逐步形成以高品质品牌初中为引领、优质品牌初中学校为支撑的高质量发展格局。其做法包括：①标杆引领，推进教育优质均衡发展。②加大投入，打造家门口的优质初中教育。顺德区各学校以《顺德区品牌初中三年建设方案》作为创建品牌初中学校的行动纲领，加大投入改善办学条件、改革创新教育教研和课堂建设、着力打造特色学科课程实验班、构建创新拔尖人才质量跟踪机制，由此形成了一批质量更有保证、内涵更加丰富的品牌初中。③锐意改革，打造湾区教育新高地。截至目前，全区已成立36个义务教育集团或联盟，实现全区10个镇（街道）义务教育阶段全覆盖，成效显著。此外，顺德区还引进了北京师范大学、华东师范大学、华南师范大学等优质高校合作打造义务教育阶段学校，共同推动区域初中教育发展。

第四节 集团化办学

一、集团化办学理念概述

粤派教育注重在行动中学习与成长。岭南的务实传统造就了岭南人敢为天下先的气魄，也成为贯穿岭南千百年来各个历史时期的精神核心，是岭南

[①] 《顺德教育教育均衡优质发展的"顺德实践"》，https：//mp.weixin.qq.com/s/4Y50Dgz9D14_M65wOEIl8w。

文化的灵魂。在集团化办学中同样体现出粤派教育风格,"有主见地自学、有行动的实学、有自信的意志"。集团化办学的观点很多,颜嫦嫦(2017)认为,集团化办学是"由多个有着共同办学理念的学校组成的教育联合体"。在集团化办学的相关地方政策文件中,上海市也将其解释为"在同一地区或地域形成的学校联合体"。另一类观点则着重关注集团学校的办学模式和组织结构。程钰琳(2018)认为,集团化办学是"通过互补优势或强弱帮扶,由单个或多个法人建立的大规模、多层级组织形式"[1]。

由此可见,集团化办学是以行政指令为主、兼顾学校共同意愿、将一所名校和若干所学校组成学校共同体(名校集团)的办学体制。[2] 集团化办学离不开理念的引领与文化的引导,粤派集团化办学以名校为龙头,在粤派教育理念、学校管理、教育科研、信息技术、教育评价、校产管理等方面统一管理,实现管理、师资、设备等优质教育资源的共享,重视教育工作者的自我修养,将自我修养的理论运用于教学与管理中,打造独具特色的教育风格,粤派教育的创新有为、不拘一格的主体精神和文化使得广东教育在管理创新、制度创新和文化创新等方面仍然可以领跑全国,成为改革开放的排头兵。粤派集团化办学以各名校集团的名校校长为领衔校长,由专家顾问、各校区校长组成的决策机构负责学校共同体的整体规划,并形成相应的执行系统、监督反馈系统。[3] 名校和各校之间既有统一的协调和管理,以保证同样的教育品质,同时各校之间又相对独立,追求各自的办学特色,注重自我发展,有实际行动的指导路线,实现互惠互助、共同成长。

集团化办学离不开理念的引领,粤派集团化办学需要结合广东自有的粤派文化特征,打造出具有粤派特色的办学体系与教育理念。

二、集团化办学组织结构与模式

(一) 集团化办学的组织结构

刘良华教授在《海珠区第二实验小学集团化办学的行动研究》中提出,集团组织结构主要包括两个组织机构:一是集团理事会,二是集团行政组

---

[1] 程钰琳:《义务教育集团化办学的成效评估研究》,华东师范大学硕士学位论文,2018年。
[2] 燕道芬:《一所村小的联盟发展之路》,华东师范大学硕士学位论文,2017年。
[3] 安晓敏、邬志辉:《区域内城乡教育一体化发展模式探析》,载《上海教育科研》2012年第6期,第18–21页。

织。集团理事会主要负责讨论集团重大问题。在其领导的海珠区第二实验小学集团中，理事会下设教师教育学院、课程与教学研究院、家庭教育研究院三个学术机构以及秘书处（设1名秘书长）、学生发展部、后勤管理部、对外交流事务部等。集团行政组织通过召开集团行政会，讨论并解决集团课程改革整体推进的问题以及各个学校提出来的相关问题。在集团化的办学中，首先注重的是文化内涵的引领与构建，集团文化聚焦"刚柔相济，道法自然"。在"刚柔相济"与"道法自然"之间，刚柔相济是实践路径，道法自然是原理与元点。六祖惠能提出主体的灵活变通的思想，体现了对客体的尊重，道为客观规律，故集团化办学必然要尊重学校发展的客观规律，尊重学生的人格。

理事会采用集体审议制度，负责制定集团重要政策、处理集团重要事务，协调校内和校外关系，深入探索科学、民主与和谐的管理机制，推动管、办、评分离，为集团各成员学校发展提供合情、合理、公正的制度支持。集团理事会拥有对集团内各成员学校进行监督、管理、考核的责任和权力。

根据集团章程成立教育集团理事会，基于现代法人治理理论，建立利益相关者协同治理体系。理事长由集团总校长担任，理事会成员由政府、学校、家长代表和社区人士组成。理事会每年召开1～2次会议。到目前为止，集团已经召开集团理事会3次。

（二）集团化办学发展模式

在《六祖坛经》中，惠能告诉世人如何灵活变通，以体现主体自重和对客体的敬重。关于办学模式发展状况的多项研究所得出的共性结论是：基础教育集团化的办学模式的研究体现为"是什么"的探究。在宏观层面上，基础教育阶段开展集团化办学对学校办学模式以及学校关系的创新，迎合了现代新型学校体制发展的现实要求；在微观层面上，其办学模式所涉及的主体更加多元，形式更加多样，组合方式更加灵活，自由度更高，旨在追求一种开放、协同互助的异质共同体模式。关于集团化办学模式的研究，可以从纵向发展和横向拓展两个方面进行整合。①

（1）"三三模式"将集团化办学的发展划分为三个阶段，并在每一阶段对应形成具有统摄性的办学模式。

---

① 张徐：《基础教育集团化办学研究回顾、反思与展望》，载《教育导刊》2019年第1期，第40-46页。

初级阶段——补差模式。通俗地讲，补差模式即"缺什么、补什么"，以行政权力为主导，以"补短板"为主要行动逻辑。由于区域教育发展不平衡，教育资源配置差异大，为了实现优质均衡，通过集团化办学对弱势资源学校与区域进行补差，旨在通过查找差距，对由于政治、经济资源不对等导致教育资源分配不均衡的状况进行补偿，这往往发生在集团化办学的初级阶段。在此阶段，主要依靠政府加大财政投入、出台相关政策帮助薄弱学校发展。但是，这种通过改善办学条件、干部输入、骨干教师平衡等做法并不能从根本上解决问题，仅形成了形式方面的平衡，对弱势学校的自我改革与创新等内涵发展关注度不高。

中级阶段——嫁接模式。嫁接模式是以权威为主导，以"优化结构"为主要行动逻辑，旨在通过学校结构调整实现教育集团化办学的规模效应，平摊改革风险，以获得学校各组织自身发展，并通过有主见的自学自为生成学校的特色。形成两种组合方式：其一，以科研机构和高校为中心的同心圆，即"高参小""大学附中"等；其二，以小学优势资源学校为中心向外辐射，即常见的名校办分校。

高级阶段——共生模式。共生模式以协同作用为动力，以"自组织"为主要行动逻辑，是以每所学校自身的确立和自律为前提的共同关系，旨在促进不同地区、每一所学校、每一位学生的成长，是基础教育集团化办学的高级阶段，既是集团化办学的理想化模式，也是未来研究的重心。[1] 共生模式是以协同作用为内驱力的，无论是补差模式中的行政权力，还是嫁接模式中弱势资源学校和弱势资源区与优势资源学校和优势资源区由于在技术、制度和文化上的非对等地位导致合作中出现的权威。[2]

（2）"四八模式"则是依据集团化的程度（选择型、联盟型、联邦型和集权型）和组间关系（均衡型、依附型）构建了集团化办学的模式图，将集团化办学的发展细分为四个阶段，两两交叉处形成了八种模式。[3] "四八模式"中真正意义的集团化为集权—均衡模式与集权—依附模式。

1）集权—均衡模式。此模式具有典型的教育集团的特点。新的一级组织——教育集团，有明确的组织章程和集团运作模式，组织结构逐渐理顺，

---

[1] 孟繁华、张蕾、余勇：《试论我国基础教育集团化办学的三大模式》，载《教育研究》2016年第10期，第40—45页。

[2] 孟繁华：《学校发展论》，教育科学出版社2011年版。

[3] 张爽：《基础教育集团化办学的模式研究》，载《教育研究》2017年第6期，第87—94页。

责任明晰，制度较为完善，集团内学校组织的发展完全按照集团的统一安排行事，此时集团的内部合法性逐渐增强，所有组织的发展规划统整到集团一层。集团内组织的实力均衡，多个发展水平相当的均势组织在集团的视域下集聚优质资源，创生新的集团品牌。此时已经以集团为单位而非学校为单位配置资源，集团内部学校间已经逐渐打破边界，作为单独组织个体而存在的学校组织其完整性或独立性已经受到了消解，多组织间合作逐渐演变成一个新的复杂组织。

2）集权—依附模式。此模式亦属于集团化办学的高级阶段，虽然在教育集团成立之初可能是需求诱致，也可能是行政驱动，抑或两者结合，但在集团化过程中伴随着内部合法性的不断增强，此模式下的集团化办学通常具有最为有效的组织结构、清晰的信息链、完善的制度章程、统一的品牌效应，集团内非关键组织大多由一个具有明显实力优势的关键组织派生而出，或经过改革在制度、结构等方面完全从属于关键组织，集团层面的主要领导者由关键组织的领导者担任。在此，关键组织更强势，非关键组织因为要依托关键组织的资源获得发展，所以在决策方面处于比较边缘的状态。集团成为学校之上存在的切实有效的管理层级，系统性强，这种系统性体现在突出顶层设计，改革往往从系统改进入手，能够实现统一指挥，从而提高管理效率、实现规模办学的效应，但可能不利于发挥原个体学校的办学特色，不利于多元化。

三、集团化办学存在的困境与治理思路

（一）集团化办学存在的困境

集团化办学虽然对义务教育优质均衡能产生较好的推动作用，但在发展中仍旧存在各种问题。如果不能妥善解决这些问题，则必然导致集团化办学效用不高。

1. 管理定位不清管理行为效率不高

集团化办学实现了从一个校区到多个校区的"量变"。随着集团规模的扩大，学校管理的实质也产生了变化，原有的管理方式、组织机构已不能很好地适应集团化办学的管理需求，这就需要集团适当调适管理机制。但不难发现，集团办学在管理行为上存在很多问题。第一，领导对管理定位的变化认识不足，一些集团校领导认为，只要将优质学校的管理经验、管理机构复制到其他学校即可，缺乏变革思维与创新思维，影响集团化学校内部整体提

升。第二，管理思想不统一。即存在主校区与附属校区的区别对待，有些学校在各校区中存在多个法人，导致各自为政，管理行为难以协调。第三，校区管理者水平不足。一些管理者是从学校优秀教师选拔而来，但是优秀的教学教师并不一定是优秀的管理者，可能存在管理素养不足，甚至破坏原有管理布局。第四，管理部门冗余。为了完善集团内部的管理机构，许多集团内部会新增如管理委员会、督导委员会等管理机构，该类机构不仅会导致管理机构冗杂、管理人员富余等情况，还会出现内卷化现象，增加集团内的管理成本，产生管理成本提高和人力资源的浪费。

2. 规模扩张缺乏造血功能，教学质量难以保障

集团化办学的重要目标之一是实现优质均衡，提升办学质量，而办学规模扩张与办学质量提升之间的矛盾是目前基础教育集团化的重大困境。优秀的教职人员是最重要的教育资源，也是影响教学质量的重要因素。为了实现资源共享，提升集团整体的教学质量，集团内的优质学校往往会通过人员共享的形式向弱势学校分派一定数量的优秀管理人员和教学人员。如果优质学校不断向薄弱校区输送优秀教师，则会导致原有教学质量难以保障，不仅没有实现优质均衡，而且会导致共同落后，有些学校派驻的教师在任教期间一个教学轮回都没有经历，就被盲目评定优秀教师，这种师资的质量是难以保障的，缺乏造血功能。优质学校给予的"人员补给"只是暂时性的，如果弱势学校过度依赖优质学校的人员来提升教学质量，那么其教学质量的提升只能是"泡沫现象"。要想真正实现教学质量的提升，还需要充分利用优质学校的人员支持，在接受优质学校"输血"的过程中自己"造血"，从内部提升教职人员的能力素养，从而真正提升学校的办学质量。

3. 专业指导缺失，发展困境突破能力弱

集团在取得了一定的办学成效后，会遭遇集团发展缓慢或者发展高原期的困境。出现这种现象的原因主要两个。首先，集团单纯地复制集团化办学理念，对办学理念的理解仅仅停留在字面，有些学校甚至不清楚集团办学理念，对学校发展战略、文化等不了解，无法形成战略认知，在执行上存在偏颇。同时，对新的教育教学理念、教育规律与现象研究不足，缺乏专业的指导与理论支持。其次，集团化办学教研制度建设简单、朴素，教研活动仅仅围绕着内部经验交流与分享，缺乏专业指导与主线，教研活动流于形式，不能触及教育的本质，在教学改革方面无能为力。

4. 同质与特色冲突限制学校发展

学校发展同质化不仅会湮灭学校的特色，造成"千校一面"的现象，更为严重的是不利于学生的个性发展。同质化主要表现在集团内其他学校与

龙头学校无论是办学理念、学校文化，还是课程建设、教学模式等都日益趋同，这种趋同不是双向的，而是单向度的，即集团内其他学校都向龙头学校靠近、看齐，模仿龙头学校的做法，大家都向龙头学校看齐，其最终结果就是大家在模仿、学习中被龙头学校同质化。① 这种同质化使集团内部成员学校之间产生了冲突。

（二）集团同化办学问题的突破

1. 有主见地自学，提升管理素养

陈白沙强调"静中养出端倪"，以"宗自然"与"贵自得"为基调，倡导"心在万物上""贵在自得""彻悟自省"。也就是说，粤派教育中个体要不断提升自我修养，提升自己的素质水平，作为管理者需要通过不断地培训与学习，提升校长与中层干部对管理行为的认识，提升管理素养。集团的办学实践、办学条件是处于不断变化中的，要想适应这种变化，集团的管理机制也要适时地调整、优化。在集团不同的发展阶段，应遵循不同的管理原则，采取不同的管理机制。② 在学校管理中，管理者要厘清各方职责，形成制度，实践"有行动的实学"，培训时要注重实学、崇尚实干的精神。通过调研考察、跟岗培训、影子工程、现场诊断、行动研究、阅读书籍、自身成长档案的梳理与解读等一系列强调"行动""实学"的培训途径，帮助管理者在行动实学中自觉、自悟，凝练自身的管理理念、办学理念与教育理念，提升教育智慧，增强教育自信，培养自主、自度的积极心理品质。

例如，广州市海珠区第二实验小学教育集团成立了秘书处与智囊团，做好分工、相互协作，共同解决集团问题。

秘书处主要负责一般问题或日常事务的讨论。由于所讨论的内容原本属于秘书处负责的事务，因此秘书处讨论之后，即可形成行动方案和相关材料，直接付诸实施，并不需要再提交到集团行政会（或集团校长群）继续讨论。这些问题的讨论以及所形成的方案是校长们无暇顾及的细节，秘书处需要在幕后为集团或各个学校提供相关的准备材料。

集团有两个讨论日常事务的"议事处"：一是集团校级干部微信群（以下简称"集团校长群"），二是集团秘书处微信群（以下简称"集团秘书

---

① 汪明：《论基础教育集团化办学的"三化"问题》，载《当代教育科学》2017年第11期，第30–32页。

② 陈凤娟：《基础教育集团化办学的困境与突破》，载《现代中小学教育》2019年第6期，第4–7页。

群")。这两个"议事处"分别承担不同的责任。

第一，集团秘书群主要负责集团一般问题的讨论。集团出现一般问题或作出一般决议时，会选择直接在秘书群讨论。秘书群讨论之后，形成解决问题的思路或方案，再提交集团校长群认可，并形成正式的决议。如果不是重大问题或有争议的问题，秘书处形成方案之后，只需要让各个学校的校长在行政会或校长群了解情况，而不需要在行政会或集团校长群继续讨论了。

第二，集团行政会或集团校长群负责集团重大问题的讨论。集团出现重大问题或作重大决议时，会先在集团秘书群提出讨论的问题，在形成大致的思路和方案后，再提交集团行政会或集团校长群继续讨论，以便形成最后的决议。在思路或方案从集团秘书处转移到集团行政会或集团校长群讨论时，如果存在较大的争议，则会将秘书处讨论形成的思路与方案，预先知会集团常务副校长。如果其有修改的意见，集团会调整秘书处形成的方案，然后再提交集团行政会或集团校长群审议。

学校管理要分步骤，按照初级、中级和高级发展阶段的不同形式，采取不同的管理模式。初级阶段遵循效率优先的原则，可采用"以优带弱"的管理机制，凝练优势学校的管理经验并形成可推广文本，以此提升集团的管理效率。中级阶段遵循专业化原则，通过培训学习和运用优秀的管理理论，制定科学的管理制度，设立合理的管理机构，以此保障集团的健康稳步发展。高级阶段遵循适宜性原则，建立管理机制改进小组，有目的、有计划地探索个性化、适合集团长远发展的管理机制。

广州市海珠区第二实验小学教育集团基于学校特点制定了五年发展规划路径，内容如下。

集团五年发展规划的起草与修订分为三个阶段。

第一个阶段（2019年2月至3月）开展"预调查"活动，主要由集团三所学校的校领导根据自己的办学经验，形成不同版本的"海珠区第二实验小学教育集团五年发展规划"草案。经由讨论之后，形成"海珠区第二实验小学教育集团五年发展规划"的基本框架，以此作为下一阶段问卷调查以及访谈的大致结构。

第二个阶段（2019年3月至7月）正式开展调研与起草工作，主要通过问卷调查和访谈的方式，自下而上地形成"海珠区第二实验小学教育集团五年发展规划"的讨论稿。

第三个阶段（2019年7月至12月）开展第二轮调研与修订工作，采用问卷调查和访谈的方式，获得相关信息，在此基础上对"海珠区第二实验小学教育集团五年发展规划"（讨论稿）进行修订。（详见2019年2月25

日推送的集团《教育周报》第 1 期。)

2. 有自信的意志,打造顶层文化

岭南心学的另一鲜明特点是主客双重的自尊自强,既主体自重,又敬畏客体。陈白沙认为,主体不仅具有能动性,还有超然性,其名言"身居万物中,心在万物上"。因此,在集团化办学中,学校文化建设是教育集团内涵发展的根本途径,也是提升办学品质、塑造集团品牌的着力点。制订学校顶层文化特征、学校发展规划,坚持和而不同,注重每所学校固有的特色,不拘一格,灵活变通。集团化办学以一所名校为龙头,带动区域内若干所学校共同发展,"龙头"学校要有强烈的社会责任感和足够的支撑实力;如粤派教育中有自信有自尊也有尊重,尊重集团内各成员学校的历史,挖掘每个成员学校在独特的发展环境中形成的特色,在相对独立发展的基础上实现集团整体的优质化。[①] 在《六祖坛经》中,惠能告诉世人如何灵活变通,以体现主体自重和对客体的敬重。因此,基于"主客双重,灵活变通"的理念,做到百花开放、百家齐鸣,不仅可以展示出各个成员学校的文化特质,而且遵循多法人的校内办学基础,可以通过教育集团新建校的校园文化特色和社区文化资源,着力打造各成员学校之间差异性、特色化的学校文化品牌。

例如,广州市海珠区教育局成立第二实验小学教育集团时在顶层设计中提出:办学思路是"回到元点,面向未来"(以下简称"元教育")。根据这个办学思路,集团文化聚焦"刚柔相济,道法自然"。在"刚柔相济"与"道法自然"之间,刚柔相济是实践路径,道法自然是原理与元点。集团追求以"刚柔相济,道法自然"的大原则去理解与化解任何矛盾与冲突,并在此理念引领下确立集团总校校训、培养目标。

与"刚柔相济"集团文化直接相关的是集团总校训与集团培养目标。集团总校训是"刚柔相济、文质彬彬",强化了集团文化中的"刚柔相济";同时,集团总校训在刚柔相济的基础上,补充了《论语》所重视的"文质彬彬"。《论语·雍也》曰:"质胜文则野,文胜质则史。文质彬彬,然后君子。"从"刚柔相济、文质彬彬"的集团总校训出发,集团设计了"培养通情达理、文武双全、劳逸结合的时代新人"的集团培养目标。与通情达理对应的是德育与情感教育,与文武双全对应的是智育与体育,与劳逸结合对应的是劳动教育和美育。通情达理、文武双全、劳逸结合三个概念一起构成了德智体美劳情新六艺课程。在新六艺课程中,德育、体育、劳育(劳动

[①] 钟秉林:《关于基础教育集团化办学的若干思考》,载《中国教育学刊》2017年第 12 期,第 3 页。

教育）则倾向于刚性的理性教育，而智育、美育、情育（情感教育）则倾向于柔性的感性教育或游戏教育（可分别称之为智力游戏、艺术游戏和情感游戏）。

集团基于上述内容与培养目标制定出发展战略。

集团教育改革战略是：立德树人，把人格教育作为第一教育。在德智体美劳五育并举或德智体美劳情新六艺课程之间，各个教育并非简单的并列关系。无论五育并举还是新六艺课程，德育是核心目标。因此，集团将立德树人的人格教育作为第一教育，将德育课程作为第一课程。德育或人格教育位居五育或新六艺课程的首位。

集团基于上述顶层设计在集团发展与改革中发挥重要作用，为集团顺利发展奠定了坚实的基础。

3．"知、情、意、行"粤派理念推动课程质量提升

学校课程品质是特定学校的课程在动态发展过程中体现出的整体品质属性。从这个意义上说，课程建设是集团学校高品质发展的核心和抓手。粤派教育的课程核心为"知、情、意、行"。

"知之真切笃实处，即是行。行之明觉精察处，即是知。""知"要解决认知问题，是基础；"情"要解决情感问题，是关键；"意"要解决意志问题，是保障；"行"要解决行为问题，是归宿。从"知"到"行"的过程中，还有"情"和"意"两个重要心理环节需要把握，这两个环节是粤派教育核心精神的要旨，静中养心乃"静悟"、"自得""自省"然后"内心强大"，从而最终实现内化于心、外化于行的目的。因此，集团化办学的课程建设中要以"情"和"意"为核心呈螺旋式的阶梯形上升，形成立体丰富、深度融合的课程体系，以满足集团学校学生多样化的学习需求。此外，依托基础教育前瞻性项目和课程基地"高峰建设"项目，推进集团课程深度建设，借助核心学校的示范引领作用，促进优质课程资源的集群化发展，整体提升集团办学的质量和水平。[①]

广州市海珠区第二实验小学教育集团在课程改革中结合新的发展形式，制定出符合时代发展与社会需求、学生需求的课程体系。

在德智体美劳情新六艺课程中，知识是德行的起点，德行是知识的终点。但在从知识到德行的过程中，需要有中间环节。按照康德或蔡元培的思路，从知识到德行需要情感作为中间环节。如果缺乏情感，就无法实现从知

[①] 俞明雅：《基础教育集团化办学的实践困境与破解策略——基于江苏省的调研分析》，载《中国教育学刊》2020年第11期，第13-19页。

识（知）到德行（意）的转化。这是康德所强调的知情意三者之间的关系，也是蔡元培之所以提出"以美育代宗教"的原因。之所以要以美育代宗教，是因为美育具有情感陶冶、教化的作用。

4. 构建学习共同体，在行动中学习

岭南的务实传统是积极的、进步的，且具有创新性、多元性、实干性、开放性等特征。教师是影响办学质量的关键性因素，为了实现集团内部教学质量的整体提升，集团需要建立教师学习共同体，以此来提升集团内教师的素质。① 粤派教育强调，在进行教师发展中，要注重实学、崇尚实干的精神。如同孙中山"行易知难"的思想，不但要能行动，还要知其所以然，就如岭南思想中陈白沙说的"天地我立，万化我出，而宇宙在我矣"（《与林郡博》）。在顿悟教育的"道"中不仅仅要重视个人修养，还要构建学校教研共同体来实现上述目的。

（1）构建校本教研三个主体。在校本教研中，教研主体是非常重要的。禅宗六祖惠能在谒见五祖弘忍时讲到"下下人有上上智"。从教师专业发展的角度来说，通过单独的个体的学习，往往难以达到既定的效果，要在实践中交流，就需要建立共同体，通过团队的力量来共同解决问题。从本质上来说，校本教研就是需要解决当前教育教学的问题。什么样的教研主体能发挥作用呢？通过三个主体的构建（学科教研主体、跨学科教研主体、跨学校教研主体）。三个主体相互有机结合是保障的基础。学科教研主体围绕学科内容，开展教学研讨与研究；跨学科教研主体通过主题性活动为主线，开展跨学科知识分享与学习，对教育教学形成统一的教学观念，借鉴不同学科的教学方法、技能与知识等；跨学校教研主体通过与各个学校之间的交流、互动，形成教研共同体。

如广州市海珠区第二实验小学教育集团每月举行一到两次集团校级干部"集体学习"。集体学习主要有三个目的：一是让校级干部学会读经典名著，有主见地自学。二是让校级干部学会改革，从经典名著中寻找教育改革的智慧。为了统一阅读与集团课程改革理念相关的经典名著，集团采用了"集团推荐与个人认领"的办法。集团在推荐集体学习的经典名著时，尽量让推荐的经典名著能够支持和强化集团课程改革纲要中的重要观念。三是让校级干部学会演讲，尤其要学会采用对话的方式，从容自如地发表自己的教育观点。

---

① 陈凤娟：《基础教育集团化办学的困境与突破》，载《现代中小学教育》2019年第6期，第4-7页。

(2) 围绕粤派教育理念的三个内涵。在校本教研中做到"有主见地自学、有行动的实学、有自信的意志"。基于校本教研的主要目标，有主见地自学使教师对教学领域知识具有专业性，不断学习先进的、前沿的学科与教学知识，真正做到爱岗敬业，对职业有一个更深刻的认识。有行动的实学则形成对教师职业一个正确的认知与情感，形成肯定的、积极的职业态度，促使教师去钻研教学技术技能，提高教学效率。有自信的意志形成和共有的观念和价值体系，是一种意识形态。

(3) 基于务实求是遵循三种导向，即形成问题导向、任务导向与成果导向的发展路径。校本教研活动能够完成与实施到位，需要主线的贯穿。多数教师在专业发展中是盲目的，目标不清楚不明确，因此需要三种导向来进行阐述与说明。问题导向作为校本教研的起始点，小学教研的主要目的是解决教师当前面临的问题，需要教师具有发现问题的能力，也就是问题意识。而教师的校本教研就是要解决实践性问题，对理论性问题的探讨尽量减少。在中小学教研中，可以通过小课题的形式来推动三种导向。小课题是一种做研究的流程，教师在校本教研中发现了问题，有了想法，但是不知道如何做，甚至做了一些错误的研究，这时就需要教师遵循校本教研的科学范式，采用任务导向来完成。因此，任务导向完成的模式可采用小课题的研究范式，以保障校本教研的专业性。

在集团化办学中，从管理者到教师都需要不断学习与培训，基于顶层文化设计，制定学校发展战略、教师成长战略，借助外力多方合作，才能真正有效地实现集团化办校的初衷，实现优质均衡的战略目标。

四、实践案例：集团化办学背景下探索职初教师发展新机制——深圳市龙岗区外国语学校（集团）

(一) 玉兰书院三宗旨：探索·自主·自信

每时每刻，社会都在以无法估计的速度向前发展。职初教师的培养机制也需要紧随时代发展的步伐，在探索新形势中发展新目标，使每一位职初教师在教育事业上焕发新生。在教师的培育中，要注重自主、自信主体意识培育，重视教师自主灵动的变通，发挥教师的主动性，强调教师重视功效作用。

1. 集团职初教师新形势

近年来，随着教育水平的不断提高，人们对教育质量与资源的均衡发展提出了更高的要求，在此背景下，集团化办学逐渐成为当前教育改革浪潮中的发展新趋势。作为中国特色社会主义先行示范区以及深圳"东进战略"的重要主体，深圳市龙岗区政府着力推进辖区内教育集团化战略，在区政府与区教育局的重点布局与大力协助下，深圳市龙岗区外国语学校（集团）于2019年正式揭牌成立，在其成立的两年里，就形成了"一本部六校区"的基本格局，成为辐射范围跨越龙岗东部与西部、囊括小学乃至九年一贯制学校的区内唯一一个义务教育阶段的教育集团。

而集团的成长、教育质量的提升，离不开对教师队伍的建设与发展。在提升教育质量与扩充教育学位的双重目标要求下，深圳市龙岗区教育局大量吸纳应届生教师补充教师队伍空缺，而此类新教师往往拥有较高的基本素养但较缺乏教学经验。因此，新时代对学生的全面成长与教师的全面发展提出了新期待与新愿景。同时，新的社会大环境亦对职初教师队伍的建构与发展提出了新要求与新挑战。

为此，深圳市龙岗区外国语学校（集团）聚焦于铺设职初教师发展的轨道，致力于培养有教育情怀、有开阔视野、有专业理性的"三有"教师，帮助职初教师达成"一年学样，二年模样，三年榜样"的成长目标。集团成立的"玉兰书院"下设活动交流中心、集团内训中心、人才评鉴中心和财务后勤中心，采取有实效、易实施的培训策略及多元化的培训方式，激发职初教师发展的内驱力，促进职初教师专业能力快速成长，为集团师资注入新生力量。

2. "三级玉兰"培训新目标

深圳市龙岗区外国语学校（集团）将粤派教育自许、自尊、自为、自爱四个特点融入职初教师的培养，致力于培养了解、认同集团文化及办学理念的教师，强调教师要遵循学生的客观发展规律，灵活变通教育手段，形成正确的教育观、学生观、团队观，成为专业内驱力的"文化认同型"教师；教师要具有务实精神，不仅要在理念上提升，还必须熟悉教育教学环境和教学常规，掌握课堂教学的基本方法、基本技能，能熟练运用信息技术，初步成长为具有一定教育科研能力的"有行动的实学者"；在班级管理、课堂管理、学生管理中，教师要发挥创造性，能针对不同学生开展个性化教育与教学，在教育中不拘一格地处理好学生间的问题，成为能与学生、同事、家长建立良好互动关系的"沟通型"教师。

进阶目标融合集团"玉兰花"课程体系的特色元素，将职初教师"入格教师—合格教师—风格教师"的成长阶梯与玉兰花的美好寓意相结合，扎实培养夯实进取的学习型入格（白玉兰）教师，稳步培养修炼提升的成长型（黄玉兰）教师，重点培养形成风格的研究型风格（紫玉兰）教师。

（二）玉兰书院四级培训新路径

为协助职初教师的稳步发展，深圳市龙岗区外国语学校（集团）集各方力量创设玉兰书院培训新模式，研究制定了一套科学而全面的培训路径，引领职初教师稳步向前发展。

玉兰书院培训新模式下设活动交流中心、集团内训中心、人才评鉴中心和后勤保障中心，由四大中心组合而成的有机整体，为职初教师培训提供分工明确、行事高效的各中心部门（见图10-2）。在此基础上，玉兰书院培训新模式以"区级—集团—校本—自修"四层级为核心架构，借力区级49个名师工作室、集团内部教学研究院与名师工作室，根据校本双导师制培养模式，让每一位职初教师在四大层级力量的同步拉动与自主研修中获得最大限度的成长与发展。

玉兰书院培训新模式基于粤派教育中的"自为"特点，将"自修"作为核心理念，区级、集团与校本三大顶层架构均在职初教师的"自修"驱动基础上发挥其引领作用，注重教师自主创新，成为改革的先锋军。同时，玉兰书院以文化认同、专业引领、自修自悟、团建育心与成长评价为五大主要发展模块，致力于追求职初教师在"区级—集团—校本"三大力量的拉动下，在奠定文化认同理念的基础上，注重引领职初教师的专业发展，并在成长的全过程中重视团队建设与团队支持力量，最终在自主、自悟、自得中寻找自身发展的无限可能。

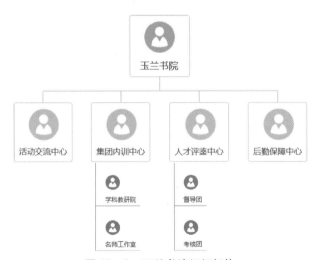

图10-2 玉兰书院组织架构

1. 文化认同奠定理念基础

职初教师是集团的新生力量,也是集团未来发展的骨干,因此职初教师对粤派文化、集团文化的认同极为重要。为了让职初教师们感受到粤派文化、集团文化的润泽,集团精心打磨校园文化建设,在设计中重视粤派文化与集团文化的结合,以求相得益彰,让教师浸润其中。

(1) 营造"三味"校园,践行至善至美。集团着力营造"国际味、书香味、人文味"的"三味"校园,为师生提供优越的学习生活环境,以优雅环境涵养师生的优雅情怀。从职初教师踏入学校的第一天起,每时每刻都能强烈地感受到"美好教育"的传递和渗透。集团本部以及各个成员学校的校门口都立有石碑,刻着四字校训"至善至美"。作为传承,每个成员学校都会从本部移植玉兰树。各集团校园中的玉兰树意味着学校精神与美好期许的传递,同时也意味着集团母体"玉兰花课程体系"在各成员校中落地、生根、发芽,并在各校不同的情况下,生发出具有共同文化认同的特色课程体系。

(2) 成长旅途之中,文化时刻相随。在三年的培训中,集团定期开设校长讲堂、名师讲座,并定期发放《玉兰花开》等内部教研刊物,让职初教师时刻包围在集团文化之中,在自主、自修、自悟之中,时刻与集团文化对话、交流。

(3) 三年成长之期,话别玉兰书院。职初教师一路披荆斩棘,迎来走向成熟的"职初教师结业典礼"。正如成人礼对于青少年的意义,参加结业典礼对于职初教师来说,意味着丢掉了稚嫩、青涩与不安,与之替代的是成熟、自信以及从容。在结业典礼上,成功结业的职初教师们不仅共同分享这三年来的成长与收获,而且会分享他们对未来的规划与思索。集团总校长亲自颁发结业证书,意味着经过三年之期的"学样""像样",职初教师们已经成长得"有模有样",相信每位老师都能找到自己的"样",终成"榜样"。

2. 专业引领建构能力框架

C. W. 莫里斯曾说,如果人的潜能和人的差别得到尊重,自我创造的方法必然是多种多样的。学校着眼未来,以教师为本,以新课程理念为支撑,以集团研训为平台,以分层培训为亮点,与区级新教师培训并轨,全力造就一个师德高尚、业务精湛、结构合理、充满活力的"四有好老师"群体,初步形成了集团化特色。(见图10-3)

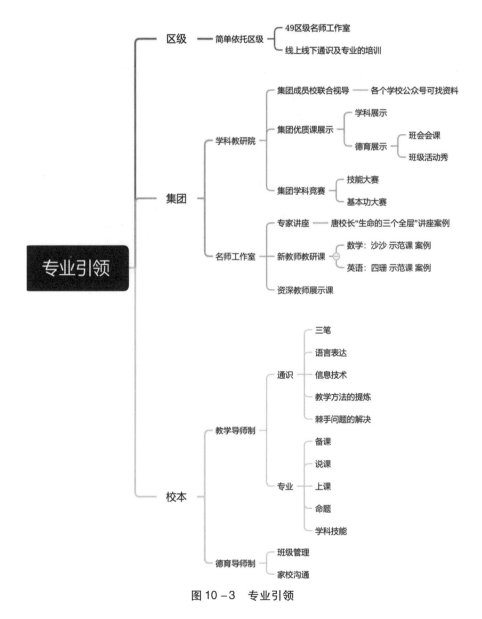

图 10-3 专业引领

（1）学科教研院：聚焦学科。集团化教学模式，促使集团学科研究院的诞生。集团学科研究院下设语文、数学、英语、综合、德育五大院系。从集团出发，联合七校进行学科教学研究，从组织学习学科新课程标准，帮助新教师上好达标课，出好学科命题，开展优课展示、学科竞赛，形成学科特色等方面开展指导；同时，注重人文关怀，注重新教师心理疏导，开展教师心理沙龙等活动。学科教研院致力于发挥集团指导功能和先行示范作用，呈现教育均衡发展、和谐进步的美好教育样态。

第一，多种形式聚焦学科，多样收获激发成长。

一是暑期岗前培训。基于职初教师普遍缺少教育教学经验的特点，面向集团所有新教师，在岗前（暑假期间）开展线上教育教学讲座与名师课例及学科课程标准的研讨。

如 2020 年暑期，学科教研院组织开展线上"如何上好一节课""新手班主任技能鉴赏""家校沟通 从心开始"等名师讲座，并以学科带头人或骨干教师带团队的形式，把所有职初教师分学科、分小组，每周开展一次线上研讨，共同学习名师教学课例和研学学科课程标准。此外，资深教师提前一周推荐名师课例，新教师通过观摩思考，学习设计一份与名师课例同课异构的教学设计，在小组研讨时进行说课分享，同步渗透对课程标准的理解，最后资深教师们进行针对性指导，助力职初教师在岗前初步明晰学科知识、建立教学言语及规范教学设计、学会运用教法。

二是入岗理论研学。学科教研院组织各小组助力新教师初步了解教育教学方法，以每月线上共学名师教学课例、课程标准和线下考核的方式加强职业道德、教育理论、学科知识、专业能力的学习，全面提高职初教师爱岗敬业的精神与教育教学基本素养。

三是线上线下赋能。突出教学理论与手段的实际运用，设定了一系列线上线下培训课程，如名师李荣华的家校沟通培训、课堂管理培训，名师工作室主持人张曼直播课程"课堂的有效调控"，沈毅校长"基于观察的有效课堂评价策略""课堂观察——走向专业的听评课"等。这些课程极大地丰富了职初教师的实践性知识，提高了职初教师的课堂教学水平与班级管理能力。

四是新教师见面课。立足课堂，实践落地，上好一堂课是职初教师进入课堂的基本要求。学科教研院以课堂教学观摩为主，开展公开课课堂观察活动，并且现场填写量表，注重结合培训与实践，为职初教师的成长助力。为提高职初教师课堂教育教学能力，学科教研院借助资深教师展示课的优势，鼓励职初教师每学期初参与"新教师见面课"活动，在活动中进行理论的实践，碰撞教学的智慧，提升专业能力。

五是整合反思提高度。培训课程要引导职初教师对教学实践和班级管理中的问题进行梳理、诊断、反思和总结，努力提升职初教师的教学研究、教育科研和教育资源的整合能力。波斯纳提出：教师成长 = 经验 + 反思。其中强调的就是教学反思对教师专业成长的重要性。学科教研院要求职初教师将反思作为日常的生命状态去践行。通过指导教学后记进行反思，记录课堂重点精彩之处与不足之处，尝试在教设计，职初教师的教学设计日趋完善。课前开展学情调查，了解学生的需求，借助作业分析和测验的完成情况及时调整教学节奏与进度；同时，引导职初教师拍下教学某一片段客观分析，进行微格教学，使反思全面而细致。

第二，有行动的实践，集团联动磨课教研。

集团教研院联动七所成员学校开展教研活动，创设舞台，制造机会；职初教师通过自修自悟自主积极地把握每一次教研活动的机会，认真学习，大胆实践，在教学过程中不断吸取精华、锻炼自己的教学经验，初步形成自己的教学风格与特色。

一是学科联动教研。职初教师沙泽泓表示，参加集团职初教师（小学段）"课堂观察"专项培训暨李细林名师工作室活动，不仅使自己对有效教学有了更深层次的理解，也对自己的努力方向有了更多的思考。这次活动不仅加深了各个成员学校之间新教师的联动交流，同时也增强了自己的信心，找到了自身存在的问题以及前进的方向。

同样，职初教师叶思珊在"集团七校联动教研深耕课堂共同成长"的英语教研活动中说道："本次教研活动收获满满，在与集团各校英语教师的交流中，我对教学各个环节的细节处理有了更加深入的思考，这有助于我今后的教学能够更加精准地把握重难点和课堂节奏，对于自我提升有了更加明确的指引。"

二是德育联动教研。主题班会精品课程的建设，为提高职初教师在班主任领域中的活动组织策划能力提供了广阔的平台。每学期初，集团七校定期开展主题班会公开课观摩活动与班级"show"课展。

在活动中，深圳市首批"中小学名班主任工作室"主持人、华中师范大学附属学校谢晶老师带来讲座"班会课的设计与实施"，并对职初教师们的主题班会课进行了详细的点评与分析。深圳市龙岗区教育局主任吴希凡亦倾囊相授，带来主题为"主题班会课是什么"的讲座，让职初教师在理论与实践中体会班会课的实质，对于如何站好班会课这个主阵地展开了更深入的探寻。

职初教师费琪琪展示的"让理想之花绽放"的主题班会课，为班主任应如何上好一节班会课做出了良好的示范，有效地促进了职初班主任的专业化成长。而资深教师黎廷秀在班级"show"课展中，通过"童心童语""童心童绘""童心童真"三个活动记录班级的点滴美好，创设了"童心"特色班级，不仅展示了班级风采，更为如何建设一班一品做出了良好的示范。"show"课展让职初教师看到了美好教育的真实和具体，有效促进了青年班主任的专业化成长。集团的班级"show"课展是班主任的智慧集中展示，更是开辟集团班级建设的先河。

集团七校的德育团队在活动中互相学习，分享经验，共同提高，推动了集团德育工作的稳步发展，使集团在培养美好职初教师的道路上行走得更加踏实稳健。

第三，重视学科专业竞赛，锤炼新师专业技能。

为大力弘扬"工匠精神"，引导青年教师进一步强化立德树人理念、锤炼教学基本功，由集团学科研究院牵头、学科带头人联合七校共同组织集团内青年教师教学技能大赛，选拔优秀教师代表参加市区教师技能大赛。

集团为职初教师创设更多机会，搭建更多平台，为职初教师提供更大的提升发展空间，为推动集团各校教育教学的均衡发展助力。

（2）名师工作室：借力成长。集团现有若干名师工作室，各集团名师工作室主要采取"请进来、走出去、与名师同课异构"相结合的形式，做到"定时、定点、定人、定内容"，深入扎实地开展现代教育理论、课程理论、教学实践学习与研究。

为进一步提升职初教师的专业成长，集团将职初教师的成长与名师工作室相结合，将职初教师纳入各个工作室，使职初教师在名师工作室这个研究平台上，汲取示范的营养，让名师工作室的每一项学习活动成为自己成长的"加速器"，借助名师的"孵化器"，把握教育教学改革的"推进器"，促使职初教师不断进步。

第一，"请进来"：邀请"两栖"专家深入指导。

针对集团学校新教师校本培训中存在的理论与实践相脱离的问题，学校在推进集团化办学的过程中，优选既有一定理论高度又有一定实践经验、理论与实践相结合、国内与国际相结合的"两栖"型专家及团队，将这些专家"请进来"，开展教师校本培训。

集团根据学校职初教师的实际需求，为学校进行了"私人订制"式系列新教师集团化培训，进行了以课堂教学目标设计为核心的集体化理论培训与个性化实践指导、以课堂教学实施策略为核心的集体化理论培训与个性化实践指导、以教学反馈与评价为核心的集体化理论培训与个性化实践指导，均取得了较好的效果。

第二，"走出去"：让名师工作室培训变为一种激励。

除了必要的基础统一培训外，名师工作室针对每位职初教师的特点实施个性化培训，把培训变为一种"奖励"，特别是奖励那些优秀、上进的职初教师，促进其专业发展，满足其成长需要。为此，名师工作室采取"走出去"的策略,让工作室培训成为一种"福利",成为一种激励措施,激发教师积极、主动地参与培训。

比如,参加各学科名师教研或东南教科院组织的教研活动,让教师们"走出去",向全国的名师们学习。又如,以工作室为单位申报区级示范课,鼓励职初教师主动申请,并且把全国赛课的机会也下放给职初教师。舞台有多大,梦想就可以飞多远。只要职初教师积极主动参与学习,努力提升,就有无限可能。这也正契合了南粤教师"心学""自修"的理念。

为激发新教师参与培训的积极性,获得良好的培训效果,名师工作室规定,凡是想参加工作室"福利"活动的职初教师,不仅要在"福利"活动之前自觉、主动地参加公开课展示或各级竞赛活动,而且要在培训期间认真参加各项培训学习与实践活动。如此一来,既大大调动了新教师参与培训,提升了新教师主动学习的热情,学习活动也能取得良好的效果。

(3)"双导师"共同引领,双线引导齐成长。教师的专业能力是教师组织教育活动、对学生施加有目的的影响的主体"行动"能力,主要包括教学能力、组织管理能力和科研能力。为提升职初教师的教学技能与班级管理能力,各成员学校在期初通过"青蓝工程"的开展,为每位职初教师配备一名学科导师及德育导师,立足课堂教学与班级管理,全方位、全过程为职初教师开展指导与培训。

第一,学科导师制。

一是通识能力夯基础。指导教师通过三画一笔、语言表达能力、信息技术应用能力、教学方法提炼能力、棘手问题解决能力等对职初教师进行相关培训并进行定期考核。充分利用云课堂、线上研讨等方式,组织所有教师进行主题研讨,突破时间、空间、地域的限制,集团队智慧,有效夯实基础。

二是学科专业提能力。指导教师通过听课、评课、指导等途径,了解、分析、研究职初教师的教学特长和不足,包括推荐职初教师阅读有关教育理论的书籍及教学参考书、有针对性地指导职初教师开展教育教学实验、教育教学研究,上好研究课、探索课和公开课,帮助他们逐渐形成自己的教学特色,促使他们尽快成为师德好、教学强、有现代教育理论和观念、有改革和创新意识的优秀教师。

这种学科导师制助力职初教师的专业成长,让职初教师有更多的机会接触教学研究的最新动态,进行课题教研。而一对一的结对指导模式,则更具有针对性和实效性,引领职初教师崭露头角,更好地助推个人的发展。

第二,德育导师制。

德育导师主要针对班级日常管理和家校沟通进行指导与引领。优秀班主任、资深班主任与职初教师通过结对子的形式，组成"三人行"。班主任导师首先指导职初教师制订班级工作计划，细化班主任工作的具体要求，开展班级各项常规工作；其次，指导职初教师开展一次特色班会课，召开家长会、家庭教育座谈会，开展家访，等等；最后，指导职初教师做好各科教师、家长、学生之间的沟通以及突发事件的处理。

德育导师制，是资深班主任与新教师建立的支持性关系，资深班主任将先进的理念、精湛的业务、优良的作风作为班主任资源，传递给"新"班主任，让职初教师在自己的工作岗位中做到生本管理，以德育人。

3. 自修自悟，超速成长

职初教师在集团"美好教育"文化的浸润下，自觉要求成长。迷时师渡，悟了自渡，职初教师将学到的理论与经验内化，进行更深层的实践和探索，最终形成自己的一套理论体系，完成自得。

（1）制订发展计划，自主规划成长。入职之初，职初教师们要全方位剖析自己，给自己的发展进行定位，分析自身的优势与不足，理清自己的发展需求及设定目标，制订出三年发展计划。通过自主发现、唤醒、点燃专业发展的方向感，为自主发展奠基。

（2）打破校区限制，开展线上研讨。在集团文化的浸润下，职初教师们有极强的发展需求。每月线上研讨时间，职初教师钉钉群总是热闹非凡。开学初，通过线上问卷调查，汇总职初教师提出的问题，形成每月线上研讨主题。哪些方面有困惑、有发展需求，就共同研讨、相互学习。职初教师们在线上充分发言，资深教师进行适时点拨，最终汇总、整合形成《玉兰简报》供职初教师们传阅及学习。

（3）坚持积累沉淀，追求自悟自得。职初教师们将自己的所见、所得、所学、所获随手记录，定期整理。将随笔梳理、整理成文，形成自己的"资料库"，每月积极投稿《玉兰花开》，在不断的积淀中，迅速提升，成就自我。

（4）珍惜闲暇时光，书香充盈心灵。职初教师自主申请加入"无境读书会"，在玉兰树下，以书为名，结为学友。以读书为乐，美好无境。职初教师们在繁忙的工作之余，拨冗阅读，集结成号，在阅读中遇见更好的自己。

（5）以竞赛促提升，以科研促成长。参与竞赛、积极研究也是职初教师自修的重要途径。职初教师们踊跃参与每学期的区级论文竞赛以及每学年的课题研究，力争在日常教研中发现问题，引发新的看法和思考投入科研活动，进行更深层次的理解、运用、实践以及总结，从而实现自己的成长。

4. 团建育心，凝心聚力

玉兰书院注重团队建设，关注新教师心理健康。因为只有心理健康的教师才能教出阳光美好的学生。而职初教师正处于充满困难和考验的过渡时期，他们将面临巨大的社会角色变化：由受教育者转变为教育者，由父母供养的"孩子"转变为真正独立的"成年人"，由单纯的同学相处转变为必须同时独立面对同事、学生与家长……这个巨大的转变必然给职初教师带来许多挑战、困惑和压力，需要更多的指导、帮助和关心。玉兰书院依托活动交流中心，组织开展心理沙龙（可以填充其他活动）等各种团建活动，营造了良好的关爱新教师心理健康的氛围，丰富了职初教师的课余生活，释放工作中的疲惫与职业倦怠，激发教师们各方面的潜能，从而增强团队归属感和凝聚力，使教师们把快乐、阳光、积极的心态投入到教育教学工作中去，为教师的职业幸福感注入了心理资本。

5. 成长评价，指引方向

构建培训评价体系，是玉兰书院培训职初教师中的重要组成部分。培训评价的目的是以评促学，既能评价新教师的培训效果，为集团培训提供有效的反馈，又能激发新教师的学习自主性和积极性。混合培训评价的设计应遵循多样化的原则，将形成性评价与终结性评价相结合、传统评价与基于网络的评价相结合，从而保证培训评价的可行性和实用性。因此，书院下设人才评鉴中心，分设督导团和考核团，专门开展新教师人才评鉴与认定工作。

（1）集团督导促发展。集团内联合视导，精准把脉，提质增效，构建以"学"为中心的课堂。10名来自集团各成员学校的骨干教师组成专家指导小组，通过随堂听课、查看作业、评课、访谈等形式开展视导。在视导过程中，对相关学科教学提出多方向的可行性意见。同时，联合视导借力集团化办学东风，使得各学科职初教师成长迅速，交流互动，实现资源共享、优势互补。

（2）集团考核稳基础。在充分考虑集团资源及新教师教育教学水平能力的基础上，制定分级考核标准，如图10-4所示。

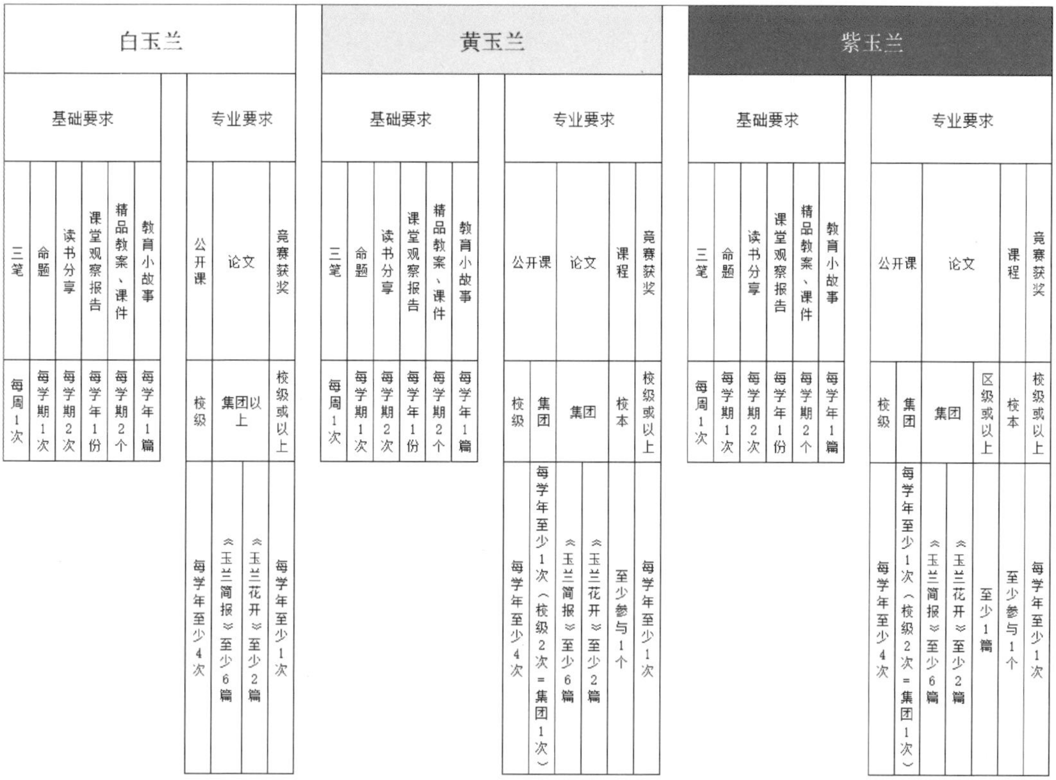

白玉兰								黄玉兰								紫玉兰							
基础要求						专业要求			基础要求						专业要求				基础要求						专业要求			
三笔	命题	读书分享报告	课堂观察教案、课件	精品教案、课件	教育小故事	公开课	论文	竞赛获奖	三笔	命题	读书分享报告	课堂观察教案、课件	精品教案、课件	教育小故事	公开课	论文	课程	竞赛获奖	三笔	命题	读书分享报告	课堂观察教案、课件	精品教案、课件	教育小故事	公开课	论文	课程	竞赛获奖
每周1次	每学期1次	每学期2次	每学期1份	每学期2个	每学年1篇	校级	集团以上	校本或以上	每周1次	每学期1次	每学期2次	每学期1份	每学期2个	每学年1篇	校级	集团	集团	校本或以上	每周1次	每学期1次	每学期2次	每学期1份	每学期2个	每学年1篇	校级	集团	区级或以上	校本或以上
							《玉兰简报》每学年至少4次	《玉兰花开》至少6篇								《玉兰简报》每学年至少4次	《玉兰花开》至少6篇	至少2篇								《玉兰简报》每学年至少4次	《玉兰花开》至少6篇	至少2篇	
							至少2篇	每学年至少1次								至少2篇	每学年至少1次（校级2次＝集团1次）	至少参与1个								至少1篇	每学年至少1次（校级2次＝集团1次）	至少参与1个	至少1次

图 10-4 "三级玉兰"考核标准

提高基础教育水平的关键在于教师水平的提高。如何使职初教师快速成长，并使其快速融入教育改革发展的浪潮，已成为当前职初教师培训的最大考验。近年来，深圳市龙岗区外国语学校（集团）不断探索职初教师培养路径，从文化认同、专业引领、自修自得、人才评鉴等方面着手，在新形势下的努力探索中，为职初教师集团化培训注入新理念与新活力。

这几年的探索结果表明，玉兰书院以集团文化沁润心灵，以"自修"助力自悟自得为核心理念的培训新机制，不仅有效提高了职初教师的教育教学水平，而且真正促进了学校的可持续发展，初步实现了"以提高集团学校教育水平引领学校和职初教师发展"的战略目标。然而，随着时代的发展，深圳市龙岗区外国语学校（集团）对职初教师培训机制的探索将永不止步，时刻总结丰富经验，不断探索有效策略，逐步完善并更新玉兰书院职初教师的培训模式，为南粤骨干教师队伍培养具有强劲实力的青年后备力量。

第五节　信息技术应用能力提升项目

一、背景

近年来，国家频繁发布有关教育改革的重磅文件，对新时代教师队伍建设、教育教学改革、教育信息化的建设与发展提出明确要求。2018年1月，中共中央、国务院颁布了《中共中央　国务院关于全面深化新时代教师队伍建设改革的意见》。作为中华人民共和国成立以来，党中央出台的第一个专门面向教师队伍建设的里程碑式政策文件，对新时代教师队伍建设作出了顶层设计。该文件提出，教师要主动适应信息化、人工智能等新技术变革，积极有效开展教育教学。2018年4月，教育部印发《教育信息化2.0行动计划》的通知，对如何推进教育信息化进行具体布置，提出通过实施教育信息化2.0八大行动计划，到2022年基本实现"三全两高一大"的发展目标，即教学应用覆盖全体教师、学习应用覆盖全体适龄学生、数字校园建设覆盖全体学校，信息化应用水平和师生信息素养普遍提高，建成"互联网＋教育"大平台，推动三个转变：从教育专用资源向教育大资源转变、从提升师生信息技术应用能力向全面提升其信息素养转变、从融合应用向创新发展转变，努力构建三个新模式："互联网＋"条件下的人才培养新模式、发展基于互联网的教育服务新模式、探索信息时代教育治理新模式。2019年2月，中共中央、国务院印发《中国教育现代化2035》，聚焦教育发展的突出问题和薄弱环节，重点部署了面向教育现代化的十大战略任务，包括发展中国特色世界先进水平的优质教育、建设高素质专业化创新型教师队伍、加快信息化时代教育变革等；明确提出创新人才培养方式，培养学生创新精神与实践能力，利用现代技术加快推动人才培养模式改革，实现规模化教育与个性化培养的有机结合；明确提出"实施新周期中小学教师信息技术应用能力提升工程，以学校信息化教育教学改革发展引领教师信息技术应用能力提升培训"。2019年3月，教育部印发《教育部关于实施全国中小学教师信息技术应用能力提升工程2.0的意见》，该意见突出以学校信息化教育教学改革发展引领教师信息技术应用能力培训，总体目标为：到2022年构建以校为本、基于课堂、应用驱动、注重创新、精准测评的教师信息素养发展新机制，实现"三全面一提升"；通过示范项目带动各地开展教师信息技术应用能力培训，基本实现校长信息化领导力、教师信息化教学能力、培训团队信息化指导能力显著提升，全面促进信息技术与教育教学融合创新发展。

二、方案设计思路

信息技术应用能力提升项目是新时代、新技术、新发展的必然要求。本节内容依据《教育信息化 2.0 行动计划》（教技〔2018〕6 号）、教育部《关于实施全国中小学教师信息技术应用能力提升工程 2.0 的意见》（教师〔2019〕1 号）、《广东省中小学教师信息技术应用能力提升工程 2.0 实施方案》（粤教继函〔2020〕1 号）等文件精神，以粤派教育理念"务实""自悟""自得""自信"核心精髓为引领，通过构建"一体两翼，双线推动"的整校推进、校本应用发展模型，以求有效促进"三个对象"（校长、教师、指导团队）的"三力"提升（信息化领导力、信息化教学能力、信息化指导力）。其中，"一体"指以教师信息技术应用能力提升为主体；"两翼"是指学校管理团队和科组工作坊；"双线"是指管理线（行政组织实现整校推进）、业务线（专家指导、骨干带动）双线推动，形成合力。同时，立足于粤派教育"务实"的核心，基于本地教育信息化基础条件开展面向教师的信息技术应用能力提升培训，通过培训项目解决信息化建设"建用分离"、信息技术与学科教学"两张皮"等老问题，并通过基于区域教育信息化建设实境的信息技术应用能力提升工程项目，实现区域信息化建设效能和中小学教师信息技术应用能力"双提升"的目标，构建"建、研、训、用、评"五位一体的区域信息化与信息技术应用能力发展模型。

项目紧扣关键人群，围绕实施关键点，推进实施八大机制：区域统筹整校推进机制、提升工程 2.0 市级试点校建设机制、深度融合应用驱动机制、以校为本整校推进的按需施训机制、信息技术应用能力提升新生态建设机制、项目督导与考评建设机制、本地优质资源生成与使用机制、本地管理与指导团队建设机制。

三、课程目标

构建以校为本、基于课堂、应用驱动、注重创新、精准测评的教师信息素养发展新机制，通过示范项目带动教师开展信息技术应用能力培训，力争在两年内基本实现校长信息化领导力、教师信息化教学能力、培训团队信息化指导能力显著提升；通过项目推动积极探索多技术融合与智慧教育两类信息化教学环境下的信息化教学模式，全面促进信息技术与教育教学融合创新发展。校有规划、组有计划、师有清单，形成可推广应用的项目实施方法和工具。通过项目实施，培养常态化使用习惯，在课堂实践中提升教师信息化应用能力和信息技术素养。同时，提高现有信息化设施设备效能，让信息技术为新课程改革赋能，支持个性化教育、差异化学习的实施，提升教育治理能力，支撑教育评价改革。

四、实施路径

（一）市级试点校建设推进

市级试点学校建设推进路径如图 10-5 所示。

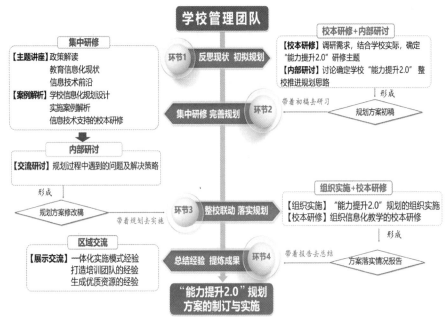

图 10-5 市级试点学校建设推进路径

1. 任务驱动，价值认同——学校信息化管理团队集中培训

为提升信息化管理团队对项目的理解，开展学校信息化管理团队集中培训，在项目实施中，我们重点解读国家和省市相关政策，以案例解释学校信息化教育教学发展规划、校本研修与考核方案制作为关键点，重点引导学校信息化管理团队发现和明确学校整体和各角色自身发展与提升工程的关联点和价值点。

2. 方法引领，能力建设——示范团队先行先试

学校教育教学发展规划、校本研修与考核方案制订以及校本研修活动设计是关键，试点学校确定示范学科和示范团队，积极探索规划制订、整校推进、融合创新的方法论、工具箱和案例集，形成可推广、可复制的方法和经验，引领本科组其他教师和其他学科科组共同前进，起到以点带面的作用。

3. 过程指导，多元支持——基于学校发展实际开展入校指导

为实现试点学校在信息化教学融合创新方面取得成果的期望，解决过程性问题，在以校为本的基础上，组织不同类型的研修支持，包括专家指导的引领研修、先锋学校的示范研修、同主题学校的协同研修、技术支撑团队进校指导等，促使校本实践落到实处。同时，帮助教师提供典型案例应用指导，解决在实际应用过程中遇到的实际问题，形成技术与学科教学深度融合的常态化应用习惯。

4. 经验荟萃，成果论坛——总结试点经验全市示范带动

组织示范学校成果交流会，内容包括：项目组总结项目成果；学校总结分享信息化背景下学校教师培养、校本教研、学校管理和学校教育质量提升的新机制、信息技术2.0整校推进经验；优质课教学能手上示范课，展示信息技术在学科教学的融合经验。

（二）以校为本整校推进

以校为本整校推进路径如图10-6所示。

1. 以校为本，双线并进——发挥学校信息化管理团队与培训团队管理与指导作用

通过整校推进方案与学校整体工作、教研组活动和教师教学工作有机整合，推动提升工程成为助推教师工作的项目，以降低教师工作与学习的矛盾，增强教师的职业获得感。以双线并进的形式开展沟通，构建以学校信息化管理团队为主体的行政线，并组织实施；构建由学校学科组长为主体组成的培训团队为业务线，指导落实。两支关键力量双线并进，通过骨干带动、学科联动、互相帮扶，实现教师信息化教学能力提升目标的有效达成。

2. 确定主题，两案引领——学校整校推进路径设计

学校按照"学校规划—教研组协商—教师线上学习—校本实践与考核—整校推进绩效考核"的流程组织项目实施工作。

一是学校规划。学校发挥规划与指导作用，基于学校信息化环境特征制

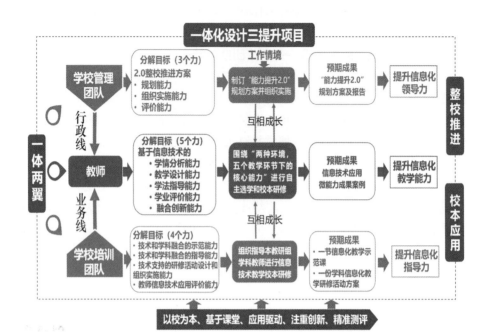

图 10-6 以校为本整校推进路径

订学校信息化教育教学发展规划，制订校本研修与考核方案，选定信息化教学模式，确定学校能力点范围，从 28 个学习认证能力点中选定不少于 3 个能力点（须涵盖学情分析、教学设计、学法指导、学业评价、融合创新 5 个维度）供本校教师选择，引领教师信息技术应用网络研修及校本应用考核方向。

二是教研组协商。教研组发挥统整和协调的作用，根据学校校本研修方案，在学校能力点范围内确定教研组能力点范围，制订教研组研修计划；教师根据教研组能力点范围并结合个人信息技术应用能力提升目标，在教研组能力点范围内选择个人突破能力点（至少涵盖 3 个微能力点）。

三是教师线上学习。教师围绕学科信息化教学创新目标，找准能力短板，制订教师信息技术应用能力提升计划，每位教师应至少选择 3 个能力点、涵盖 3 个维度（其中融合创新维度为必选）、课时不少于 25 学时的网络课程研修学习，并形成一份信息技术教育教学应用设计方案。

四是校本实践与考核。学校培训团队依据校本应用考核规范，对教师提交的信息技术教育教学应用设计方案进行指导并提出实践建议，教师开展校本实践并完成应用反思，学校通过教学大赛、公开课、课例评选等活动形式对教师提交的校本实践成果（设计方案、应用反思及案例）进行评定，进行信息技术教育教学校本应用实践展示，并根据项目校本应用考核要求推荐优秀案例。

五是整校推进绩效考核。学校根据《"整校推进"绩效考核评分量表》相关要求，提交学校信息化教育教学发展规划、校本研修与考核方案、代表性信息技术应用成果典型课例。

3. 搭建平台，展示成果——本地化特色资源的分享与沉淀

结合项目推进，适时开展本地特色培训资源及典型课例征集活动，形成有本地特色的培训课程资源，可为收录到市级资源平台的课程资源提供者颁发资源收录证书。

五、具体措施

设计"3553—四维成果"规划研修产出，包括机制维度、融合维度、引领维度、团队维度；项目整体成果突出"三个一"，分别为打造一支团队、建设一批资源、形成一套机制。（如图10-7所示）

（一）打造团队

通过"3553—四维成果"规划，建成一支市校统筹管理团队、一支校本先锋实践团队、一支区域专业引领团队。

1. 市校统筹管理团队

市校联动·统筹管理团队——构建市、校一体化的组织管理体系，分别设专人负责"提升工程"，任务层层落实。项目构建市、校一体化的组织管理体系，尤其注重发挥市工程办管理者对培训的规划统筹，以及学校管理者对推进2.0工作的统筹管理，建设一支本地混合研修管理及指导团队，促进常态化研修，充分扩大培训效益。

2. 校本先锋实践团队

组建一支由名校长工作主持人引领、以示范校学校信息化管理团队为主的校本先锋实践团队，具备积极的项目参与意愿，能把学校建成2.0示范校，能依据学校实际制订信息化教育教学发展规划、校本研修与考核方案，在学校管理实践和信息技术融合中具有改革创新精神。

3. 区域专业引领团队

区域专业引领团队具有先进的教育教学理念、深厚的学科知识功底、较强的信息技术应用课堂教学能力，在专业教学实践和信息技术融合中具有改革创新精神。组建一支由一线教研员、名师工作主持人、省市学科带头人组

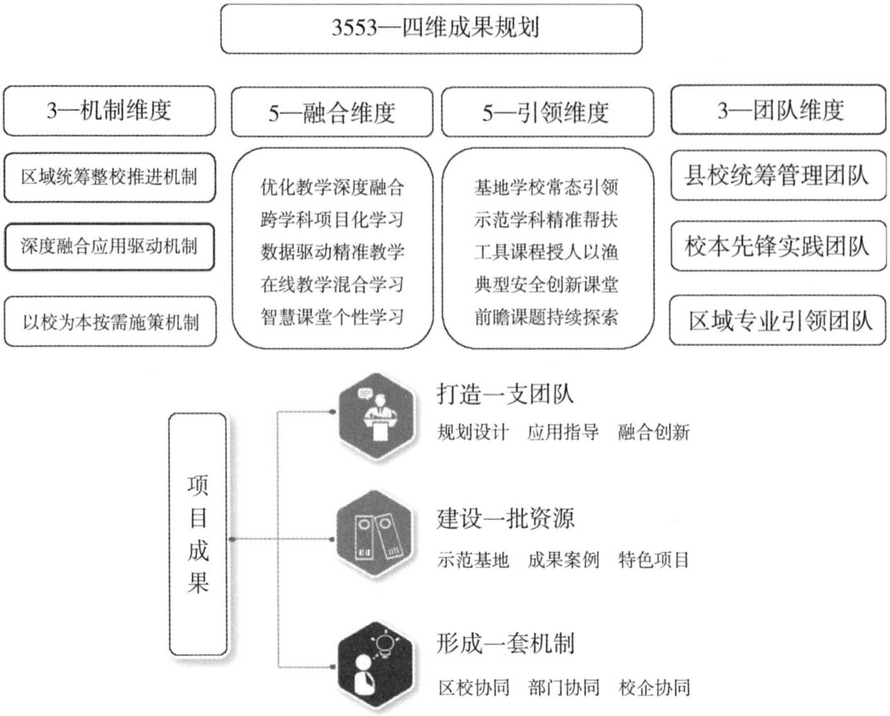

```
                    3553—四维成果规划

   3—机制维度         5—融合维度         5—引领维度         3—团队维度

  区域统筹整校推进机制   优化教学深度融合    基地学校常态引领    县校统筹管理团队
                     跨学科项目化学习    示范学科精准帮扶
  深度融合应用驱动机制   数据驱动精准教学    工具课程授人以渔    校本先锋实践团队
                     在线教学混合学习    典型安全创新课堂
  以校为本按需施策机制   智慧课堂个性学习    前瞻课题持续探索    区域专业引领团队
```

```
              打造一支团队
              规划设计 应用指导 融合创新

  项目
  成果        建设一批资源
              示范基地 成果案例 特色项目

              形成一套机制
              区校协同 部门协同 校企协同
```

图 10-7 3553—四维成果规划

成的区域引领团队，充分发挥名师工作室主持人的能力，引领青年骨干教师成长，探索建立区域学科教研范式。在培训过程中，重视名师工作室集群研训的氛围，充分发挥名师工作室主持人在提升工程 2.0 项目实施中的参与、引领与示范作用，强化区域名师队伍的培养与使用，驱动教师学习与研修的内生动力。

（二）建设资源

本项目分为区域、学校、教师三类角色建设资源。（如表 10-15 所示）

表10-15 三类角色建设资源

角色	项目成果	
区域	一批基地学校	融合创新示范学校
	一批示范学科	融合创新示范学科
	一个资源库	区域校本研修生成性资源库
学校	一套成果集	学校信息化教育教学发展规划 学校校本研修与考核方案集
	一套工具箱	信息技术2.0整校推进实践操作工具
	一个课例包	学校信息技术与教学融合典型课例库
教师	一个计划	教师信息技术应用能力提升计划
	一个案例	信息化教学优质案例

1. 区域成果资源

本项目面向区域构建一个区域能力提升2.0整体推进规划模式、一个区域校本研修生成性资源库，建设一批面向全省全市开展提升工程2.0融合创新示范的基地学校、一批融合创新示范学科。

一批基地学校：优中选优，培养一批管理团队，能够走出去介绍经验，能够请外校专家进来开展全方位示范指导，培养形成常态化整校推进机制、融合创新实践机制和课题引领研究机制，建成面向全省全市开展提升工程2.0示范的基地学校。

一批示范学科：精益求精，推选一批构建了学科组研修范式，在信息技术与学科融合方面积极探索，在能力点选择、课堂研磨、科组协同研修上有示范引领作用的学科组。

一个资源库：基于学校案例，建设一批面向学校管理团队的整校推进实践类课程、面向全员教师的基于问题解决的具体环境下信息化教学融合创新案例式课程。

预期融合创新课程资源如表10-16所示。

表 10-16 预期融合创新课程资源

序号	类别	概要	课程形式
1	学科深度融合创新案例	精准学情分析、融合教学设计、学生学法指导、学业有效评价	方法指引 工具应用 教学案例
2	前沿引领创新案例	跨学科教学、项目式学习、STEAM 课程、智能化教育	
3	疫情期间在线教学创新案例	疫情期间,在线教学、学习活动组织的创新探索	
4	精准帮扶创新案例	区内协同发展、跨区协同帮扶、域外教育扶贫	

2. 学校成果资源

本项目中的每个学校最终将建设一套成果集、一套工具箱、一套课例包。

一套成果集：包括符合实际、富有特色的学校信息化教育教学发展规划、校本研修与考核方案、基于特色研修主题的信息化教学模式实践成果，汇总成为能够为其他学校参考的示范成果集。

一套工具箱：包括制订学校信息化教育教学发展规划、校本研修与考核方案过程中必须掌握的学校信息环境分析、教师应用能力分析、信息化教学成果规划、研修活动主题设计、混合研修活动组织等关键环节的操作工具。

一套课例包：包括面向全校各学科组构建的学校信息技术与教学融合典型课例库。

3. 教师成果资源

一个计划：教师自选适合自身的应用能力点，制订教师信息技术应用能力提升计划，并根据提升计划针对自选能力点参加应用能力研训。

一个案例：教师基于所选能力点，完成一节信息技术教育教学应用设计方案；通过开展课堂教学实践，完成信息技术教育教学应用反思，形成个人信息化教学优质案例。

（三）建立机制

通过项目实践，助力形成由市统筹，学校协同，整合教研、电教、培训等多个部门，学校与施训机构合作，采用线上线下学习推动教师专业发展的混合研修机制，主要包括区域统筹整校推进机制、提升工程2.0市级示范学校建设机制、深度融合应用驱动机制、以校为本按需施策机制。

1. 区域统筹整校推进机制

通过全市统筹，构建市、县、校一体化组织管理，形成以学校为主体，市、校、施训机构各方共管，多级支持的一区一划、一校一案、一科一策、一人一例的区域统筹整校推进机制。

2. 提升工程2.0市级示范校建设机制

基于答辩与评审，遴选示范学校。参与示范学校评审的学校，需要有经过学校团队研磨所制订的学校信息化教育教学发展规划、校本研修与考核方案，并根据整校推进绩效考核指标体系开展整校推进，产出相应的成果，示范学校的认定需经过项目成果答辩与专家评选等程序。被认定有示范推广价值的学校，需要在当地基础教育改革过程中发挥引领模范作用，扩大项目的辐射范围和社会影响力。

3. 深度融合应用驱动机制

通过系统规划优化教学深度融合、翻转课堂个性学习、项目学习跨学科教学、数据驱动精准教学、在线学习同步课堂等成果维度，携手全国各地教学优、技术强、懂培训的专家团队，开展提升工程2.0任务驱动的课例研究与实践专题活动，在立足应用、靶向学习的过程中，融会贯通信息技术应用能力微能力点，构建科组研修、学校教研、区域联研、省市协同的深度融合应用驱动机制。

4. 以校为本按需施策机制

从学校教育教学改革发展诉求出发，通过对学校软硬件条件与环境分析，紧密结合学校日常教、研、学的工作基础，形成体现本校办学理念和发展特色的研修主题；根据师生信息素养"最近发展区"的不同，结合校内组织管理架构，对学校管理者和全员教师进行合理分组，以主题小组的形式开展混合式研修，突出不同小组的个性化研修主题和创新亮点，构建以校为本按需实策的机制。（如表10-17所示）

表 10-17 部分学科组研修主题库清单（示例）

模式	学段	学科	学科组研修主题
多技术融合	中小学	语文	语文课堂中的数字化学习项目的探究学习
			项目式教学在语文教学中的应用
			借助微课资源助力学生个性化学习
			技术与阅读教学的深度融合
		数学	探索数学课堂思维进阶
			数据驱动、精准教学下的思维拓展研究
			错题分析能力以及课堂检测
			突破性融合创新专题
		英语	完善性专题和突破性专题相结合
			利用一起作业网提高学生学习能力
		历史	借助微课资源助力学生个性化学习
			教学资源的下载、剪辑与使用
		化学	技术支持的探究活动设计与表现评价
			错题分析能力以及课堂检测
		体育	数据分析工具的应用研究
			积极运用数据测评系统研究
			校园篮球的创意课程研究和探索
			媒体设备与课堂个性化教学融合
		信息技术	信息技术科创客教育中 STEM 的实践研究
			信息技术环境下教师协作发展
		综合实践	数字化绘本的实践与应用
		书法	用微课来实现书法微技法课程开发技巧
		科学	创新融合性专题
	学前教育	幼儿教育	技术支持绘本阅读中幼儿语言能力的发展
			多技术融合助力孩子的社会性发展
			技术支持下的音乐领域真实情景创造与数字资源管理
			技术支持下的特色家园共育

续表 10－17

模式	学段	学科	学科组研修主题
智慧教育	中小学	语文	探究型学习活动研究
			信息技术助力学生文化素养的提升
			智慧教育环境下植入"三疑三探"课堂教学模式
			中华优秀传统文化与语文课堂融合的研究
			初中语文智慧课堂教学方法探究
			文本阅读与智慧课堂的融合
		数学	基于大数据分析实施精准化教学
			运用希沃易课堂，提升学生高阶思维
			智慧教育环境下植入"三疑三探"课堂教学模式
			基于翻转课堂对农村小学生学习方式转变的实践研究
			智慧教育背景下有效运用"洋葱学院"的教学模式探究
			洋葱数学与智慧课堂的融合
		英语	AI 技术助力学生英语听说能力培养
			融合技术与情景创新教学模式
			同步课堂助力学生听说能力的培养
			智慧教育环境下英语故事复述教学模式的创新
			初中英语智慧课堂教学方法探究
			一起作业网与智慧课堂的融合
			基于翼课网的初中英语听说精准评测研究
		物理	基于大数据分析实施精准化教学
			错题分析能力以及课堂检测
			智慧教育环境下物理教学模式的创新
		化学	基于学习效果进行的个别化指导
			基于 UMU 互动学习平台的精准学情分析研究
		生物	借助微课资源助力学生个性化学习
			教学资源的下载、剪辑与使用
			生物学科智慧教育中的融合创新
		政治	利用腾讯课堂平台提升课堂互动性
			教学资源的下载、剪辑与使用

续表 10-17

模式	学段	学科	学科组研修主题
智慧教育	中小学	历史	"问题驱动"教学法下初中历史智慧课堂的实践研究
			"虚拟"技术创造的"真实"情境的研究：数学虚拟博物馆
		地理	借助网络资源提升学生地理核心素养
			教学资源的下载、剪辑与使用
			案例—情景教学与智慧课堂的对比、实践与融合
		音乐	教学资源以及课堂的趣味性
			"虚拟"技术创造的"真实"情境的研究：数学虚拟博物馆
		体育	利用智能设备提高体育教学课堂效率
			教学资源以及课堂的趣味性
			体育与信息技术的融合
			立足智慧课堂（畅言智慧课堂、希沃易课堂）创新解决问题的方法研究
			基于UMU师生共建学科专题（主题）网络学习空间
		美术	教学资源以及课堂的趣味性
			"虚拟"技术创造的"真实"情境的研究：数学虚拟博物馆
	学前教育	幼儿教育	技术支撑家园合作，提升课程实施质量
			借助信息技术优化教育教学资源库
			借助信息技术有效构建幼儿评价体系
			基于3岁儿童的跨学科学习活动设计

5. 信息技术应用能力提升新生态建设机制

本项目充分发挥线上线下、域内域外优势，在市、县、校三级教研、科研、培训团队的支撑下，在示范学校带动、骨干教师的引领下，营造"赋能工作·成就发展"等信息技术应用氛围。

措施一：搭建平台·展示交流——开展区域联研展示活动。通过设计过程性校内交流、校际交流、市内及省内外等各种形式的交流展示平台，引入珠三角名师资源，开展基于信息技术与教学融合为主题的同课异构活动，通过展示平台和榜样力量，激励更多教师积极探索创新。

措施二：教学大赛·评选优质成果——以赛促训建立区域研修资源库。为促进区域教师教学交流，为教师提供一个自我展示和自我锤炼的舞台，活动过程中搭建"××市能力提升工程2.0课堂教学大赛"专题页面，在市培训团队指导下，遴选出给各校推送的融合创新典型课例，作为市级精品课例，并把优秀课例纳入专业课学习课程供全市教师学习，扩大影响与使用效益。

措施三：跨市结对·双师帮扶——支持三区教师开展基于主题的协同研修。围绕优化教学深度融合、翻转课堂个性学习、项目学习跨学科教学、数据驱动精准教学、在线学习同步课堂五大成果维度，梳理集结不同的主题库资源。

跨市结对：组织学校管理者团队和骨干教师开展跨省、跨市结对，开展相同模式及主题的协同研修活动，如主题共研在线沙龙、示范课云观摩等研修活动，交流智慧教育与管理经验，共建共享典型案例成果，为学校开展2.0项目提供可复制的模式和可借鉴指导的专家团队，从而有力地支持试点学校借鉴发达地区有效经验。

双师帮扶：开展市内跨区双师帮扶活动，增强区域沟通的活力，打造特色学科和特色项目，带动教师信息技术应用能力整体提升。

6. 建立项目督导与考评建设机制

为使2.0项目实施能有效推进，由教育行政部门牵头组建督学评估工作组，对各学校及科组围绕主题开展的校本研修活动和校本教研成果等进行督导评估。通过督导学校以赛促训、科组研讨的落实，进一步夯实校本研修实效。督导评估组专家作为市级研训团队的组成成员，同时作为第三方参与整校推进验收工作，将对项目成效突出的学校认定为市教师教育基地学校，并督导落实效果不佳的学校进行整改，创新2.0项目管理机制。

7. 本地优质资源生成与使用机制

该项目将建设一批面向全省全市开展提升工程2.0示范的基地学校、一系列基于特色研修主题的信息化教学模式实践成果，以及面向全员教师的基于问题解决的具体环境下信息化教学融合创新案例式课程等资源，为此项目构建了本地优质资源生成与使用机制。

措施一：基于网络研修的生成性资源建设。为做好网络研修生成性资源的遴选、加工与应用，构建基于网络研修的生成性资源建设机制，通过个人交作品—小组磨作品—学校推优品—区域展精品等流程，对在网络研修、市级精品课例评比活动、区域联研活动中产生的优秀案例，作为项目优秀的生成性资源，汇聚到区域资源公共服务平台供全体教师学习。

生成性资源生成机制，如图10-8所示。

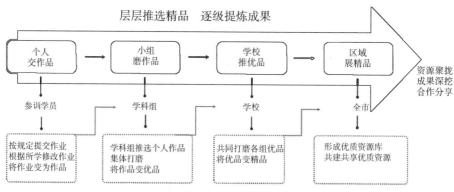

图 10-8 生成性资源生成机制

措施二：基于结对共研的协同研修资源生成。该项目通过与省内外的结对共研学校开展跨市协同研修活动，聘请全国顶级专家团队引领研修（如表 10-18 所示），基于"理解学生""理解课标""理解技术"，以联合教研的模式共同探索信息技术与学科深度融合创新。

表 10-18 全国顶级专家团队示例

学科学段	拟聘请全国顶级专家团队
小学数学	吴正宪团队
初高中数学	章建跃团队
高中英语	王蔷团队
高中化学	王磊团队
高中历史	徐蓝团队
高中思政	朱明光团队
……	……

措施三：基于区域最佳实践的案例类资源生成。一方面，通过联合试点学校，共同开发基于信息技术与课堂教学融合的案例类资源，并作为最佳实践案例课程复用于本区域或其他区域的培训；另一方面，依托校级培训团队组织的研修活动，遴选基于共性主题的实践性研修活动，形成研修活动样本，经打磨生成实践案例共享于培训平台。

8. **本地管理与指导团队建设机制**

为有序推进能力提升工程 2.0 工作，项目可组建一支由首席专家领衔、省内珠三角地区专家引领、本地一线名优管理者与教师为主体组成的管理与指导团队,以省内珠三角地区专家线上引领为主,本地指导团队则侧重进校指导。其中,本地管理与指导团队的人员组成主要为区县管理者、一线名优校长、一线名优教师,要发挥名校长工作室主持人和名师工作室主持人对项目的引领与示范作用,建强市校统筹管理团队、校本先锋实践团队、区域专业引领团队。

(四) 评估考核

该项目参考广东省教育厅能力提升工作办公室相关工作绩效考核指标(试行),对项目实施成效考核评估分三级开展,考核指标体系详见表 10 – 19、表 10 – 20。

第一级考核:学校对教师信息技术应用能力考核。考核内容包括教师所选能力点和实践应用任务的完成情况。

第二级评估:县级对学校整校推进的考核。考核内容包括领导与规划、网络研修、校本研修与考核、典型课例建设、信息化教育教学特色与创新、常态化教学应用、示范引领作用等维度。

第三级评估:市对县级考核。考核内容包括领导与规划、过程管理、成果建设、常态化应用及示范引领。

表 10-19 县(市、区)能力提升工程 2.0 绩效考核指标体系

一级指标	二级指标	考核要点、分值	佐证材料	得分		备注
				自评	市评	
1. 领导规划 (25分)	1.1 领导重视 (5分)	组织召开2.0推进工作会议(2分);领导参与2.0活动(2分);领导到学校指导开展2.0研修(1分)	县(市、区)2.0活动报道、简报等			必达指标(须达到7分及以上)
	1.2 组织体系 (5分)	成立县(市、区)提升工程办(2分);组建县级管理团队(2分);组建县级研训团队(1分)	2.0组织体系			
	1.3 制度建设 (10分)	制定2.0实施方案(6分);制定2.0工作推进奖励机制(4分)	相关文件			
	1.4 经费保障 (5分)	积极筹措经费,确保2.0工作顺利推进(5分)	经费投入报表等			
2. 过程管理 (25分)	2.1 试点先行 (5分)	遴选县级试点校(2分);积极开展县级试点校建设工作(2分);总结归纳试点校经验并推广(1分)	试点校名单、试点校建设管理办法等			
	2.2 批次推进 (5分)	制定"整校推进"工作进度表(2分);加强学校依次有序开展2.0研修(3分)	"整校推进"工作进度表;指导学校"整校推进"工作过程性资料			
	2.3 考核验收 (15分)	指导学校开展校本应用考核(5分);制定"整校推进"绩效考核方案并组织对学校"整校推进"进行考核验收(5分);校本应用考核结果、抽查、验收学校考核工作方案(5分)	相关证明材料;"整校推进"绩效考核工作方案			

续表 9-19

一级指标	二级指标	考核要点、分值	佐证材料	得分 自评	得分 市评	备注
3. 成果建设（35分）	3.1 "整校推进"成效（15分）	县（市、区）内90%以上学校通过市资源公共服务平台积极开展本地"整校推进"绩效考核（15分）	"整校推进"绩效考核结果报表及认证证明材料			必达指标
	3.2 培训资源建设（15分）	依托市资源公共服务平台积极开展本地2.0培训特色资源建设，培训资源丰富，涵盖不同学段、学科（1～10分）；县级培训资源入选市级以上示范资源（1～5分）	资源列表、入围证明等			
	3.3 科研成果（5分）	县（市、区）级教育信息化、能力提升工程相关主题获得市级以上课题立项（3分）；公开出版了教育信息化、能力提升工程研究成果（2分）	立项证明、成果证明材料			
4. 常态化应用及示范引领（15分）	4.1 县域教育信息化发展（10分）	积极推动县教育信息化应用常态化及市级以上典型模式（8分）；发展模式引起了关注，获得县级以上体报道（2分）	模式总结材料、媒体报道材料			
	4.2 信息化帮扶（5分）	在县域内积极开展校际间教育教学信息化帮扶工作（3分）；信息化帮扶取得了显著成果（2分）	政策文件、成果证明等			

说明：1. 县（市、区）能力提升工程 2.0 绩效考核总分为100分，得分大于等于90分为优秀，大于等于75分为良好，大于等于60分为合格，小于60分为不合格。
2. 以下指标为必达指标，出现下列情况之一者，绩效考核评定为"不合格"。
① 县（市、区）能力提升工程 2.0 制度建设通过比例低于90%；
② 中小学校"整校推进"绩效考核通过分未达7分。

表10-20 中小学校能力提升工程2.0"整校推进"绩效考核指标体系

一级指标	二级指标	考核要点、分值	佐证材料	得分 自评	得分 县（市、区）评	备注
1. 领导与规划（25分）	1.1 领导与组织实施（5分）	校长高度重视能力提升2.0工作，积极履行领导职责，能够主动积极参与，发挥示范带头作用（3分）；学校2.0团队和制度健全，组织实施有条理，能够高效推动2.0工作（2分）	2.0活动报道或简报，2.0组织制度体系及推动工作的相关资料等			
	1.2 信息化教育教学发展规划（10分）	规划能够合理分析学校信息化环境，符合学校实际，科学性高（5分）；规划目标明确，合理、可实现，可测量（3分）；规划措施得当，可执行性强，能够有效提高学校信息化教育教学水平和教师信息技术应用能力（2分）	信息化教育教学发展规划			必达指标（须达到7分及以上）
	1.3 信息化教育教学发展规划落实情况（10分）	能够积极采取措施，推进规划落实（4分）；能够达成规划制定的目标（6分）	信息化教育教学发展规划实施材料及规划目标完成对照表			
2. 网络研修（10分）	2.1 网络研修课程资源质量（5分）	能够按照校本研修考核方案，在省教育厅推荐的课程资源中遴选网络研修课程（1~2分）；所选课程资源经县教育局复核并报市教育局备案，符合2.0研训要求（1~3分）	网络学习选课报表（系统自动生成）			
	2.2 网络研修完成情况（5分）	95%以上教师完成网络研修（5分）	网络研修学时登记表			必达指标

· 266 ·

续表 9-20

一级指标	二级指标	考核要点、分值	佐证材料	得分（自评）	得分（县（市、区）评）	备注
3. 校本研修与考核（20分）	3.1 校本研修方案与考核方案（10分）	方案充分调研了教师需求，主题明确，教学规划、研修安排符合信息化教育教学有效实施（5分）；方案能够建立完善的研修、指导、考核、督促、激励机制，可提高教师参与校本研修与考核的积极性（3分）；方案符合"线上学、线下用"的原则，与"线上学、线下用"能够紧密整合（2分）	学校校本研修与考核方案			必达指标（须达到7分以上）
	3.2 校本研修与考核方案落实情况（10分）	95%以上教师按照个人能力提升计划和选择的能力点完成校本研修和考核（1~10分）	教师信息技术应用能力提升计划及考核结果登记表			必达指标
4. 典型课例建设（20分）	4.1 课例建设数量（10分）	典型课例数量充足，教师积极参与典型课例建设（1~5分）；典型课覆盖主要学科（小学3个、初中5个、中职高中7个）（1~3分）；典型课例类型丰富（1~2分）	教师建设资源列表及关键信息			必达指标
	4.2 课例建设质量（5分）	典型课例教学设计合理，教学实施流畅，教学效果优良（1~3分）；典型课例制作规范（2分）	代表性典型课例			
	4.3 课例建设成果（5分）	典型课例入围省级及以上示范资源或获得相应奖励（2分）；入围市级示范资源或获得相应奖励（2分）；入围县（市、区）级示范资源或获得相应奖励（1分）	典型课例入围示范资源或获奖情况			

续表 9-20

一级指标	二级指标	考核要点、分值	佐证材料	得分 自评	得分 县（市、区）评	备注
5. 信息化教育教学特色教研与创新（10分）	5.1 特色项目（5分）	积极推进信息技术支持下的精准教学、个性化学习、项目式学习等特色教育教学改革，在教学、教研、管理等方面形成了稳定、有效的特色，并取得了一定成效（2分）	特色项目实施和成果证明材料			
	5.2 创新成果（5分）	获得了信息化教育教学方面的荣誉（专利）（2分）；在信息化教育教学方面有公开出版的成果（2分）；总结凝练了学校信息化教育教学经验（1分）	证明材料			
6. 常态化教学应用（15分）	6.1 学科教研（5分）	积极推动学校教育信息化发展，形成了稳定、高效、常态化的科组信息技术与学科教研创新模式（3分）；学校信息化发展模式在校级及以上媒体报道（2分）	平台数据、模式总结材料、媒体报道材料			
	6.2 个人教学应用（10分）	有支持常态化教学的信息技术应用软件、平台或App，在日常工作中形成了稳定、高效、常态化的信息技术与学科教育教学融合创新应用模式（1～10分）	平台数据			

续表 9-20

一级指标	二级指标	考核要点、分值	佐证材料	得分 自评	得分 县(市、区)评	备注
7. 示范引领作用（加分项目，20分）	7.1 信息化课题研究（4分）	获得省级（包括省工程办课题）及以上教育信息化课题立项（1分）；获得市级教育信息化课题立项（1分）；获得县（市、区）级教育信息化课题立项（1分）；学校组织开展了信息化校本研究（1分）	课题立项书			
	7.2 信息化帮扶（3分）	通过"双师课堂"等信息化模式帮扶薄弱学校并取得显著成果（2分）；组织开展了信息化帮扶活动（1分）	相关结对帮扶协议及成果材料			
	7.3 媒体报道（3分）	学校信息化建设成果获得省级及以上媒体报道（1分）；获得市级媒体报道（1分）；获得县（市、区）级媒体报道（1分）	媒体相关报道			
	7.4 培训资源建设（10分）	积极开展学校2.0培训资源建设，培训资源丰富，涵盖本校不同学科（1～5分）；学校培训资源入选县级及以上示范资源（1～5分）	资源列表、入围证明			

说明：1. 中小学校"整校推进"绩效考核指标体系总分为120分，得分大于等于90分为优秀，大于等于75分为良好，大于等于60分为合格，小于60分为不合格。

2. 以下指标为必达指标，出现下列情况之一者，绩效考核评定为"不合格"。
   ◎ 学校信息化教育教学规划评分未达7分
   ◎ 学校校本研修网络学习方案评分未达7分
   ◎ 学校教师校本研修考核完成率95%
   ◎ 学校教师校本应用考核通过率低于95%
   ◎ 典型课例应用数量未达到相应数量（小学3个，初中5个，中职与高中7个）

第六节 创客/STEAM 教育培训

"粤派教育"理念引领下的创客教育培训,贯彻国家《新一代人工智能发展规划》《教育信息化2.0》等发展政策,聚焦新时代对人才培养的新需求,为破解教师跨学科课程建设及实施所存在的瓶颈问题,探索线上线下相结合的混合式创客教育模式,从而进一步提高教师跨学科教学水平。以下是围绕 P-T-C-P 模式开展创客教师培训的具体措施。

一、核心目标

以培养有爱国主义情怀并适应智能时代发展的创新人才为目标,通过提升中小学教师粤派教育理念、创客教育课程开发的能力和线上线下混合式教学能力,培养一批能融合文化传承与科技创新的创客/STEAM 教育教师,进一步提升教师培养学生创新思维能力和动手实践能力。

二、创客教师培训存在的问题及需求分析

创客教师培训体系与内容以"粤派教育"理念为引领,围绕教师存在的问题和提升需求进行设计,因此,对创客教师的现状及其需求进行精准分析非常重要。

(一)教师学科呈现多样性

自 2015 年我国创客教育元年开始,由于创客教育属于跨学科融合创新教学,来自各学科的教师也纷纷加入了创客的行列。图 10-9 是佛山市禅城区对创客教师学科分析的数据,位于前三位的分别是信息技术教师(28%)、语文教师(22%)、数学教师(14%)。教师所属学科总数超过 12 个,呈现多元化现象,其中以理科偏多,约占 60%。由此可见,创客培训满足教师学科多元化和融合创新的需要。

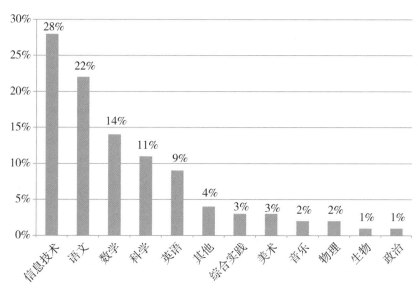

图 10-9　佛山市禅城区创客教师学科统计

(二) 文化渗透理念较为缺失

目前的创客教育偏重于技术和科创，文创相对占比较少；同时，教师普遍缺乏在创客教育中渗透传统文化的理念，较少将传统文化融入创客作品，从而在对学生指导方面也相对缺失。当前优秀传统文化传承日益受到重视，习近平总书记在党的十九大报告中指出："文化自信是一个国家、一个民族发展中更基本、更深沉、更持久的力量。"并指出要"推动中华优秀传统文化创造性转化"。当前我国优秀文化的传承与发展面临窘境，年轻一代缺乏文化意识与文化自信，我们需要结合时代发展趋势将优秀传统文化进行继承和弘扬，并进行创造性转化。通过开展创客文化教育，培养新时代人才对优秀传统文化的传承和振兴。

(三) 课程设计能力和教学水平有待提升

虽然创客教育在近几年来逐渐受到基础教育的重视，但尚未能形成一门正式的课程，也不是一门单纯的学科，要常态化普及开展创客教育需要开设创客课程。由于创客教育没有统一的课程和教材，因此教师的课程设计和实施能力尤显重要。但目前较多的教师习惯于按照统一的教材进行教学，甚至不少教师对项目学习不甚了解。有些教师技术水平较好，但教学水平一般；有些教师教学水平较好，但技术水平偏低。因此，有必要对教师进行创客课程的设计与实施的体系性培训。

(四) 知识技能更新需要与时代发展相适应

创客教育较多涉及技术学科,而且优秀的创客作品较多需要应用前沿技术。当前技术发展日新月异,我们处在信息爆炸的时代,教师的知识更新需要与时俱进,才能引导学生创作出具有时代创新性的创客作品,培养他们与时代相匹配的创新精神与实践能力。

三、创客教育培训内容设计

围绕上述创客教师存在的问题与需求(problem),结合创客教育的特点,对理论学习(theory)、案例分析(case)、实践应用(practice)方面的内容设计具体呈现为思想文化理论水平、学科融合能力、课程教学能力和技术水平等方面的提升。创客教师培训内容可进行如下四个方面的深化设计。

(一) 理论引领与文化理念提升

本部分培训内容是促进教师高层次发展的重要途径,目的是从思想层面引领教师明确人才培养的最终目的,进一步巩固社会主义核心价值观,实现理论与文化内涵的提升。

1. 粤派教育的核心精神与创客教育

马斯洛需求层次金字塔理论对创客教师的需求有较好的借鉴价值,总体上可以将创客教师的需求归纳为四个层次十项需要,如图 10-10 所示。

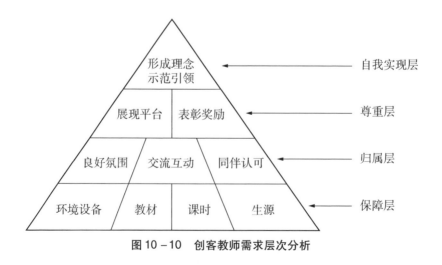

图 10-10 创客教师需求层次分析

创客教师的需求从下而上包括以下 4 点。

（1）保障层。底层是实施创客教育的基本保障，包括环境设备、教材、课时和生源。

（2）归属层。第二层属于开展创客教育的主观环境，包括良好的氛围、有团队同伴交流互助和相互认可支持等。

（3）尊重层。第三层属于对取得一定成绩的教师要给予尊重，并给予其展示的平台和奖励，让教师有动力继续提升和发展。

（4）自我实现层。顶层是教师职业理想追求的高层次需求，特别优秀的教师希望在专业发展上有所建树，形成独特的理念，以引领更多的教师和学生得到提升。

"粤派教育"理念旨在挖掘岭南文化之根，传承传统文化之精髓，探寻发展教育之动力源泉。因此，需要围绕上述创客教师需求开设相关培训指导，引导教师通过"粤派教育"理念进一步加强民族自豪感和文化自信，激发教师的正能量，积极面对和破解教学中遇到的困难和问题。

2. 非遗文化融合理念

岭南非物质文化遗产十分丰富，具有深厚的人文特色，其中佛山的岭南文化底蕴十分雄厚，粤剧、龙狮、陶瓷、剪纸、纺织、铸造等传统文化非常著名，仅禅城区就拥有 21 项非物质文化遗产，具体如图 10-11 所示。创客教育通过传统特色与现代科技相融合，形成了不少成果。在创客教师培训中可适当引入经典案例展示，进一步开阔创客教师的视野，激发他们萌生更多创意。例如，澜石小学开设了粤剧和创意彩泥课程，学生通过课程学习，并

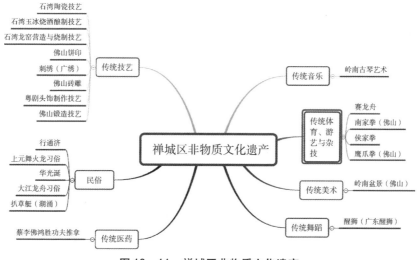

图 10-11 禅城区非物质文化遗产

融合创意电子普适课程的内容，制造出既具传统特色又具现代元素的"创意彩泥——粤剧体验平台"创客作品。该作品用彩泥和木板制作了粤剧发源地象征——祖庙"万福台"戏台，戏台上面放置了6个用彩泥捏成的粤剧公仔，分别代表花旦、刀马旦、老生、武生、大花脸、丑生6个行当；舞台加装了创意电子课程所学到的声控电子元件、引动舵机和LED灯，开发了手机App软件，通过手机操作，选择其中一个粤剧角色，便可以随即演示经典的粤剧曲目。图10-12是澜石小学粤剧平台作品从构思到技术实现的过程。

图10-12 澜石小学"创意彩泥——粤剧体验平台"案例

(二) 课程设计及实施能力提升

课程设计和实施能力的提升是创客教师培训的核心，此外，还需要培养教师进行的课程内容设计和学习资源包的设计等，主要包括以下内容。

1. 创客课程体系培训

在推广创客教育的前提下，首先要让创客教师熟悉本土的创客课程体系。创客课程包括了普适课程、特色课程和特长课程，每个分层课程都有多元化内容可供选择，总体分类如图 10 – 13 所示。创客课程体现了受众面和难度的分层体系，符合从普及教育到精英培养的需求，既能体现教育公平，也能给有潜质的学生不断提升的空间。（见图 10 – 14）

图 10 –13 中小学多元分层创客课程体系

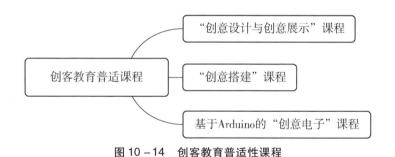

图 10 – 14 创客教育普适性课程

2. 教学活动设计组织能力

培养教师组织教学活动的能力，尽可能把其他学科内容融入进来，使学生在学习其他知识的同时，理解创客思维、程序设计、传感器技术的特点和作用。

在教学方法上，知识和技能的传授以"任务驱动"为主，注重学生解决和探究问题能力的培养。在教学过程中,学生通过观看操作演示或亲自进行操作,查阅相关帮助信息,然后带着问题去思考、去探究,将所学知识内容进行深化。同时,组织学生首先通过"简单任务"环节进行体验,然后老师讲解所用到的软硬件知识点,在接下来的扩展任务中,学生通过帮助信息和网络自主地去寻求扩展任务的解决方案,其中技巧性的操作以老师提示为主,使知识点的应用拓展到多个层面。这都将有利于培养学生的自主学习能力和探索精神。

在学习方式方面,教学融合了项目学习的设计,让学生围绕主题通过项目学习设计和制作自己小组的创客作品,过程包括了如图10-15所示的6个环节。

图10-15 创客作品设计项目式学习

(三) 混合式教育能力提升

在教育信息化2.0的背景下,混合式教育是大趋势,创客教育也必然要采用线上线下混合式教育模式开展。目前,北京师范大学已经开发了创客教育在线平台并在佛山市禅城区进行应用,向创客师生提供创客教育在线课程资源、在线编程工具、在线作业、在线测试、学情分析、作品分享等功能的创客教学一体化平台。因此,需要组织教师进行技术操作培训,创客在线教学平台应用模式如图10-16所示。

(四) 技术技能与竞赛培训

随着技术的不断革新,创客教师需要学习应用于中小学的最新技术,如基于开源硬件的创意智造项目设计与制作、激光切割操作技能培训、3D作品设计培训、创意木工技能培训、无人机操作培训等。同时,为了助力提升学生的创客水平,可鼓励和组织师生参加相关的竞赛活动,并对辅导教师进行相应培训,图10-17是全国中小学信息素养提升实践活动的竞赛项目。

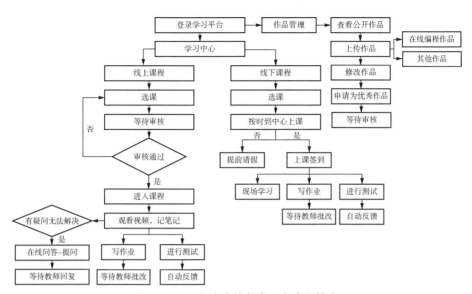

图 10-16 创客在线教学平台应用模式

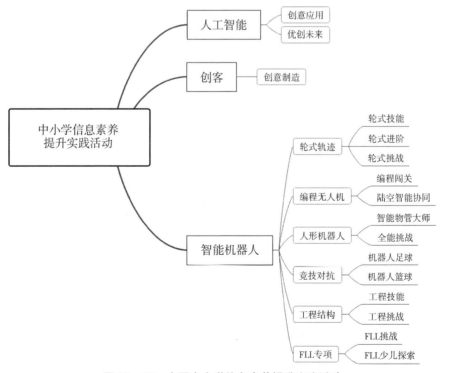

图 10-17 全国中小学信息素养提升实践活动

四、创客教师的提升策略

笔者通过多年创客教育的实践,总结了要取得培训成效的三个关键词:情怀、勇气、坚持。对创客教师的培训,不但要让他们了解粤派教育的核心精神,更重要的是让他们学会用粤派教育的核心精神贯穿工作全过程,从而实现有情怀、有勇气和能坚持,其能力最终得到有效提升。以下是教师提升的三大策略。

(一)从"自信"中拥有"情怀"

创客教育强调教师要有"情怀",为培养学生的创新精神而甘于付出!"情怀"也就是教师的"教育理想信念"。自信是知情意行的结合体,要让教师具有使命感和责任感、积极心态、勇于担当、实践创新,不断激励引领自己的实践改革。

(二)从"自得"中获得"勇气"

粤派教育核心精神中的"自得",强调先"有疑",再获得专业支持,最终获得实践自醒和理论自觉。创客教育需要不断创新与自我突破,教师要善于培养学生从现实世界中发现问题和解决问题的能力,而其过程通常充满艰难险阻。因此,教师需要学会总结以往的成绩,不断肯定自我,从而应对各种各样创新道路上出现的艰难险阻,获得不断前进的勇气!

(三)从"力行"中实现"坚持"

粤派教育注重实践改进与深度反思,重在分享交流、成果提炼、示范引领。从"力行"的过程中,创客教师同时也实现了对教育创新的坚持。坚持才有突破与重大成果,只有不断创新教育实践,提升教育自信,才能使教师实现理想与追求。